青川100日

QING CHUAN BAI RI

是谁的魔掌撕开大地血的胸膛，让悲情决堤，从东河口肆虐地流淌；是谁的魔鞭抽打得地球皮开肉绽，太阳吓得躲天外边打闪儿。东河口欲说还休……东河口滔滔不绝，将『5·12』这场万恶的地震诅咒千年。

流海川 主编

四川出版集团
巴蜀书社

图书在版编目(CIP)数据

青川100日/流海川主编.—成都:巴蜀书社,2009.4
ISBN 978-7-80752-309-3

Ⅰ.青… Ⅱ.流… Ⅲ.抗震救灾-英雄模范事迹-中国-2008 Ⅳ.K820.7

中国版本图书馆CIP数据核字(2009)第009232号

青川100日 流海川 主编

责任编辑	李 嘉 况正兵
封面设计	张 科
出 版	四川出版集团巴蜀书社 成都市槐树街2号 邮编610031 总编室电话:(028)86259397
网 址	www.bsbook.com
发 行	巴蜀书社 发行科电话:(028)86259422 86259423
经 销	新华书店
印 刷	成都东江印务有限公司
版 次	2009年4月第1版
印 次	2009年4月第1次印刷
成品尺寸	230mm×170mm
插 页	12
印 张	18.5
字 数	350千
书 号	ISBN 978-7-80752-309-3
定 价	35.00元

本书如有印装质量问题,请与本社发行科联系调换

青川是四川北部重灾区，灾情很严重。学校倒掉了，那么多的孩子遇难了，我的心情和大家一样很沉重。我们要哀悼死者。同时，我们要团结起来，用我们自己的双手重建我们的家园，把青川建设得更好！

国务院总理温家宝

五月十五日

▼ “5·12”汶川大地震最大地震爆点青川窝前爆点。

▲ 四川省省委书记刘奇葆在青川视察抗震救灾工作（前排左三）

◀ 浙江省省委书记赵洪祝（左三）、常务副省长王尔敏（右一）在青川视察抗震救灾及浙江援建青川灾后重建工作，四川省省长蒋巨峰（左二）等有关领导陪同。

◀ 四川省省长蒋巨峰（右一）在青川指导抗震救灾工作，青川县县长陈正永（左二）汇报有关情况。

◀ 浙江省省长吕祖善（前排右一）在青川视察抗震救灾、及浙江援建青川灾后重建工作。

▶ 四川省政协主席陶武先（左二）、副主席晏永和（右二）在青川东河口视察工作，广元市市委书记罗强（右一）现场汇报情况。

▶ 浙江省援建青川县灾后重建指挥部指挥长、中共广元市市委副书记谭月明（左二）、青川县县委书记李浩生（左一）等有关工作人员现场研究灾后重建工作方案。

▶ 青川县领导第一时间组织人员抢救受伤群众

武警、公安、消防官兵组织抢险救灾

▲ 红光堰塞湖吞没的民房

▲ 重建家园

▲ 出自己的力流自己的汗自己的事情自己干

▲ 青川震后第一炊

▲ 地震前的东河口

▲ 地震后的东河口

▼ “5·12”汶川大地震首座地震遗址公园——“青川东河口地震遗址纪念公园”

感谢党！
感谢政府！
首长辛苦了！

青川人民
谢谢您

▼ 四川省省委、省政府“八·一”建军节慰问青川抗震救灾部队官兵演出

◀ 图为中共广元市委书记罗强（前排左一）、青川县委书记李浩生（前排右一）在北京人民大会堂参加“全国抗震救灾总结表彰大会”

顾　问　李浩生　陈正永
主　任　马　健
副主任　王生跃　杨　剑
主　编　流海川
策　划　流海川　张　玲
图　片　（按姓氏笔画）
王开晋　王武生　邓建新　刘光川　向明月
李先钺　李忠猛　李荣昌　沈若飞　张　玲
柳桂华　流海川　段雪朝　黄建国　彭　涛
雯　艳　谢家平　冀泽林

部分文字由青川县“5·12”抗震救灾指挥部提供

目录

Contents

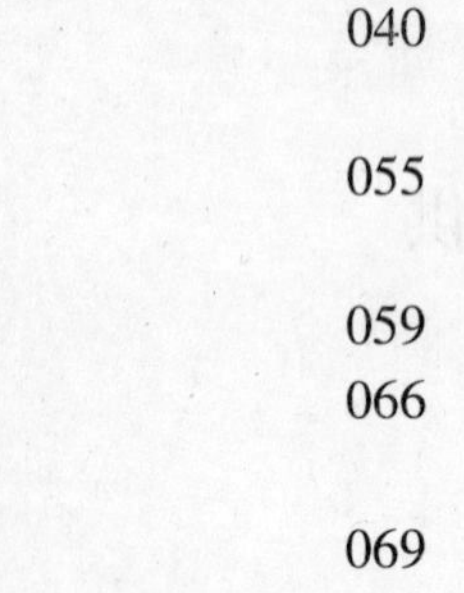

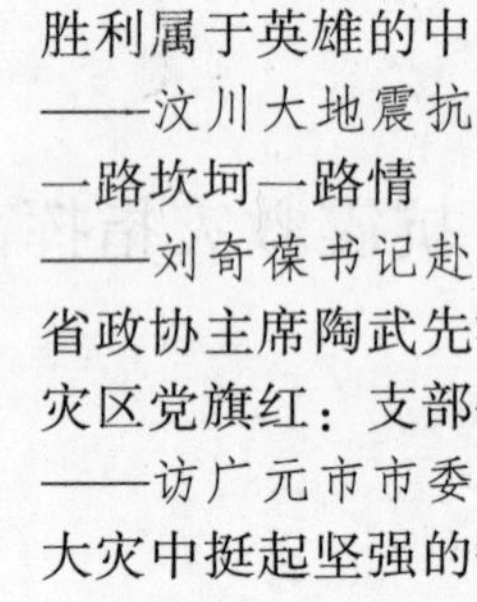

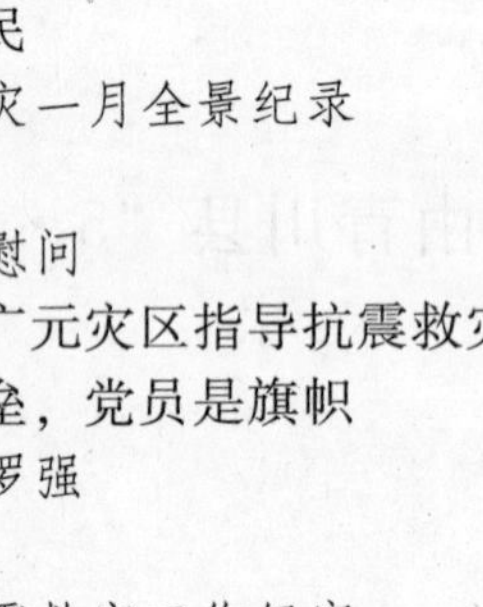

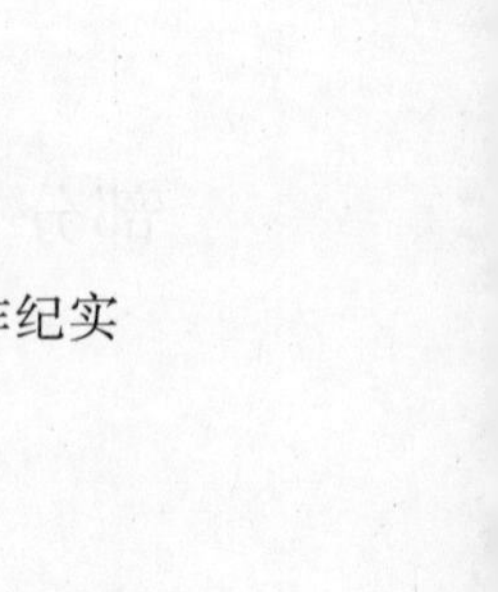

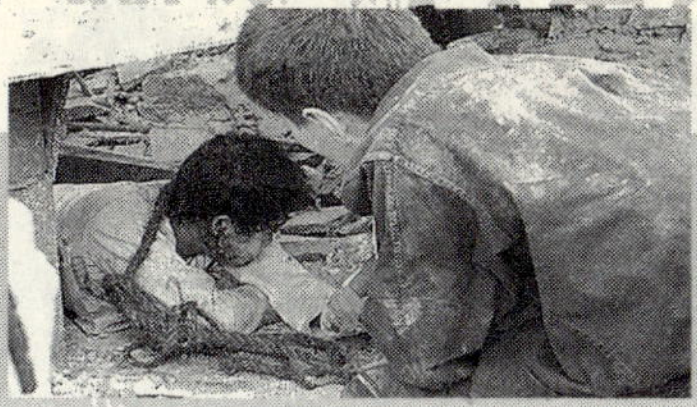

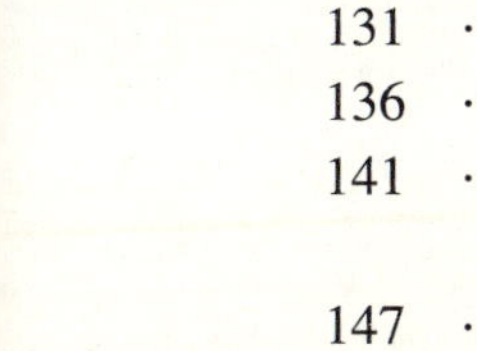
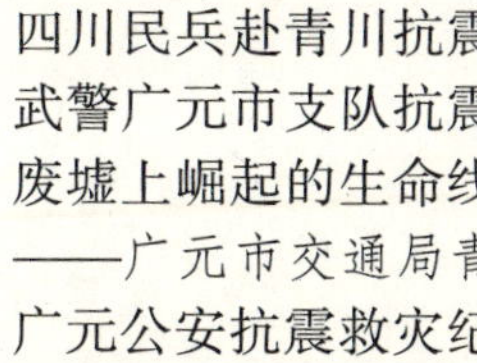
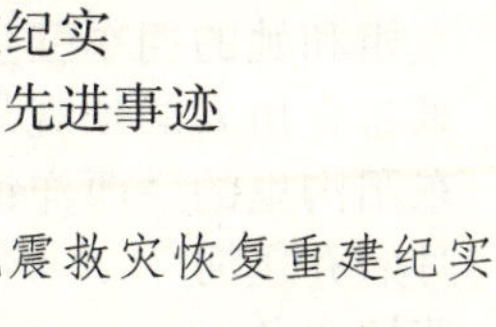

目录 Contents

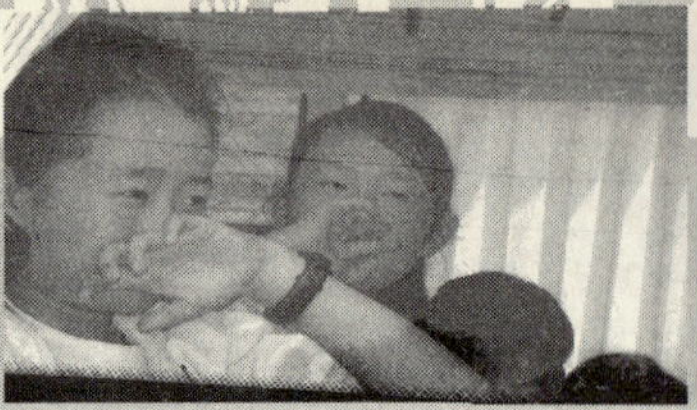

序言

刘奇葆

掀开《青川百日》这卷书稿，一行行饱满的文字，一串串滚烫的故事，一幅幅血色漠漠的画面，又一次模糊了我的视线……

掩卷沉思，荡气回肠。没来得及细算，突如其来的“5·12”汶川大地震带给苍苍生灵的巨大灾难和痛苦，虽已渐渐远去百日，但我们伤痛的记忆却永远定格在“5·12”这厚重的魔鬼档案上。

《青川百日》是一部弥足珍贵的地震历史文献资料。书中翔实地介绍了“5·12”汶川大地震后一百天来，灾难深重的青川人民，在这片伤痕累累、满目疮痍的血泊之域，英勇顽强，战天斗地的可歌可泣的英雄事迹。百日是一个很重要的历史时段。这一百日来，我们的国家，我们的民族承载了太多的苦难。这一百日将在人类历史长河占据十分重要的位置。其实，人类历史长河也一定是蜿蜒曲折，千回百转。我们需要在历史的某一个重要节点慢下脚步，垂下高贵的头颅，缅怀逝者，追思千古。从而激发更加旺盛的斗志、火热的激情，爆发更加强大的力量，推动历史车轮滚滚向前。这是一个国家的品格，一个民族的意志。正是有这种襟怀，百日里，我看见废墟上香蜡纸钱燃烧的火光，向逝者传递着人间的大爱与温暖，寄托我们的哀思，疼痛地燃烬我们脆弱的记忆……透过烈烈火焰，恍然我又看到，沉积着黑色灰烬的废墟上，灾区人民不倦的身影后，高高挺立的脊梁下，一排排板房拔地而起，一缕缕炊烟缭然升腾，灾区人民又重新掀开了生活新的一页。

我痛恨这场万恶的地震，地震让我们痛失了家园和亲人。但我们又不得不勇敢而坚强地面对这场灾难，深刻地认识这场灾难。地震是大自然岁月轮回的一种自然现象，这也是地球经历的一次病变。有这个病变的过程，会使地球的生命更加旺盛，自然更加和谐，人类苍生万物赖以继续长久生存。值得一提的是，这场地震对于我们国家和民族来说，无疑是一场史无前例的巨大灾难，一次人类大浩劫。在这场大灾难面前，四川灾区与祖国人民心相连、血相通，伟大的中华民族，同样爆发出了与地震当量的空前强大的能量，这是中华民族团结的力量，中国人与生俱来战胜自然灾害的力量。由此说来，这场大地震，又无疑是一部伟大的灾难教科书，教会我们更加懂得了什么是面对，什么是坚强，什么是力量。当一个个生命复苏，一个个奇迹惊现，让人更加感叹生命的力量，人性的光辉，是那样坚不可摧。青川是这次地震中的极重灾区，虽是面对这么多的困难，这么大的灾难，但坚强不屈的青川人却总是愈挫愈勇，百折不挠，表现出强大的战胜自然灾害的能力和勇气。在青川黄坪乡枣树林村，农民自己创作的两副标语："有手有脚有条命，天大困难能战胜"，"出自己的力流自己的汗，自己的事情自己干"！语言朴实无华，发人深省，感人至深，受到温总理的热情赞扬和高度评价，总理说："这是老百姓的话，抗震救灾要靠这种精神；重建家园、恢复生产要靠这种精神；使灾区将来发展得更好，也得靠这种精神。"两条标语深刻表达了青川灾区人民自励共勉的心声，更是整个四川灾区在抗震救灾中自强、自立、自奋、自救，坚定、坚强、坚韧风貌的生动写照。正是有这种精神，我们成功地走过了抢险救灾，灾后重建的艰苦百日，取得了抗震救灾工作阶段性胜利，受到世人称颂。这些成绩的取得，得力于党中央、国务院的坚强领导和各级党委政府的艰苦努力，倾注了社会各界无数的心血。

百日攻坚，只是我们抗震救灾迈出坚强的第一步。千日奋战，重建家园，我们还将面临着更加严峻的考验和挑战。我们还有更长的路要走，还有更多的事要做。我们坚信，有党中央、国务院的坚强领导和全国人民的大力支持，四川美好的明天定会早日重现。

二〇〇八年八月

温家宝在青川

5 月 15 日，国务院总理温家宝从广元经白龙江溯源而上，辗转来到木鱼镇，看望受灾群众和参与救援的解放军指战员、消防部队官兵、医护人员。

温家宝指出：“青川是四川北部重灾区，灾情很严重。学校倒掉了，那么多的孩子遇难了，我的心情和大家一样很沉重。我们要哀悼死者。同时，我们要团结起来，用我们自己的双手重建我们的家园，把青川建设得更好！”

贾庆林在青川

6 月 1 日，全国政协主席贾庆林来到青川沙州镇实地察看灾情，慰问看望灾区干部群众，指导抗震救灾工作。

贾庆林指出：“面对特大灾情，各级党员牢记全心全意为人民服务的根本宗旨，靠前指挥，组织动员群众抗震救灾，经受住了严峻考验，充分发挥了战斗堡垒作用和先锋模范作用，用实际行动赢得了群众信赖和拥护。你们要再接再厉，始终站在抗震救灾最前列，真正做到一个支部就是一个战斗堡垒，一个党员就是一面旗帜”。

回良玉在青川

5月28日，国务院副总理回良玉来到青川时指出，青川灾害巨大，损失惨重；大灾面前，广元市委、市政府主要领导靠前指挥，工作到位，抗震救灾抓得很有成效；青川灾后重建工作重点突出，抢险救人、基础设施恢复、灾民安置等各项工作到位及时，卓有成效。同时，充分肯定了青川县“党员应急队”的做法，要求充分发挥各级党组织的战斗堡垒和党员的先锋模范作用，团结带领灾区人民群众战胜灾害，把家园建设得更好，把国家建设得更好。

李克强在青川

6月6日，国务院副总理李克强来到青川县姚渡镇看望慰问受灾群众和救灾人员，实地考察群众安置情况，指导恢复重建工作。

李克强充分肯定了广元市、青川县抗震救灾工作所取得的阶段性重大成果。并强调，要坚持一手抓抗震救灾，一手抓经济社会发展，继续深入细致地做好受灾群众安置工作，搞好灾后重建对口支援衔接，谋划落实灾后重建各项措施，自力更生、艰苦奋斗，坚决夺取抗震救灾的全面胜利，努力实现经济平稳较快发展。

全国抗震救灾英雄集体
中共青川县委

“5·12”汶川大地震，是新中国成立以来破坏性最强、波及范围最广、救灾难度最大的一次地震，给青川全县人民生命财产和经济社会发展造成巨大损失。面对突如其来的特大地震灾害，在党中央、国务院和中央军委坚强领导下，中共青川县委带领各级党员干部冲锋在前，竭尽全力，抢险救灾，舍己救人，领导干部坚强有力的行动，凝聚起群众“出自己的力，流自己的汗，自己的事情自己干”和“有手有脚有条命，天大的困难能战胜”的巨大抗灾力量，抗震救灾和灾后恢复重建取得阶段性重大胜利，青川县委被评为“全国抗震救灾英雄集体”。在这场抗震救灾斗争中，涌现出一大批临危不惧、勇往直前、舍生忘死、无私奉献的先进集体和先进个人。他们在抗震救灾斗争中的英勇表现，大大彰显了青川人民的精神风貌，唱响了青川人民自强不息、团结奋斗的英雄凯歌，书写了青川史册上新的壮丽篇章。

抗震救灾，重建家园，任重道远。我们要更加紧密地团结在以胡锦涛同志为总书记的党中央周围，以邓小平理论和“三个代表”重要思想为指导，深入贯彻落实科学发展观，切实把伟大抗震救灾精神转化为艰苦奋斗、重建家园的坚强意志，转化为努力工作、建设祖国的实际行动，转化为推动科学发展、促进社会和谐的强大力量，以更加坚定的信心、更加饱满的热情、更加扎实的工作，为夺取抗震救灾、灾后重建的全面胜利，再造青川大好河山，重建青川美好家园而不懈奋斗！

温家宝总理看望青川县木鱼镇受灾群众

◎李　斌　黎大东

5月15日，中共中央政治局常委、国务院总理、国务院抗震救灾指挥部总指挥温家宝于15日中午辗转赶到位于四川北部的青川县木鱼镇看望受灾群众和参与救援的解放军指战员、消防部队官兵、医护人员，鼓励大家继续努力抢救废墟下被掩埋的群众，在党和政府的帮助下团结一致重建家园。

四川汶川地震发生后，地处四川盆地北部边缘最北、川甘陕三省交界处的广元市青川县灾情比较严重，截至14日16时，全县死亡1400多人，1万人受伤。木鱼镇位于偏僻山区，在青川县受灾最重，木鱼镇初中教学楼垮塌，被埋学生一度多达460多人，经过当地干部群众和救援队伍抢救，已从废墟中救出了150多人。

青川县尤其是木鱼镇的灾情究竟怎样？救人情况如何？受灾群众是否得到了妥善安置？带着一系列问题，温家宝决定前往这个偏僻的乡村一探究竟。由于前往木鱼镇的公路在地震中损坏严重，路险难行，温家宝一行14日晚乘火车赶往广元市，15日上午又从广元乘车来到白龙湖，再坐船沿白龙江溯源而上，经过3个多小时于中午12时40分抵达木鱼镇。

温家宝首先来到木鱼镇文武村看望受灾群众，在村子里的救灾点坐下来和村民交谈。“村里伤亡多少人？”“你们几位家里有伤亡的吗？”“村子里的废墟中还有被掩埋的吗？”“现在有吃的吗？”……温家宝向大家仔细了解受灾情况。他语重心长地说，党和国家不会忘记受灾的偏僻山村，会保证大家有饭吃、有水喝、有帐篷住、有病能医，政府还会给倒损的房屋发放补助，把房子重新盖起来。大家也要振作精神，坚强起来，互相帮助，重建家园。他还叮嘱村干部，要特别关心那些家里有人遇难的村民，照顾好老人和孩子。

汽车驶进木鱼镇，目光所及，整个镇子几乎变成了一片废墟。一栋被震裂楼房的二层阳台上，还挂着一排主人来不及收的衣服。一辆救援车辆上，写着“一方有难、八方支援”几个大字。

在木鱼镇初中教学楼前，来自辽宁消防、解放军某部和江西宜春第二人民医院、四川泸州医学院的医护人员正在紧张进行救援。听说消防官兵已经从废墟中找到98个学生、其中7人还活着时，温家宝点点头。温家宝向在场的救援队伍表示慰问和感谢，他说，“人民需要你们，你们在人民最困难的时候赶到这里救援，不怕疲劳，连续作战，为抢救人民群众的生命和财产做出了奉献，我代表党和政府感谢你们。现在救人和救治工作仍在紧张进行，我今天专门乘坐火车、轮船和汽车到这里看望大家，希望大家在继续努力救灾的同时也要保重身体，为承担更为艰巨的任务做好准备”。

走出学校，温家宝对闻讯赶来的干部群众说，“学校倒了，许多孩子遇难，我的心情和大家一样沉重，我知道青川县还有许多受伤群众需要救治，还有许多受灾群众的生活面临困难。党和政府惦记着你们，一定会全力以赴帮助大家，很快就会送来更多的食品、水、药品和帐篷”。他希望大家能节哀保重，团结起来，继续努力奋斗，把家园建设好，把国家建设好。

在灾难中逃生的初三学生王云霄走到温家宝身边，哭泣着告诉总理自己的父母在地震中受了伤，哥哥至今还埋在学校的废墟下，家里的房子倒了，吃的也快没了，书也没有办法正常念了。温家宝扶着她的肩膀，动情地对她说，“房子倒了，还要再建；没有吃的，很快就会送来；学校要重新建，而且要比原来更好，你还能念书”。

“太惨了。”人群中有群众向总理说。

“我听到了。”温家宝停住脚步，一边挥手一边说。

温家宝的到来，让群众十分感动。“总理好！”大家纷纷向总理致意，温家宝也向大家挥手。

14岁的初中学生谌龙霄在地震中遇难，父亲谌贵清递给温家宝一张纸，纸上写着：“5·12大地震降在我们身上，你在我们最最需要的时刻来关心我们，谢谢。”

在返回广元市的船上，温家宝和马凯、孟建柱以及四川省省委、省政府有关部门负责人围坐在一起，商量着抗震救灾救治群众的措施……

贾庆林到沙州镇视察灾情

5月 31 日，中共中央政治局常委、全国政协主席贾庆林先后来到汶川特大地震受灾严重的北川县、青川县等地，实地察看灾情，慰问看望灾区干部群众，指导抗震救灾工作。贾庆林乘直升机来到灾区比较严重的青川县沙州镇察看灾情。就在直升机降落前几分钟，还发生了一次 4.1 级余震。

贾庆林握着负伤仍指挥着救灾的镇党委书记曹建忠的手说，“你辛苦了，你是我们学习的榜样”。贾庆林指出，“灾区广大党员干部一直奋战在抗震救灾第一线，用实际行动赢得了群众信赖和拥护。他要求各级党组织要急灾区群众之所急，解灾区群众之所难，充分发挥战斗堡垒作用，各级共产党员领导干部和广大党员要始终站在抗震救灾斗争最前列，真正做到一个党支部就是一个战斗堡垒，一个党员就是一面旗帜”。

5 月 29 日以来，贾庆林连续深入到四川受灾严重地区，看望慰问灾区干部群众，了解抗震救灾工作进展，指导抗震救灾工作。他对四川省抗震救灾工作给予充分肯定。贾庆林说，“在党中央、国务院和中央军委坚强领导下，四川省省委、省政府坚决贯彻中央的决策和部署，统一指挥、组织有力、措施得当，全省各级党委、政府和广大干部群众迅速行动、全力以赴，抗震救灾工作有力有序有效进行，抗震救灾斗争取得了重大阶段性成果。目前，受灾群众思想情绪基本稳定，救灾秩序总体正常。面对特大灾情，各级党组织、各级领导干部和广大共产党员牢记全心全意为人民服务的根本宗旨，靠前指挥，组织动员群众抗震救灾，经受住了严峻考验，充分发挥了战斗堡垒作用和先锋模范作用”。

全国政协副主席、中共中央统战部部长杜青林一同参加看望慰问。

李克强在姚渡视察灾情

◎谢家平

6月6日，中共中央政治局常委、国务院副总理、国务院抗震救灾总指挥部副总指挥李克强来到青川县姚渡镇地震严重灾区，代表党中央、国务院看望慰问受灾群众和救灾人员，实地考察群众安置情况，指导恢复重建工作。

从甘肃奔赴陕西的途中，李克强经过极重灾区青川县姚渡镇。他冒雨来到受灾群众帐篷安置点，察看群众生活。在一家临时小卖部内，他了解了群众日常用品的货源供应和价格情况，店主杨正树说，“震前震后价格一个样”。李克强握着她的手说：“震后商品不提价，不仅方便了群众生活，也弘扬了互帮互助、共渡难关的精神，向你表示感谢。”

考察期间，李克强听取了广元市、青川县抗震救灾工作汇报。他指出，“当前救灾工作正有力有序有效进行，灾区群众情绪稳定”。他充分肯定了广元市、青川县抗震救灾工作所取得的阶段性重大成果。他强调，要全面贯彻党中央、国务院一系列部署，在继续做好受灾群众安置工作的同时，着力抓好生产恢复和灾区重建，坚决打赢抗震救灾这场硬仗。要坚持一手抓抗震救灾，一手抓经济社会发展，继续深入细致地做好受灾群众安置工作，搞好灾后重建对口支援衔接，谋划落实灾后重建各项措施，自力更生、艰苦奋斗，坚决夺取抗震救灾的全面胜利，努力实现经济平稳较快发展。

广元市市委书记罗强、市委常委、市委秘书长黄正富及青川县县委书记、县人大主任李浩生陪同李克强视察。

回良玉在青川指导救灾工作

◎黎大东

5月28日上午，青川县蒿溪回族乡党委书记强海英风尘仆仆赶到县城，将一封带有109位穆斯林亲笔签名和红手印的感谢信，转交给正在这里指导抗震救灾工作的中共中央政治局委员、国务院副总理、抗震救灾总指挥部副总指挥回良玉。

穆斯林群众在感谢信中告诉胡总书记，现在，全乡和外来避灾的两千多名回族受灾群众不仅有水喝、有地方住，还吃上了政府专门送来的清真食品。回良玉接过信对强海英说，我受胡锦涛总书记、温家宝总理的委托来看望你们，希望青川人民和少数民族受灾群众自强自立，重建美好家园。

28日上午，回良玉到达刚刚经历了连续余震的青川县，查看了受灾群众生活安置和恢复重建工作。他走进乔庄镇中心小学，询问正在帐篷里上课的五（二）班师生学习生活还有什么困难；在沈阳军区野战医院，详细了解受伤群众治疗和药品供应情况。在已有40年党龄的68岁老党员党正斌的帐篷新家里，回良玉说，基层组织和广大党员干部一定要把群众的生活安排好，把党和政府的关怀送到每一个受灾群众家里。他还查看了正在铁皮厢里营业的乡镇邮政所和信用社，并听取了广元市和青川县抗震救灾工作汇报，现场协调解决问题。

回良玉指出，在部队和社会各界的有力支持下，受灾群众生活安置和灾后恢复重建工作正在有条不紊、有序有效地展开，特别是学生复课和老人、儿童得到了比较好的安排，取得了初步成效。

回良玉强调，基层各级党委政府要加强领导，要把每一项工作实化分解，并要建立责任制，加强检查督促。他充分肯定了青川县“党员应急队”的做法，要求充分发挥各级党组织的战斗堡垒和党员的先锋模范作用，团结带领灾区人民群众战胜灾害，把家园建设得更好，把国家建设得更好。

青川县委抗震救灾模范集体主要事迹

青川位于东经104°37′至105°58′、北纬32°07′至32°55′，地处四川盆地北部边缘，是摩天岭与龙门山交接的中山地带，历来属地震频发区；同时又属蜀陇古丝绸之路重镇。摩天岭，阴平古道，唐家河，白龙湖，大熊猫，黑木耳，这个山青水美的地方孕育着25万勤劳智慧善良勇敢的人民，以及秀丽的山河、富饶的物产，厚重的历史文化积淀。邓艾伐蜀、红军长征，高峡出平湖，这片凝重的土地上曾演绎了金戈铁马推动历史潮流和如火如荼支援国家建设等辉煌篇章。近年来，秉承祖先坚强意志的青川儿女在奔向小康社会的征途上，先后战胜了四次洪灾、雪灾和地质灾害。正当25万青川人抚平疮痍加快经济社会发展步伐，站在新的起跑线之际，一场历史罕见的特大地震灾害向这块美丽的地方袭来……

天塌地陷　青川顷刻变为废墟

2008年5月12日14点27分57.9秒，四川8.0级地震波及青川，这次重特大地震灾害，其破坏程度在10度左右，为青川有史以来第一次特别重大地震灾害，青川成为极重灾区县。5月25日16时21分我县骑马乡又发生6.4级余震，是"5·12"大地震以来最强的一次。7月24日和8月5日，我县姚渡镇接连发生6.0级、6.1级强余震，青川灾区雪上加霜。截止8月22日，已发生余震2.4万余次，震中在青川4级以上的56次，5级以上的8次，6级以上的4次。

伤亡惨重，场面惨烈。遇难人数达4697人，失踪124人，受伤15489人。木鱼初中学生宿舍垮塌，死亡289人。石坝乡、苏河乡、红光乡有四个大的应力爆发点，山体崩塌，1500余人被掩埋。红光乡东河口村、石板沟村碎屑流塌方3000万方以上，形成总库容2000多万方的全省第二大堰塞湖。

房屋垮塌，设施瘫痪。全县垮塌房屋135万间，25万人无家可归。姚渡、红光、石坝、马公等乡场镇夷为平地，道路、通讯、电、水、气、油等基础设施全面瘫痪。全县损毁道路926千米，垮塌桥梁27座。由于余震不断和连续大暴雨袭击，被抢通的道路、供电、通讯反复中断。学校全部停课，工厂全部停工。马公等5个乡镇近两万多群众在灾后20多天主要靠空投物资救助。部分群众种粮无耕地、建房无地基、出行无道路。

全民受灾，安置艰难。由于与外界失去联系近30小时，技术力量和机械设备十分奇缺，在废墟中抢救生还者极其困难；学校全部停课，工厂全部停工，全县25万群众无房居住；青川地形复杂，地质灾害危害太大，剩下可安置的安全地带太少；房石、曲河、马公、石坝、红光五个乡镇近两万多群众在灾后近一个月主要靠空投物资救助；农村灾区山高路断，救助工作异常艰难。

初步统计，全县灾害损失达500.8亿元。

万众一心战震灾　顽强拼搏克时艰

人民的利益高于一切！灾情就是命令，地震发生后，5月12日下午，面对突如其来的特大地震灾害，县委沉着应对，紧急启动应急预案，迅速成立“5·12”抗震救灾指挥部，8个片区分指挥部和10个工作组火速投入战斗，搜救死伤群众，转移灾民。天灾无情，人间有情，大灾有大爱！青川抗震救灾工作得到党中央、国务院的亲切关怀，国务院总理温家宝5月15日亲临青川查看灾情、慰问灾民，看到青川惨重的灾情，他沉痛地说：“青川是四川北部的重灾区，灾情很重”。国务院副总理回良玉5月28日亲临青川视察抗震救灾工作，到上坪帐篷学校、北井坝受灾群众安置点、201野战医院视察了学生复课、受灾群众安置、部队医院救治伤员情况，指出：“广元特别是青川灾害巨大，抗灾工作抓得很有成效，灾民的初步安置比较好”、“你们的每个支部就是一个战斗堡垒，每个共产党员就是一面旗帜，广大基层党员干部，确实在危难时候起到了主心骨作用”。省委书记刘奇葆、省政协主席陶武先深入灾区了解灾情，指挥救灾工作，陶武先主席说：“青川是不知名的重灾区。”灾情发生以来，市委罗强书记、马华市长等市领导坐镇指挥，并派来了10名县级领导，加强了领导力量，抽调62名科级干部充实到各工作组，每一个重灾乡确定1名市级领导和两个部门进行帮扶，进一步坚定了我们战胜灾难的信心和决心。县委一班人每天工作在20小时以上，领导、组织、指挥整个抗震救灾工作，制订抗震救灾方案，组织各方力量积极搜救死伤人员，每天只能靠方便食品和矿泉水充饥。全县各级干部不怕疲劳、不怕牺牲、连续作战，很多干部顾不上亲人遇难，边流泪边抢救老百姓。干部的真情真心，深深感动了灾区的每一位群众，如乔庄镇、木鱼镇、红光乡等乡镇村民自发组建了送水、送肉、送柴服务队，无偿将自己的土地奉献给驻军部队、机关办公及城镇居民临时驻地。面对毁灭性灾难，处于绝境中的青川人民，在党中央、国务院和省委、省政府、市委、市政府的坚强领导下，在社会各界的大力支持下，青川抗震救灾工作有序推进，灾区人心安定、社会稳定。“5·12”特大地震以来的100多天里，国务院温家宝总理两次亲临青川，省委刘奇葆书记、市委罗强书记等领导多次到青川检查指导抗震救灾工作，对青川抢险救人、群众安置、灾后恢复重建等工作给予了充分肯定和高度评价，给青川人民以巨大的精神鼓舞。

（一）争分夺秒展开生命大营救。灾情发生后，在党中央、国务院的亲切关怀下，在省委、省政府和市委、市政府的坚强领导和正确指挥下，县委快速反应、果敢决策，地震发生不到5分钟，紧急启动应急预案，迅速成立了县“5·12”抗震救灾指挥部，县内组织突击队3200人，军队、民兵预备役、医疗等救援队伍2.4万人第一时间挺进青川，进村入户全力搜救被困人员，救治转移受伤群众，争分夺秒开展生命大营救，从废墟中搜救出生还者3269人，转移群众24.3万人。

（二）千方百计抢“五通”。千方百计保障交通生命线，震后30小时抢通了金子山至乔庄的唯一出境通道，震后3天，解决了居民安置点的临时供水。震后20天，各居民安置点供电面达100%，85%的村通照明电。震后30天，全县固定电话已基本畅通，移动通讯覆盖全部乡镇，85%的村通广播电视。震后50天，抢通所有通乡公路，95%的村通临时便道。

（三）全力以赴抓安置。坚持就地就近分散安置，克服平地少、材料缺、设备无、运输难等困难，综合考虑过冬、防雨、防暑、防震、防雷，采取群众自己建、企业援助建、政府帮扶建，建立建材专供机制，及时兑现2000元的过渡房补助资金。在北京奥运会开幕之前，全县农村6万余户20万名受灾群众已全部入住过渡安置房，两万户城镇居民入住活动板房。

（四）竭尽全力保民生。保障受灾群众有饭吃、有衣穿、有干净水喝、有基本医疗，是我们义不容辞的责任。全力以赴解决好吃饭问题，把受灾群众每人每天1斤口粮、10元钱、“三孤”人员每人每月600元基本生活费发放到户到人头，共发放临时救助金2.25亿元，粮食1.12万吨。及时落实了特困人群的后续救助措施。切实搞好了粮油、肉类、蔬菜、成品油等生活必需品供应，保持了灾区物价基本稳定。全力以赴恢复正常的工作生活秩序。8月1日全县53所学校全面复课，70%的医疗机构恢复医疗秩序，机关单位已从6月1日起恢复正常的工作秩序。全力以赴恢复生产和商贸流通。特色产业和工业企业已基本恢复。恢复商业网点3200个，恢复面达76%，县城已恢复上坪、山珍蔬菜市场，大型连锁如意超市已全面开业。

（五）守住底线抓“两防”。严防疫病发生，全县组建了36支3000人的防疫消杀和保洁队伍，进村入户、不留死角，确保了大灾之后无大疫。严防次生灾害发生，已对红光乡石板沟、东河口、红石河等3处较大的堰塞湖进行疏浚，全县36个堰塞湖险情基本排除。严防洪涝灾害，做好了应急物资的准备和应急队伍的演练。加强对1041处地质灾害隐患点的监测和预防，未因次生灾害死一个人。

（六）健全组织保稳定。县委按照市委提出的“一个支部就是一个堡垒、一个党员就是一面旗帜、一个干部就是一个标杆”的要求，全县共建立临时居民安置点260个，建临时支部委员会86个、党小组174个，做到了哪里有受灾群众，哪里就有党的组织，哪里就有党的声音。各居民点实现了“六建”、“六通”，采取文化、娱乐、报纸、电视等进社区和军民共建、警民共建等形式，把大家的心思统一起来、精力集中起来，万众一心跟党走，确保人心安定，社会稳定。

不等不靠建家园　废墟上点燃新希望

在灾后恢复重建阶段，县委按照国家“家家有房住、户户有就业、人人有保障、设施有提高，经济有发展、生态有改善”的重建目标，提出“一年基本安置，三年基本恢复，五年发展振兴，十年全面小康”的总体目标，再造一个新青川。到2008年底，受灾群众基本恢复正常生产生活秩序，农村受灾群众永久性住房完成60%的建设任务，启动一批事关民生的基础设施和产业发展项目。

（一）全力抓好灾后恢复重建项目。按照统筹兼顾、恢复功能、因地制宜、适度超前的规划原则，进一步落实城乡住房、基础设施、公共服务设施、产业发展等项目，灾后恢复重建项目总投资计划280亿元。基础设施类项目投资90亿元，改造国省县道650公里，通乡通村公路1500公里，投资65亿元；恢复维修堤防工程22处100公里，修复36个乡镇的供水设施，投资6亿元；修复输变电线路5000公里，新建电站7座，投资10亿元；修复通讯机站190处、光缆电缆1800公里，投资3亿元。城乡住房项目投资75亿元，建农村永久性住房6万户600万平方米，建廉租房20万平方米、经济适用房50万平方米、普通商品房30万平方米。公共服务设施项目投资25亿元，建学校54所37万平方米，投资9亿元；建卫生院36所、村卫生站268所，投资5亿元；恢复重建县文化馆、图书馆、博物馆、电影院、书店，投资3亿元；广播电视项目 30 个投资 1 亿元；社会福利项目 24 个投资 1 亿元。产业发展项目投资 80 亿元，农业项目 41 个投资 20 亿元；工业项目 85 个投资 10 亿元；商业项目 72 个投资 30 亿元；旅游项目 13 个投资 12 亿元。计划 2008 年内启动住房、交通、水利、教育、卫生、社会福利等灾后恢复重建项目 55 个，总投资 16 亿元。

（二）全力抓好城乡居民永久性住房重建工作。全县有 6 万余户农房需重建，县委将克服一切困难，突出“经济、适用、安全、节地、特色”，避开地震断裂、地质灾害点、洪水威胁区，帮助农户科学选址。采取“农户筹、政府补、银行贷、民间借、商家赊”，多方筹措资金。建设中做到因地制宜，充分尊重农民意愿，不贪大求洋，不搞形象工程，结合高山移民、社会主义新农村建设，改善人居环境。实施廉租房、经济适用房建设，合理安排普通商品房建设，解决好 2 万户城镇居民的安居问题。实行建材特供，保障建房所需砖、瓦、水泥等建材的供给。

（三）全力做好改善民生工作。县委始终把群众“有饭吃、有衣穿、能安全过冬”放在灾后重建工作的重要位置，储备棉衣 10 万件、棉被 6 万床、原粮 1000 吨，精粮 500 吨。大春丰收在望，预计秋季粮食可收成 7.5 万吨，能够保证受灾群众吃的问题。不折不扣地落实好困难群众后续生活补助政策，全力实施扶贫帮困、教育助学等民生工程，力争年内建成 10 所永久性医院。认真落实好“低保”、“医保”等政策性保险。用好 5000 个公益性岗位，做好防疫、保洁、护理等工作。加强衔接，让 4.7 万外出务工群众有稳定收入。增设营销网点 1000 个，保证生活必需品供应和物价稳定。

（四）强化恢复重建保障。县委把抗震救灾和灾后重建第一线作为检验干部、考察干部的主战场，进一步增强领导科学重建的能力，使各级党员干部和基层党组织，始终成为灾区重建的主力军和主心骨。广泛开展联合大接访、全县干部大下访、领导干部大包案等活动，整合民兵、公安等力量，进村入社区，全力维护社会和谐稳定。做好防洪、防火、防盗、防安全事故工作。

100 多天来，县委带领全县 8000 多名干部不分昼夜，不怕艰辛，连续作战，奋战在抗震救灾的最前沿，抗震救灾工作取得了阶段性重大胜利。在灾后恢复重建阶段，县委响亮提出“出自己的力、流自己的汗、自己的事情自己干”，大力弘扬“万众一心、顽强拼搏、自强自立、不胜不休”到青川精神，激励全县 25 万人民自力更生，艰苦奋斗，用自己勤劳的双手再建美好新青川。

“孤岛”吹响集结号

◎流海川

2008年5月12日14时28分，四川省汶川县发生里氏8.0级特大地震。地震严重波及青川，青川最高烈度达到11度。顷刻间，青川水、电、气、油、路、通讯等基础设施全面瘫痪，到处断壁残垣，满目疮痍，陈尸遍野。青川，紧锁深山，闭目塞听，沦为“孤岛”……

“孤岛”吹响集结号

灾区就是战场，灾情就是命令。

“现在我宣布：青川发生特大地震，全县进入紧急状态，迅速启动应急预案。县委常委、办公室主任王生跃同志火速赶往广元报告灾情，其余县级领导各自领命，迅速组织全体党员干部紧急投入抢险救人！”

“四大班子成员，跟我来！”

“目标：山珍市场”！

“任务：救人！”

“出发！”

这是青川县委书记李浩生同志在地震发生不到5分钟后，紧急召集当时参加“青川县行政效能建设会”全体干部应急动员时的“战斗动员”。

山珍市场告急！

东桥宾馆告急！

木鱼中学告急！

……

县城乔庄，四面楚歌，危机四伏。一道接一道的灾情，一个比一个十万火急；一个接一个人命关天的问题，一个比一个棘手。这些都在第一时间如潮水般汇集到县委政府，紧锁深山的“孤岛”青川25万人期许的目光一时集中到了县委一班人身上。

来不及半点犹豫，容不得丝毫懈怠，青川县委政府迅速成立县委书记李浩生任指挥长，县长陈正永、县政协主席党兴谷、县人大副主任向勇等相关领导任副指挥长，副县级领导为成员的抗震救灾指挥部。各项救援工作部署后，四大班子领导不顾一切地冒着余震和房屋垮塌的危险，几乎像是踩着“探戈”穿过砖瓦纷飞的狭窄街道，赶到灾情最严重的山珍市场，紧急调集人员和设备，全力施救。与此同时，县人武部部长袁仕聪带领86名正在参训的民兵立即赶往山珍市场展开救援行动，这是青川本县在地震发生后组织投入的第一支抗震救灾小分队。

时间一分一秒过去，噩耗一个接一个传来，有如万箭穿心。在接到接二连三的灾情报告后，李书记预料到全县可能遭受了毁灭性灾难，便迅速又派出第二、第三批报信人员陆续赶赴广元报告灾情。当时的整个县城到处残砖碎瓦，尘土翻飞，遮天蔽日。受灾的群众一时涌向滨河广场、田间地头，哭喊一片，乱成一团。说时迟，那时快，李书记顺手从地上拣起几张烟盒纸片，双手按在膝盖上，连续写出一叠“鸡毛信”，迅速传达指令：县委副书记李中书、公安局局长张家和到山珍市场；宣传部部长马健、卫生局局长李仕学到县医院；人武部部长袁仕聪、副部长张乾邦到大沟；人大副主任向勇、苏清海、王显贵到东桥旅馆；政协主席党兴谷、政法委书记王开晋组织交通系统迅速抢通县城乔庄—至酒家垭—广元一线青川唯一的出境公路，打通“生命线”；副县长王志坚负责组织学校救援。其余所有县级干部编成“战斗分队”紧急派往各受灾乡镇。

16点12分：第一个灾后医疗救助点在县医院广场

三点过后，奔赴各乡镇组织抢险救灾的领导，带领各救援分队冒着余震，翻过崇山峻岭，越过重重险阻，第一时间抵达指定“战地”。李开明、苏培成带领的抢险分队抵达关庄；彭仕扬带领的抢险分队抵达青溪；蒙绍全带领的抢险分队抵达沙州、木鱼；王体福带领的抢险分队抵达观音店、

5月12日15点53分：小女孩安全到达较低的楼层。董开国　摄

板桥、骑马、孔溪；李国平带领的抢险分队抵达竹园；党兴寿带领的抢险分队抵达黄坪、瓦砾、茶坝；李国俭带领的抢险分队抵达凉水、茅坝；何文容带领的抢险分队抵达房石。全县44名县级领导、3000多名党员干部在地震发生后的第一时间全部分赴各救灾现场，一场生死大搏击的抢险救灾战役在全县“地毯式”展开。

下午四时许，木鱼来报：木鱼中学学生住宿楼垮塌。得知消息后，正在山珍市场组织抢险救灾的县长陈正永紧急调用挖掘机赶到木鱼中学，与半小时前第一时间派往木鱼的县纪委书记黄光明一道奋力抢救被埋学生。在木鱼中学抢险现场，陈县长爬上四米多高的垮塌危屋顶，站在最高处指挥救人，脚下的水泥板在当时不断的余震中剧烈摇晃，“吱嘎”直响，眼看就站不稳了，下面的群众齐声惊呼：“陈县长，快下来！上面水泥板要塌了，太危险了！”陈县长却“毫不领情”地说：“现在别管我，救学生要紧！”就这样，他与黄光明等始终在危险的垮塌危屋下，一面指挥，一面用手抠砖、抬水泥板，一刻不停地抢救被埋学生，身上多处被碎砖、水泥块砸伤，却浑然不觉。经过浴血奋战，先后从废墟下救出被埋学生97人。

由于青川恶劣的地理条件，地震发生后，山区农民无路可逃，很快便成群结队涌入县城。晚上六点，县城一片漆黑，到处是浓烈的烟雾，刺鼻的腥味，悲惨的呻吟。为了控制当时混乱局面，保障群众生命安全，赵银江、杨天明、梁义兮、苏培成等组织公安力量在县城开展治安巡逻，对受灾群众集中安置点进行管理。县城所在乔庄镇党委书记陈明忠以大局为重，充分发挥乔庄“桥头堡”作用，积极配合县指挥部在各社区成立临时管委会，组织党员小分队进行义务夜间巡逻。副县长杜非则与供电局工会主席陈学云连夜组织电力、通信工程人员借着星光以及打开手机发出的微弱光亮，摸黑抢修电力、通讯设备。经大家奋力抢救，直到晚上八点，终于亮起青川灾后第一灯，这时候才有人通过车载收音机得到这次地震中心在四川汶川的消息。

天塌地陷 英雄标杆巍然挺立天地间

青川地处偏僻，交通阻隔，信息闭塞，灾情传不出去，情势十分危急。余震在不断加剧，房屋在强余震中不住地垮塌。部分群众因受到过度惊吓和失去亲人的痛苦，控制不住悲痛的情绪。连续十多个小时奔忙于抢险现场，早已是满面倦容，一身血腥味儿的县委李书记有气无力地从衣兜里摸出几粒降压药丸塞进嘴里。嘴里干嚼着的药丸，像是很快填进的"TNT"烈性炸药，一下子浑身又来了劲。为了稳定局势，安定人心，鼓舞斗志，指挥部再次召开战地动员会。凌晨三点钟，会议在充满腥臭味的夜色中进行，与会的各部领导拖着早已疲惫不堪的身子，带着浑身的尘土和伤痛，像是刚从疆场拼杀回营的将士，个个满面倦容，形容憔悴。几十位县级指挥官围坐在一堆废墟上，身旁麻麻密密的蚊虫、飞蛾把他们裹成一团，简单的会场只不过像是"生产队"会，但会议的气氛是相当紧张。

"弟兄们，把眼睛撑开，把头昂起来，把胸挺起来，把精神打起来。山倒房倒，我们青川人不倒，青川精神不倒。生死危亡时刻，是考验我们每个党员干部的时候，是人民群众最需要我们的时候。我们党员干部必须树立打硬仗、打恶仗的思想准备，就是要在这样的关键时刻拉得出，打得响!"

像扔炸弹似的一席动员讲话，让会场上每一个看上去要垮了身子的人，又强打起了精神。我简直不敢想象这班人哪来的这股子劲，我真担心就在他们开会的现场，哪位同志支撑不住会现场倒下把书记刚才的讲话给"直播"了。大家都是连续奔忙于血淋淋的抢险第一现场，连续超负荷、超强度体能透支，书记明明眼睛也快撑不开了，可他还是"狠心"要求他的兄弟们和他一起像战士在上甘岭战场上一样坚持战斗到底。

会议散去，各路人马各自领命后又投入抢险现场。书记一边收起笔记本，一边悄悄擦着眼泪。在回帐篷的时候我看见他一个踉跄，最后还是被从身边路过的一位工作人员扶了一把站住了。也许是他过度劳累，也许是心里想着太多的事让他分了神。看到兄弟们已经这样拼尽全力了，可还要对他们这样严酷下达任务，几乎有些不近人情，书记心里比谁都清楚，于心不忍，可又有什么办法，这个时候，在这样的情形下，辛苦了我们的干部，书记又何尝不知。可是灾情一道接一道，问题一桩接一桩。特别是青川沦为"孤岛"，他

“5·12”地震时青川县城山珍市场救援现场

无疑是被困偏安一隅之“王”。25 万双期许的目光直直地期许着他。随着时间一分一秒过去，青川的灾情在不断加剧，受难群众的鲜血在废墟下汩汩地流淌。眼看着一声声呼喊在嘶哑，一个个鲜活的生命在枯萎，而全县该动用的力量几乎全部动用，书记心里比谁都着急。可这是在灾区，这是在血与火的“战场”。作为领导干部不允许大家有别的选择，只能义无反顾，冲锋向前。

政协主席党兴谷、人大副主任向勇已连续十多个小时钉在现场，组织抢险救人，安置受灾群众。县委副书记李中书在山珍市场组织抢险，几次晕倒现场。市委书记罗强得知情况后，立即派市委组织部副部长吴应祥直接把他接到市中心医院。从广元回来后，他连指挥部院子都没进，就又直奔抢险现场。那些天，他的帐篷宿舍里零乱地摆满了药瓶，像个典型的灾区药店铺。组织部部长伏玉琼在山珍市场组织救人，通宵不停喊话，嗓子都哑了。说不出话来，便用手势指挥。第二天下午，她又冒着道路塌方的危险去广元报告灾情，因连日疲累，加上不久前刚做过手术，伏玉琼晕倒在路边。苏醒后她又火速赶往广元报告灾情。将灾情报告市委市政府后，又连夜返回，直接去到灾情严重的关庄镇。在关庄伏玉琼又一次昏倒在抢险现场。一位老大娘闻讯赶来从衣兜里掏出刚领到的鸡蛋，放在伏玉琼的枕边，抹着眼泪，悄然离去。供电局工会主席陈学云在地震发生时，岳父、岳母和 8 岁的儿子被埋在青川县中医院住宿大楼的废墟里。陈学云不顾家人的安危，带领几名职工，冒着余震和房屋垮塌的危险，将已经变形的仓库卷帘门砍出一个窟窿，抬出发电机争分夺秒安装调试。直到晚上八时许，灾后第一盏电灯在临时医疗救助点乔庄小学亮起来，为医疗救援赢得了宝贵时间。而陈学云的岳父、岳母和儿子却永远地去了。交警大队协警员杜建在徒手刨挖救援山珍被掩埋人员时，不慎被预制板轧伤左手背及静脉血管，血流不止。在场的很多人劝他及时处理一下，他却仍然战斗在抗震救灾第一线。随后，他得知木鱼灾情严重，他又毅然请缨赶赴青川受灾最严重的木鱼中学抗震救灾。

公安局副局长刘飞在地震发生后，带领民警第一时间赶赴现场，勇救红光乡数百名学生，帮助 2895 名受灾群众投亲靠友，共安置受灾群众 10939 人，救助孤儿 58 人，转移外地伤员 791 人，装卸抢险物资 60 多吨，保护和抢救群众财产上百万元，确保了金融部门和重点单位的安全，因出色表现被公安部授予“二级英模”称号。地震发生后，正在县城办事的木鱼镇纪委书记赵忠兴，跑步赶回镇上抢救学生。有的死难者亲人由于悲痛过度，情绪失控，无法亲手翻动遗体，赵忠兴就一一亲手翻动，帮助他们辨认。不知不觉，几个昼夜，当他掩埋好最后一具遗体回到帐篷，突然感觉眼前一黑，晕倒现场，足足昏迷了四个多小时才醒过来，可刚从昏迷中醒来，就又爬起来投入到抢险救灾中。沙州镇党委书记曹建忠参加完当天县里会议后，顾不上寻找自己的母亲和妻子，便与镇长佘红搭乘弟弟曹俊的摩托车紧急赶回沙州。当行至木鱼丁家垭时，一次较大余震突然袭来，两块巨石滚滚而下，曹建忠等连人带车被砸出 10 米外，当他们相互搀扶着艰难地爬起来时，一阵强烈痛感向曹建忠袭来，他发现自己右手小指已反贴在手背上，不听使唤，手臂迅速红肿。此时，摩托车已被摔坏，道路完全中断，他强忍疼痛，立即绕道徒步急行，沿途到幸福、居山、南丰等村查灾，组织村社党员干部抢险救人、安置受灾群众。奔走 30 多公里，晚上八点才回到沙州镇。这些天，曹建忠把受伤的手缠上布带吊在胸前，一刻不停地指挥着抗灾救灾。5 月 31 日，中共中央政治局常委、全国政协主席贾庆林来到沙州，紧紧握着曹建忠的手说：“你辛苦了，你是我们学习的榜样。”

茶坝乡党委书记张元军的妻子在地震中遇难，留下一对双胞胎女儿。13 日上午，在草草安葬了妻子后，张书记将孩子托付给兄长，强忍悲痛，迅速集中力量，组织抗震救灾，先后抢救出平溪村村民杨孝德，月明村村民唐树林、王海翠、李开秀等 6 名重伤员。遇到受灾特别严重的群众，他还慷慨解囊，捐献爱心。向炉场村李再元等 6 户特别困难的受灾群众捐出自己身上仅剩的 630 元现金。当他得知在地震中遇难的人员中有 5000 元的抚慰金时，他毅然决定将这 5000 元抚慰金作为特殊党费上缴组织，用来支援灾区的建设。

地震造成旭光村大林山滑坡，埋了大半个社。党支部书记何天华的岳父、妹夫、大伯也遇难了。他边流着泪边告诫党员：“这个时候，支部散了，全村的人心就散了。”党员杨大兴，从半塌的楼房里背出退休老教师徐守怀去医院抢救时，踩着木钉，脚上血流如注，他忍着剧痛硬是坚持把人背到卫生院才取出铁钉。营救中，不断传来一些党员亲人去世的消息。这次地震中，旭光村党员干部家庭损失全是最惨重的。深夜，一直把全村 9 个村民小组检查完，确认没有人压在废墟下面，何天华才回到家。在一堆破瓦和残砖的预制板下，他找到已经浑身冰凉、面目全非的妻子。何天华失声痛哭。61 岁的板桥乡浮寨村支书王生勇，地震中失去了 14 岁的大孙女儿。在草草处理完孙女的遗体后，他强忍着悲痛，组织村民向安全地带撤离。那个时候，用王生勇后来的话说，当时自己连伤心的时间都没有。

看不见的战线

青川与外界失去一切联系，广元一直得不到青川的任何音讯。罗强书记、马华市长几乎是掐着秒表，守候着青川的消息。在迟迟得不到青川的消息后，市长马华、广元军分区政委张锐，宣传部部长王振会，副市长赵爱武分别率领三支“先遣分队”，冒着余震，头顶沿途滚落的飞石，星夜驰援，成梯队向青川进发。

在伸手不见五指，抬头不见月牙的黑夜。青川和广元像是有默契似的，一边在拼命组织力量往外突；一边在奋力采取行动向里进。县交通局长尹晓华在地震发生后，立即组织系统党员干部，兵分四路：尹晓华、局党组成员罗德良直奔木鱼、沙州；副局长王洪、鲜枋明朝青溪方向奔去；县养路段副段长赵治彦、王仕模急驶酒家垭；副局长赵大祚留守，组织机械，安置从四面八方涌来的受灾群众。得知沙州井田坝大桥垮塌，一时难以修复；关庄两河口形成堰塞湖，短时间难以打通；而青溪通道偏远，不利外援及时救助。尹晓华立即决定，全力打通南干线！15 时 40 分，尹晓华和罗德良挥师南下，带领抢险队员，从县城乔庄向凉水方向抢修推进；当时在广元的县养路段段长涂真华，马上从广元直奔乔竹公路，组织抢险队，从凉水立即朝竹园方向抢修；22 时 20 分，市交通局副局长、市公路局局长王国培，带领抢修人员赶到剑青公路朝凉水方向抢修。至此，3 支队伍在余震中，不顾一切地连夜奋战。13 日上午 10 时，他们仅用了 19 个小时，就在第一时间就抢通了“生命线”，为青川 25 万受灾群众开辟了生命通道。为抢救群众生命，外援力量进入青川赢得了宝贵的时间。

“鸡毛信使”王生跃

◎流海川

在通往青川的这条路上，从古到今我们有千万人走过千万年，凡是走过这条路的人每全人都会有一种刻骨铭心的记忆。然而，这条路对于在这次地震后第一个勇敢地送出“鸡毛信”的王生跃来说，却是摆在他生命旅程中的一段“阎王路”。

孤胆英雄　气贯长虹

王生跃，一个英雄般响亮的名字，一位帅气又豪气的汉子，一串传奇而惊险的故事……

像平常开会一样，身为青川县委常委、县委办公室主任的王生跃第一个来到青川中学会场，提前作好下午两点钟准备在这里召开的“青川县行政效能会议”前的各项准备工作。向来作风严谨，做事认真的王主任又站在会场中央仔细端详着会场的每一个角落。一切收拾停当，井然有序，参加会议的全县各部门领导和乡镇干部正陆陆续续走进会议室。突然间，大地剧烈晃动，脚下站立不稳，房屋建筑倒成一片。刹时，尘土四起，遮天蔽日，墙橹灰飞烟灭。惊惶失措的人们哭喊一片，乱作一团。瞬间，青川县城一片废墟，通讯中断，县指挥系统全面瘫痪，深居大山深处的青川，闭目塞听，沦为“孤岛”。县委书记李浩生与县长陈正永简单一合计，这时他们第一想到的是想尽一切办法在第一时间把“信”送出去，迅速向上级报告青川灾情。于是，原定下午的会议临时改为抢险应急紧急会议。刚才穿戴整齐的县级各部门参会干部齐刷刷挤在青川中学广场，像刚从土堆里钻出来的一样，一个个灰头瓦面，面面相觑。

“谁去广元送信?!”大约有5秒钟的短暂沉默。

“我!”人群中有人“呼”的跃然站出。大家的目光“唰”地集中过来，原来是县委常委、办公室主任王生跃。

李书记深情地看了他一眼说：“好！我同意。路途遥远，沿途一定要注意安全。”

“请放心，我保证完成任务！”。

就象是在战场上，王生跃不知哪来的这股勇气，一下子变得豪情万丈，侠气冲天。几乎是来不及半点迟疑和犹豫，冒着余震，透过弥漫的尘土，他两眼含泪，深深地回望了一眼眼前垮塌一片的房屋，带着几分悲凉与悲壮，甚至没有来得及给家人道一声别，就匆匆走出县城，向着广元方向进发。

身后，兄弟们跟了好远一程，一直送到大门外，久久的挥手相送，深情嘱咐：“王主任，一路保重，兄弟们等着你早点儿平安归来。”

送出的是鸡毛信　竖起的是尚方剑

一出县城，路上到处看到的是慌乱的人群，有的搀着老人，有的抱着小孩。口里哭着喊着自己的家人和亲人，四顾逃命……

天啦！大地震发生，别人都在寻找着自己的妻儿老小，一家人使劲往一块儿聚。我却老婆孩子，天各一方。自己一个人抛家离子，朝着离家越来越远的地方跑。老人怎么办？小孩怎么办？扔下老婆一个女同志，她一定很害怕，同时家里人也一定会担心我的下落。这个时候，男人就是家里的主心骨、顶梁柱。我这一走，家里人不知道会急成啥样，再说，强余震一波接一波，谁知道这一走家里会发生什么？这个时候，青川离广元一百多公里的路程，路上余震不断，乱石翻飞，险象环生，谁能说清此走路上会发生什么？……

王生跃这才想起了这些。这个时候，我想，换上任何一个人都会是这样。他想给家里人打个电话，又明明知道通讯中断；他想托人给家里人捎个信，至少让家里人知道他去广元了。可这个时候，路上到处是一片慌乱的人群，象世界末日到了。

他心里有些着急。但很快又镇定下来了。

他想到临行前兄弟们深情相望那充满渴望并寄予他无限希望的眼神；他想到眼前这么多慌乱的人群，那么多奄奄一息，哀哀无告的人在等着送出求救信，这背后是25万青川人的期许和生命相托啊！

一想到这些，他又浑身来劲。他知道身上的任务有多重。于是，更加加快速度，继续向前。可刚走不远，行至黄坪乡毛塔子时，他眼睁睁看着前面不足5米远处一股黄烟腾起，高高的悬崖上一段道路，从脚下轰然垮下。

真是好险啊！

“如果车子再快几秒钟就‘光荣’了!”远处一位路人看到这一幕惊讶地叫道。

“如果车子要是再快几秒钟就过了这一路段，我就可以争取更快的时间把青川的地震灾情报给广元”。王主任此时却根本没来得及去想他个人的安危，反倒想到的是报信能争取时间。不由分说，他将车子停靠在路旁，只是从车里取出剩下的半瓶矿泉水，准备弃车步行去广元。地面不停地震动，山崖上还不住地有石头土块在往下掉，路断时腾起的黄烟遮盖着去路。他已来不及等到扬起的尘土散去，便抢着时间从断裂处攀爬过去，继续往前跑，却迎面遇到去旺苍县开会也是遇地震才走到这儿的办公室副主任李在强。

王主任远远的喊了声“在强!”

可就站在自己面前六、七米远的李在强却并没有答应，而远远地直直把他盯着。从对面远处看过来，透过王主任身后那腾起的黄烟，就象是战场上一个战士跃过敌人炮火的封锁，从硝烟中冲出。脸上全是尘土，头发被汗水打湿，粘满泥沙，黏乎乎的。

“王主任，你这是去哪儿？那么危险你怎么一个人……”

“别问那么多，我是去广元送信，青川地震很严重，县城已经垮了很多房。”

简单寒暄几句后，李在强此时也没来得及作过多反应，见王主任一个，怕路途中有个什么闪失，就主动请命说：“王主任，你一个人太危险了，我陪你一起去!”

两人便步行翻越乱石飞滚的酒家垭。走到酒家垭隧道口，遇到现场施工人员正在那儿避险。王主任走上去简单问了问情况，就对现场负责人自我介绍说：“我是县委常委、办公室主任，青川发生特大地震，通讯中断，与外界失去了联系。这条公路是通往外面的唯一一条‘生命线’。现在是非常时期，情况十分紧急。现在，我以县委、县政府的名义命令你们在保证自己生命安全的情况下，迅速组织力量，务必全力投入人员和设备，抓紧抢通我身后毛塔子路段刚刚垮塌的道路，以便外援力量进入青川。”

随即，王主任又让李在强把他们的姓名和电话记了下来。也许是王主任的英雄壮举和领导气质震慑和感染了大家，见王主任表情严肃，说话十分认真，字字句句，掷地有声，那位负责同志凭着经验，也感觉到了王主任说话的口气和份量，二话没说就迅速组织同志们展开了道路抢修。

看到工人们迅速行动起来，他们也没作久停留，继续前行。行不多远，在前面路上遇到大院乡人大副主席李德富，王主任立即命令他赶快与乡上领导联系，并传话到沿途各乡镇，一是赶快查明灾情，组织救灾；二是调动沿途机械设备，不管公家的还是私人的，一律无条件上路，抢通沿途被损坏的道路。不得有误！

就这样，王主任一路走，一路指挥沿途乡镇干部组织力量抢通青川唯一一条“生命线”。

翻过酒家垭，走到大院回族乡，这才看见一辆摩托车迎面驶来，王生跃马上拦住这摩托车，让他掉头载他们朝广元方向送信。可这位同志一看眼前这位陌生人，就有些不情愿。在这紧急时刻，王主任一心想到尽快争取时间把信送到广元事大，情急之下，不得已而为之。

“地震是天灾，同时也是国难。国难当头，匹夫有责！现在是特殊时期，紧急关头，我以县委、县政府的名义紧急征用你这辆摩托，配合送信，请你无条件服从！至于其它方面事，事后我们会给予你补尝的。”

也许是碍于王主任的威仪，也许是他已懂得王主任说话的道理，那位同志立即改变了态度，很配合地驾上摩托车，飞也似的载着他们向广元驶去。

签下“生死状” 立下汗马功

他们冒着浓厚呛人的浮尘，已步行整整 30 多公里路，腿走得一蹶一跛，脚上磨起了血泡。终于在七佛乡遇到了车牌号为“川 H50008”的县府办同志去外办事返回青川的车。毫不犹豫，王主任让司机调头送他们去广元。至此时刻，时间已经过去了 5 个多小时。余震还一直持续不断，沿途道路垮塌严重，王主任看到这些，一阵揪心的痛。直到行至高速路口时，高速公路早已全线关闭，禁止通行。王主任一下子急了，跳下车就急切地对执勤的工作人员说：“我们有重任在身，去广元报告青川地震灾情，请转告你们的负责同志”。一听说是青川送信的领导，大家都很理解，很快就叫来他们的负责同志。王主任拉着他的手说：“我们是青川县委政府派去市里报告灾情的，请你们放行！”

这位负责同志当场解释说：“前方可能有断桥、塌方，危险，你们实在要去报告灾情，就请你们配合我们的工作，写张条子，一切安全责任由你们自己负”。

“好！我们写！”李在强不由分说提起笔，大有“壮士断腕”之英雄气慨，挥笔签下了他平生第一份“生死状”，并留下了车牌号和电话号码。

晚上9点半左右，王生跃和李在强经一路颠跛，终于来到广元市抗震救灾指挥部。他俩灰头土脸地几乎是扑倒进指挥部帐篷里，见到指挥部同志就连说了两声“惨呵”！就噎住了。

隔了会儿，他们才接着说：“青川遭受特大地震，县城一片废墟，沿途惨不忍睹，请市委、政府紧急组织力量救援青川！”

市上领导一看到是青川来的同志，早已等不及了。地震发生后，全市其他县区都早已把他们的灾情在第一时间报上来了，唯有青川一切讯号中断，联系不上。市领导也料定青川灾情一定更加严重。这时，在指挥部见到青川来人报信，他们像是见到了久别重逢的兄弟，当时那个热乎劲儿让在场所有的人都感动。有的端凳子，有的递开水，象招待亲人样，忙个不亦乐乎……，

可是，他俩哪顾得上这些，几乎是上气不接下气地一口气报告完灾情后，就说“我们还要连夜赶回青川”。这时，指挥部的领导激动地说：“你们冒着余震的危险，冒死送信，这种精神太可贵了，你们辛苦了，我们马上组织力量去青川救援”。

好样的，“鸡毛信使”！这个称号是青川人民对你们的褒奖。青川人民感谢你们；青川历史会记下你们的！

5月12日

◆2008年5月12日14时28分，在四川汶川县（北纬31度，东经103.4度）发生8.0级地震。地震严重波及青川，青川最高烈度达到11度。大地痉挛，山崩地裂，数万人顷刻殒命。山河齐哀，举国同泣。汶川、北川、青川……碧水青山、风景如画的旅游胜地，顷刻间满目疮痍、废墟片片。青川水、电、气、油、路、通讯等基础设施全面瘫痪……

5月13日

◆0：00县委书记李浩生、县长陈正永等领导继续到各救援点现场指挥救援工作。

◆2：20市委常委、宣传部长王振会到达凉水镇，与青川派往广元报信的李师名、齐凯相遇，将青川的受灾情况向市委书记罗强和市长马华作了进一步汇报。

◆3：30指挥部再次下令不惜一切代价，集中所有人力、物力保证救援工作顺利推进。

◆4：00成立宣传指挥中心，负责对外宣传和信息工作。要求想尽千方百计畅通对外宣传渠道，加大情报信息收集力度。

“也许青川的书记和县长牺牲了”

——广元官员三进青川救孤城

◎张　哲　蔡木子　詹莹莹

5月12日下午，原本是广元市常委扩大会议时间。罗强在成都开完会刚刚返回广元市区。市长马华的车则已经驶近市政府。当他看到大批的人站在街上时，以为是“有小偷偷了东西”，于是让司机停下。没想到，马华下车就是一个踉跄。大地在摇晃，已经站不稳了。

此时，广元市已经乱成一锅粥。由于通讯中断，没有人知道震源和震级的任何信息，人们在惊惶中四处奔走，不知所措。

在地震局，罗强和马华决定就地紧急成立指挥部，几乎所有的人都是“派人跑着去找来的”。市委、市政府官员全力出动，奔赴车站、医院、广场、学校等地。

1小时以后，广元市的通讯抢通，关于地震的具体信息也已经收到。宣传部部长王振会迅速召集了市移动、联通、电信等部门的人，把地震信息通过手机和小灵通短信向全市发出。交警、计生委、防疫站等单位所有带大喇叭的车也被政府紧急征用，在人群密集处反复播放市委书记罗强“告全市人民”的广播讲话。

战争才刚刚打响。

“也许青川的书记和县长牺牲了”

广元市地处四川北部，与甘陕两省交界，下辖四县三区。到下午4时以后，各个县区均已和广元市取得联系，唯独130公里之外的青川县迟迟没有消息。指挥部内的空气渐渐焦躁起来，马华市长告诉《南方周末》记者，那时就觉得“可能要出大事”。

下午5时，罗强和马华决定，派曾在青川任职的宣传部部长王振会立即带队去青川。王振会身材高大，是“蜀道俱乐部”的会员。随行的《广元日报》记者周萱事后回忆，当天夜里，王振会头戴探照灯，迈着大步，始终走在队伍最前面。

青川县与外界完全中断了联系。在中国人民银行广元中心支行的电视监控画面上，其他区县的发行库、金库的画面清晰，没有严重问题。而唯有青川县的画面“一片黑暗”。行长赵明光坐不住了，决定尽快去青川。

一直到晚上 8 时多，青川县和王振会部长都还没能给指挥部发回任何消息。

指挥部的干部们感到更加心神不宁。马华当时的想法是，“也许青川的书记和县长牺牲了”。“不然不能这么笨啊，他肯定得知道我们着急，派人走路也该把‘鸡毛信’送来了!”

然而指挥部当时还不知道，地震已经使广元市到青川的山路严重损毁，泥石流已经把青川同外界完全隔断。

此时的王振会已经与赵明光在七佛乡相遇。在这里，通往青川县城的道路完全堵塞，他们被迫下车徒步，在漫山滚石中前进，“有的石头就像一座房子一样大”。王振会要求队伍在危险处排成一列，拉开距离，“要牺牲也不会一起牺牲”。

“鸡毛信”

晚上 9 时过后，“鸡毛信”抵达广元抗震救灾指挥部。送信的是青川县委办公室主任王生跃。他灰头土脸地冲进指挥部的帐篷，连说了两声“惨”，就噎住了。隔了一会儿，王生跃才说出来下一句话：“青川完了，县城一片废墟。”

据王生跃报告，青川县电、水、气、油、通讯、广播和出境公路全部中断，县城房屋受损 90%，沿途乡镇几乎夷为平地。

于是马华主动向罗强提出，自己带队连夜进青川。随行的还有广元军分区政委张锐、广元市发改委主任李天满等人。张锐携带了至关重要的海事卫星电话。他们出发的时候，已经是晚上 10 时 40 分。

李天满告诉《南方周末》记者，行前罗强书记还拉着他说，要注意市长安全。他当时的感觉是“西出阳关”、“有去无回”。《广元日报》记者周萱回忆，12 日那天夜里月色很好。倘若没有地震，山间小路当是恬静而怡人的。

但实际上，那时余震不断，声音好似闷雷。大量的滚石落下，有的护栏都成了麻花状。公路要么裂缝，要么被巨石砸得全是大坑。

王振会一队和马华一队就在这样的山路里前后向青川进发。

夜色中，马华等人往青川里面冲，青川的人也在往外走。青川县青年何兴俊和人寿保险的田科长拿着自己拍的照片和视频，连滚带爬地跑进广元，已经过了夜里11时。当他们在医院找到正在看望伤员的罗强书记时，何兴俊再也控制不住情绪。

他带着哭腔大喊："书记大人，救救我们青川人民吧！"

"市长，跑！"

那时营救队伍还无法开进青川。王振会和马华的队伍，所能起到的最大作用就是传递信息、安抚人心，以及沿途组织当地官员群众开展自救。

出发时，马华带了医疗应急、抢险救援和通信等三支队伍，并且还有两台装载机，由交通局长开路。哪想到了七佛乡，大片的山体滑坡完全阻断了队伍。

马华决定就地兵分两路。一路人马返回广元报信，要求公路局连夜抢通道路；另一路人马，由张锐政委带6个人，强行徒步进青川，送海事卫星电话进去。马华同时交代，青川只要还有一个人，就要从那边也开始抢通道路，"这是生命线"。

随后马华返回竹园镇，设立前线指挥所，开始指挥当地抢救伤员。稍事休整之后，13日清晨5时，他们一行7人翻越滑坡的山体，徒步行进。

马华、李天满和广元电视台的记者罗松搭车冲在前面，秘书和其他人被甩在后面。到危险路段，罗松先冲过去，观察一下落石情况，大喊："市长，跑！"然后马华和李天满就一路奔跑过去，山上还在"轰轰"地响。

所幸的是，在前后垮塌的山路之间，经常会有一段短短的路程可以通车，有时这种路有一二公里，有时只有几百米。在公路附近居住的老乡主动用自己的摩托车或者小货车在这样的路段上载人。那天，马华搭乘了各种交通工具，摩托车、货车，甚至拖拉机。

13日上午8时左右，马华一行来到凉水镇的河滩附近。只见这时有数百人蜂拥而出，"像炸开了锅一样"。记者罗松记得，有一位六十多岁的太婆，牵着两个娃娃，看到他们便喊，"快走快走，来大水了！"

原来，在关庄镇，距此约6公里的地方，山体垮塌，青竹江断流，形成了堰塞湖。如果垮堤，则凉水镇将被淹没。而此时，河滩上还有近千名的受灾群众，大家都涌向严重受损的公路，踩踏或余震垮塌的危险随时存在。

马华手持扩音器，大声喊："大家不要跑、不要乱，我是广元市市长！"

大家听到后稍稍安稳下来。马华继续说，“你们别怕，我们和大家在一起，要是出现山体垮塌、洪水，我们会走在最后……”他的话起了作用。有一个人说了声，“市长都不怕死，我们怕个×噻!”

“兄弟们，你们受苦了”

5月13日清晨5时，天刚蒙蒙亮，王振会部长和赵明光行长一行走进青川县城。尽管是初夏时分，青川却是寒风绵绵，人民银行青川县支行附近，人们正在生火取暖。

看到市上来了领导，很多人哭起来，青川支行的行长也是眼泪汪汪。赵明光的第一句话是，“兄弟们，你们受苦了”。

此时的人民银行青川支行办公楼半边垮塌，整楼和职工宿舍都严重损毁。万幸的是，地震之前的星期五，青川支行刚刚开展了应急演练测试，其中就包括地震应急。三天之后，这些测试和演练派上了大用场：整个青川支行职工无一伤亡，国家金库和发行库也基本完好。

王振会此时已赶往青川县政府了解情况，随后，清晨6时他就赶往木鱼镇，指挥救援木鱼中学被掩埋的学生们。

早上7时，广元军分区政委张锐携带卫星电话进入青川。市委书记罗强也终于接到了盼望已久的青川打来的电话。罗强清楚地记得，青川县委书记李浩生说：“书记啊，非常严重……”就在电话里哭起来了。

罗强当下决定，派出副市长何顺洪带一队人员，走水路前往青川救援。这已经是地震后20小时内，广元市派出的第三批前往青川的官员队伍。

上午9时40分，马华抵达青川县指挥部，随后赶往木鱼镇木鱼中学指挥救援。他看到的场景有如人间地狱。他立即给罗强打电话，要求重型机械支援。马华还把电话直接打给了四川省省委秘书长钟勉，说：“求求你，给我两台吊车……”

“看见方便面就想吐”

震后最初的日子里，青川县的饮食并不充足。14日，罗强书记与广元市委秘书长黄正富，以及记者等一行七人从水路进发青川。中午行至沙州镇时，发现七个人一共只有两瓶矿泉水和一包饼干。

随行的《广元日报》记者任小昌告诉《南方周末》记者，是罗强亲自主持，给每个人分两片饼干。发现还有剩余后，就每人再分一片。至于两瓶水，也是七个人轮流喝，“直接往嘴里倒，可以不沾嘴唇”。

马华和王振会等人在青川一住就是七八天。据广元电视台记者罗松回忆，这些天，市长有“三宝”：方便面、香烟和风油精。

他每天两包烟都不够，走到哪里都是一股风油精味。这些天吃的泡面，超过了马华之前所吃的泡面总和，他一直吃到“看见方便面就想吐”。当19日回到广元后，马华一顿吃下了一大碗回锅肉，“感觉实在太香了”。

随着抗震救灾工作的深入，问题也越来越多。怎样有序接收、管理和发放物资，转治伤员，安排救援力量，调度志愿者和部队等等，都成为摆在青川县抗震救灾指挥部面前的难题。尽管有广元市的多位领导坐镇指挥协调，可青川指挥部的责任和实施主体还在青川县委县政府。面对这样前所未有的灾难，需要有足够的能力和经验来统筹运转。

王振会部长记得，有一位建设局的官员，反复也落实不了任务。王振会急得上去抓住他的胸口冲他大喊：“今天晚上你不把水沟建起来，我就把你撤了！不管你是哪里的干部，我都要把你撤了！”

“不至于掉脑壳，但要掉帽子”

四川地震局最初把包括青川的整个广元地区划作“次重灾区”。在温家宝总理到来之前，所有人的目光都集中在北川和汶川，媒体也没有着重介绍青川的灾情。于是，针对青川的救援力量调配、物资运输和社会捐赠都受到了很大影响。市委书记罗强还曾经接到过指令，“要我们的部队往汶川调”。

罗强在和省地震局的交涉中，省局局长说，他们的意见“只是作为一个决策参考，不是依据”。罗强回答：“可是你这划一个圈，就把我们害惨了。”

人行广元支行行长赵明光召集了各家商业银行的行长开紧急会议，他指出，“金融系统在这个时候要有所作为”。救灾款发放、现金供给、营业网点恢复等都是至关重要的问题。他告诫各家银行行长：“兄弟们，关键时候情况不清，战争时期是要掉脑壳的。现在不至于掉脑壳，但要掉帽子。”

赵明光正在指挥广元的金融系统，尽快要向上面争取资金和项目，为恢复重建做好准备；灾后重建也正在为银行带来商机，很多项目都是经过国家财政拨款来解决，“偿还能力没有问题，安全性和效益性都是有保证的”。所以，“要以最快的速度把这些项目报上去……”

广元发改委主任李天满介绍，市发改委目前主要是参加国家、省、市三级共同编制的“恢复重建编制规划工作组”，“要通过我们卓有成效的工作配合好国家的工作，把我们需要重建的项目尽可能地归到国家和省的盘子里面去”。

而对于市委书记罗强来说，任务就远没有这么简单。广元市还有36万户、110多万人需要安置，帐篷还严重不足；卫生防疫的压力非常大，每天必须洒扫两次，要“防疫全覆盖”；次生危害的威胁也还远没有解除，余震和山体滑坡、坍塌，以及堰塞湖，都还将在很长时间里让广元市的领导们忧心忡忡。

（节选自《南方周末》）

5月13日

◆4：30市委副书记、市长马华在竹园指导抢险救灾，遇到青川派出的报信人员李师名、齐凯，及时将青川损失惨重，人员伤亡很大，急需大量水、食品、医药的最新情况向市指挥部报告。

◆5：00县委副书记、县长陈正永赶赴木鱼中学，会同县委常委、纪委书记黄光明组织抢救被埋学生。

◆5：10县委常委、副县长李开明带领县水利农机局干部赶往红光、石坝、马公查灾，指导抗震救灾工作。

◆5：30市委常委、宣传部部长王振会徒步赶到青川，迅即与李浩生等领导到山珍市场、东桥旅馆、中医院等现场指挥救援。

◆5：30副市长何顺洪带领50名武警官兵和20名医疗救护人员赶赴沙州、木鱼指挥抢险救灾。

◆7：00市委常委、广元军分区政委张锐率分区先遣队携带海事卫星电话到达县城，随即，县委书记李浩生通过卫星电话向市委罗强书记汇报灾情，瞬间即中断联络。这是灾后青川县城向外界发出的第一个电波信号。

◆7：24市长马华从竹园到达凉水镇了解到关庄镇可能出现山体滑坡，要求迅速组织群众转移，确保群众生命安全，并指示旺苍县人武部立即派50人小分队赶往关庄镇救援群众。

◆8：30副县长王志坚在青川中学医疗卫生分指挥部组织指挥抢救伤员。

◆9：00县委常委、常务副县长赵银江负责金融安全工作，组织公安、武警、金融安保人员及时转运金融资金至安全地带。

星夜驰援　挺进青川

◎周　萤

身先士卒，冲锋在前，在果断决策、紧急行动中演绎亮剑精神；争分夺秒，抢救生命，在全力营救、决不放弃中谱写亮剑壮曲；千方百计，攻坚克难，确保灾民“五有”，力推“三个全覆盖”，在抗灾自救、重建家园中再举亮剑大旗。“5·12”大地震发生以来，广元决策层在抗震救灾中谱写出一曲曲生命壮歌。

“5·12”大地震发生后，青川县音信全无。市委书记罗强紧急决策，连续派出三批干部，第一时间连夜挺进青川。余震不断，巨石翻滚，通讯断绝，危急时刻，广元的决策者们经受了空前严峻的考验。

我们不会忘记，面对突如其来的特大地震，广元的决策者们身先士卒，冒着生命危险指挥抗震救灾。

罗强、马华、唐全林看望沙州镇受灾群众。刘　仁　摄

5月12日，那个黑色的日子，仿佛已经遥远。但是，人们无法忘记。

时间回溯到5月12日14时28分，那个黑色的时刻。

瞬间，受汶川大地震严重波及的广元，通讯中断，道路阻断，房屋摧毁，生命凋逝，广大群众生命财产遭受极其惨重的损失，广元遭遇到历史罕见的巨大灾难，全市100多万人无家可归，全市直接经济损失达1200亿元以上。

危急时刻，人民利益高于一切。危急时刻，立即启动地震应急预案，火速展开抗震救灾。广元决策者的身影出现在车站、医院、广场、学校等地。

战争刚刚打响

5月12日下午，原本是广元市委常委扩大会议时间。市委书记罗强在成都开完会刚刚返回广元市区。市委副书记、市长马华的车则已驶近市政府。大地在摇晃。

此时，广元市已经乱成一锅粥。由于通讯中断，没有人知道震源和震级的任何信息，人们在惊惶中四处奔走，不知所措。

“立即启动地震应急预案!”在市地震局，罗强和马华决定就地紧急成立抗震救灾指挥部，他们分别担任正副指挥长。

15时，就地召开紧急会议，紧急组建组织协调、医疗救护、物资供应保障、交通信息等6大系统和人员搜救、伤员救治、饮水、食品供应、查灾、防疫消毒等15个工作组，火速展开抗震救灾。

15时30分，市委市政府主要领导迅即深入城区灾情最严重的袁家坝片区查看灾情，指挥救灾；到市城区接收伤员的医院、福利院及疏散人员聚集点看望和慰问群众。

同时，市委市政府派出由四大班子领导任正副组长的12个抢险救灾指导小组，立即前往四县三区和交通、通讯、供电、供水、医疗卫生、食品供应等重要部门指挥抗震抢险工作。

1小时以后，广元市的通讯抢通，关于地震的具体信息也已经收到。市委常委、宣传部长、市总工会主席王振会迅速召集移动、联通、电信等部门负责人，把地震信息通过手机和小灵通短信向全市发出。交警、计生委、防疫站等单位所有带大喇叭的车也被政府紧急征用，在人群密集处反复播放市委书记罗强“告全市人民”的广播讲话。

战争才刚刚打响。

星夜驰援向青川

利州区告急!

剑阁县告急!!

元坝、旺苍、苍溪告急!!!

……

下午4时以后，各个县区均已和广元市取得联系，唯独130公里之外的青川县迟迟没有消息。

时间一秒一秒地流逝，1个小时过去，2个小时过去，3个小时过去……25万青川人民依然杳无音讯。

指挥部内的空气渐渐焦躁起来，青川的灾情一定是超出想象的非同寻常!

罗强、马华迅速派出市委常委、宣传部长、市总工会主席王振会率队于19时30分向青川进发。

到达马鹿乡，接报灾情后，王振会作出部署：立即将灾情查清上报，组织好所有党员干部积极行动起来，做好避震自救。继续前行!到达七佛乡。在七佛乡，王振会与中国人民银行广元中心支行行长赵明光相遇。

在七佛乡，通往青川县城的道路严重损毁，泥石流已经把青川同外界完全隔断。“就是走也要走到青川!”王振会下令，“全体人员，徒步青川!”王振会要求队伍在危险处排成一列，拉开距离，“要牺牲也不会一起牺牲”。王振会迈着大步，始终走在队伍最前面。

凌晨1时30分，到达凉水镇。此时，青川县委、县政府一份“青川告急”的文件送达王振会手中。

王振会对“急件”作出批示，安排立即送达罗强书记、马华市长手中。

从竹园镇到七佛乡、马鹿乡、凉水镇、大院乡……

一路前行，一路了解灾情，一路部署抗震救灾。每到一个乡镇，王振会都要求组织乡镇干部迅速查清灾情上报；及时、妥善解决好老百姓吃住问题；发动老百姓，组织队伍畅通境内路段。

在“轰隆隆”的余震声中，王振会一行在漫山滚石中徒步前进，直奔青川而去。

晚上9时过后，青川县委办公室主任王生跃灰头土脸地冲进广元抗震救灾指挥部的帐篷，连声说：“青川完了，县城一片废墟。”据王生跃报告，青川县电、水、气、油、通讯、广播和出境公路全部中断，县城房屋受损

90%，沿途乡镇几乎夷为平地。于是马华主动向罗强提出，自己带队连夜进青川。

22时40分，市委副书记、市长马华，市委常委、广元军分区政委张锐率医疗应急、抢险救援和通信等三支队伍400余人，连夜向青川进发。同行的还有市发改委主任李天满等人。

23时50分，队伍抵达七佛乡。在此，大片山体滑坡完全阻断队伍前行。马华决定就地兵分两路。一路人马返回广元报信，要求市公路局连夜抢通道路；另一路人马，由张锐政委带6个人，强行徒步进青川，送海事卫星电话进去。“这是生命线”，马华同时交代，青川只要还有一个人，就要从那边也开始抢通道路。随后马华返回竹园镇，设立前线指挥所，开始指挥当地抢救伤员。稍事休整之后，13日清晨5时，他们一行七人翻越滑坡的山体，徒步行进。

上午9时40分，马华抵达青川县指挥部，随后赶往木鱼镇木鱼中学指挥救援。他看到的场景有如人间地狱。他立即给罗强打电话，要求重型机械支援。马华还把电话直接打给了四川省省委常委、秘书长钟勉：“求求你，给我两台吊车……”13日凌晨，在市指挥部听取了青川县派出徒步赶往广元的联络员汇报灾情后，罗强书记果断决策，再次增派副市长何顺洪率队从北线水路赶赴青川。

先后派出的三路抢险人员都遇到了道路阻断的空前困难，在余震不断、山石翻滚的危险时刻，救援队徒步前行，星夜驰援青川县。

与时间赛跑

市抗震救灾指挥部内，市委书记罗强异常忙碌。

12日傍晚，罗强书记通过流动广播车发表广播讲话，向全市人民群众通报地震震情、党中央国务院和省委省政府的决策部署，通报市委市政府抗震救灾的坚定信心、坚强决心和救灾举措，稳定民心。

随后，抗震救灾指挥部发出《告全市人民书》，市委发出《致全市各级党组织和广大党员干部书》，鲜明提出“一个支部就是一个堡垒，一个党员就是一面旗帜”。

全市各级党组织、党员干部和广大人民群众积极行动，全力投入抗震救灾工作。

13日上午9时50分，市委书记罗强通过海事卫星电话，与在青川县指挥抗震救灾工作的市委副书记、市长马华商定：迅速向省委省政府上报最新灾情，请求空投食品、药品、帐篷、水……千方百计抢通竹园至青川县城的道路，确保救灾人员和物资运输，市内迅速调整一家医院，用于救治青川县受伤人员，将青川县的初步灾情向社会公布，呼吁无灾帮有灾、小灾帮大灾。

13 日晚，市委常委会上，针对灾民安置，罗强鲜明提出要全力确保“五有”：确保城镇和农村无家可归的受灾群众“有饭吃、有衣穿、有干净水喝、有临时住处、有基本医疗”。

14 日一早，两天两夜没合眼的市委书记罗强亲自率队赶赴青川县，深入受灾最重的沙州、木鱼、乔庄、红光等乡镇第一线指挥抗震救灾。

在青川抗震救灾的紧要关头，市委从市级机关抽调 8 位局长赴青川任县抗震救灾副指挥长、任命 4 名其他县区的党政副职任青川县委常委、副县长，加强重灾区的指挥力量。从市、县区机关紧急抽调 1000 余名党员干部组成党员突击队，赶赴青川抗震救灾。安排 36 名市级领导干部和 72 个市级部门结对帮建青川 36 个重灾乡镇。

拯救生命不放弃

灾情一发生，市委鲜明提出“把抢救人民群众生命作为抗震救灾的第一任务”。

只要有一线希望，就要付出一百倍的努力，决不放弃！

市委市政府组织一切力量对受灾、受困群众进行抢救和转移，调动一切力量搜救掩埋和失踪人员。

为打通被地震摧毁的交通生命线，市委常委会果断作出调集精兵强将“畅通南线，打通北线，加强水运”的决策，经过夜以继日的抢险，在与外界交通联系断绝 20 多小时后，经金子山至青川县乔庄公路于 13 日 12 时 30 分紧急抢通，第一条陆路“生命线”恢复通行，为抢运救灾物资、救灾部队和医务人员及转运伤员赢得了宝贵时间。

青川木鱼初中学生宿舍楼全面坍塌，其中的 852 名学生除 459 人脱险外，其余 393 人全部掩埋废墟中……惨重的灾情让市委市政府主要领导揪心悲痛。

人命关天，早一秒钟救援，就多一分生存的希望。市委副书记、市长马华和市委常委、宣传部长、市总工会主席王振会，市委常委、广元军分区政委张锐，副市长何顺洪坐镇现场救援。

青川县委县政府、木鱼镇党委政府火速组织救援队伍，全力投入抢险救人。附近骑马、板桥、孔溪等乡镇党委、村党支部派来的200余名党员干部紧急赶来；市上派出的紧急救援队，以急行军的速度步行6小时赶来；解放军战士和武警官兵马不停蹄赶来；市第二人民医院党支部、剑阁县人民医院党支部派出的党员医疗救援小分队赶来；旺苍县委组织的党员义务服务队赶来；专业救援队赶来……

救援人员众志成城，1个学生被救出来了，2个学生被救出来了，10个学生被救出来了，50个学生被救出来了，97个学生被救出来了……

5月15日，中共中央政治局常委、国务院总理温家宝来到木鱼镇察看灾情和抗震救灾工作后，对木鱼的救援工作高度关注，深切关怀……

随着抗震救灾工作的深入推进，市委市政府及时将工作重点由全面应急抗灾转为一手抓抗震救灾，一手抓灾后重建。如今，在青川、在广元，处处可见人们重建家园的坚强身影。

“广元是红军战斗过的红土地；人民是经历过战火和磨难的，任何困难都难不倒的英雄人民。地震，可以使山河改变，灾难可以使我们痛失亲人和家园。但是，震不垮我们的精神！摧不垮我们的意志！压不垮我们的脊梁！”

人们不会忘记市委书记罗强这段铿锵呐喊。

它将永远在广元上空久久回荡。

5月13日

◆9：40市委副书记、市长马华到达青川县城，县委书记李浩生利用卫星电话向罗强书记报告灾情。

◆9：40武警广元支队小分队在任翠文主任带领下到达沙州抢险救灾。

◆10：00市法院代院长李勤带领51名干警经三堆镇坐快艇到达沙州镇。

◆11：00市长马华、县委书记李浩生到木鱼中学现场指挥被埋学生救援工作，并通过卫星电话向罗强书记报告灾情。

韩国救援队组织搜救

日本救援队为死难者默哀

国际救援在青川

在这场惊天大浩劫中，日本在第一时间伸出援手，举国上下，日本各个便利店、百货店，都设置了不计其数的中国四川捐款箱。就连日本各地城市乡下，街头巷尾，所到之处都有一个小小的盒子连着中国，连着四川。日本各大电视台，各大报纸，各大门户网站，也都开设了捐款热线。首批31名日本专业救援人员于16日上午9点45分抵达青川县城开展救援工作。

日本救援团团长为小泉崇，团副团长藤谷浩至。救援人员的构成分别为警察厅9人、海上保安厅7人、消防厅11人、日本国际协力机构3人、外务省1人。救援团携带了一些相关仪器，如生命探测仪、煤气泄漏检测仪等。另外29名救援人员将于16日下午抵达成都，并携带搜救犬。

此前，中国外交部宣布，本着邻近、快捷原则，中国政府已同意日本、俄罗斯、韩国、新加坡四国政府派遣专业救援人员赴四川地震灾区协助救援行动。

胜利属于英雄的中国人民

——汶川大地震抗震救灾一月全景纪录

汶川大地震一月之际，谨以此文献给遇难的同胞，献给不屈的人民，献给从灾难中奋起的祖国……

——题记

一个月，实在太短，短得我们还来不及擦干悲痛的泪水。

一个月，实在太长，渴望重建的中国从灾难中不屈奋起。

2008年5月12日，大地痉挛，山崩地裂，数万人顷刻殒命。山河齐哀，举国同泣。

2008年6月11日，悲切仍在心底，生命依然茁壮。烈日下的废墟，处处闪现重建家园的身影。

这是13亿人民必将共同铭记的一段岁月。30个日日夜夜，我们在相互守望中再一次感悟——

许多巨大的历史灾难，最后以历史的进步为补偿。这就是社会发展的辩证法则。

汶川，一个陌生的地名，进入亿万人的视野；

地震，一场惨烈的灾难，把全国人民紧紧凝聚在一起

5月12日。星期一。下午。一切如常。

离北京奥运会开幕还有88天。从重庆、甘肃、陕西，到福建、上海、云南……城市的街巷，人流如织；乡村的田野，绿意盎然。

北京。多云。中国地震台网中心值班室，29岁的速报员杨陈正在值班。

数千里之外的四川省汶川县，一个名叫映秀的小镇，幼儿园的孩子正在午睡。远在崇州的怀远镇中学，英语教师吴忠红带着学生复习单词后，在黑板上写下又一个生词。

立夏刚过，暑气未盛，正是宜人时节。成都郊外的白鹿书院教堂前，几对新人正欢笑着拍摄外景婚纱照……

灾难，突如其来——

大地战栗，山川扭动。一座座建筑，摇晃着轰然倒塌。从天而降的巨石，无情地砸向大地；漫天而起的尘土，遮蔽了烈日和长空。恐慌的人群，朝各个方向涌出。揪心的哀号和裂肺的呼唤，让天地变色、草木悲吟……

汶川、北川、青川……碧水青山、风景如画的旅游胜地，顷刻间满目疮痍、废墟片片。

绵竹市汉旺镇那座标志性的钟楼上，时间被永远定格在14时28分。

“同学们，快跑!”生死刹那间，吴忠红老师扯着嗓子高吼着，死死撑住已经变形的门框，催促同学们从身边冲出。发现楼上还有两名学生，吴老师又逆着人群跑向四楼，却再也没能出来……

同一时刻，和吴忠红一样，许多默默无闻的教师，在生死关头以自己的行动成就了不朽的永恒——

谭千秋，德阳市东汽中学教师，张开双臂趴在桌子上，护住桌下的4个孩子；

张米亚，汶川映秀镇小学教师，跪仆在废墟中，双臂紧紧搂着两个学生；

杜正香，绵阳平武县南坝小学代课教师，卧倒在瓦砾中，头朝着门的方向，双手各拉着一个孩子，胸前还护着3个幼小的生命……

强大的地震波，震动四川，震动北京，震动全国，震动世界。

“嘀！嘀！嘀!”中国地震台网中心值班室里，实时监测机的屏幕上地震波出现剧烈振荡，地震报警器发出刺耳的警报。

数据很快整理出来。杨陈和他的同事们被面前的结果惊呆——

14时52分52秒，新华社第一时间发出快讯：强烈地震发生在四川境内。

不到3分钟后的14时55分49秒，新华社再次发出消息——

“北京时间5月12日14时28分，在四川汶川县（北纬31度，东经103.4度）发生7.6级地震。”

相当于数百颗原子弹的能量，在10万平方公里的区域瞬间释放，波及甘肃、陕西、重庆等16个省区市。

地震！大地震！特大地震!

灾情就是命令，时间就是生命。整个国家紧急运转——

中共中央总书记、国家主席、中央军委主席胡锦涛立即作出重要指示：尽快抢救伤员，保证灾区人民生命安全。

16时40分，中共中央政治局常委、国务院总理温家宝乘飞机离开北京，赶赴四川指导抗震救灾。

12日晚，中共中央政治局常务委员会召开会议，全面部署抗震救灾工作。会议决定成立抗震救灾总指挥部，全面负责抗震救灾工作。

当晚，抗震救灾总指挥部在四川灾区一线召开了第一次会议……

汶川，一个并不熟悉的地名，进入亿万中国人的视野。

地震，一场空前惨烈的灾难，把全中国紧紧凝成一体。

人民军队紧急应变——

总参谋部启动应急预案！武警总部启动紧急预案！到12日24时，近两万名解放军和武警部队官兵已到达灾区开展救援。24000名官兵紧急空运到重灾区，1万名官兵通过铁路向灾区进发。

“汶川！汶川！汶川！”——全中国都在心里呼喊，全世界的目光都向这里聚焦。

国家地震灾害紧急救援队和国家地震灾害现场工作队急赴灾区……

民政部紧急调拨5000顶救灾帐篷支援灾区……

公安部发出紧急通知要求全警动员……

中国红十字会迅速调拨价值78万余元的救灾物资……

卫生部紧急组织10多支卫生救援队赶赴灾区……

电信、电力、交通等部门也紧急启动应急预案……

在四川，大规模的抢险救援在省委、省政府的领导下迅速展开。28支医疗队紧急赶往汶川、绵竹、德阳等地……

这是一个无眠无休之夜。雨水，和着人们的泪水和哀伤，无休止地洒向倒塌的房屋、滑坡的山体、悲痛的人群……

永远记住这些普通而伟大的母亲吧——

她的双手支撑着身体，护卫着襁褓中的孩子。手机里，留着临终前写下的短信：“亲爱的宝贝，如果你能活着，一定要记住我爱你。”

年轻的妈妈怀抱着婴儿，蜷缩在废墟中。已经没有呼吸的她，临去的那一刻，把乳头塞进了孩子的嘴里。

已经遇难的母亲，用弓曲的脊背顶住压下的大梁。诀别之际，她割断自己的静脉，让血流的方向对准怀里孩子的小嘴……

5月12日，黑色的日子。这个日子的前一天，是我们的母亲节。

我们会永远记住这些不屈的身影，他们的英勇感天动地

“求求你们，让我再去救一个！我还能再救一个！”

5月13日上午10时许，四川绵竹小学救援现场。当几成废墟的教学楼在余震下突然晃动，上级下令救援人员撤出时，19岁的消防战士荆利杰双膝跪倒，哭着这样大声喊道。

在场的人，都哭了。

看到这一画面的许多人，也哭了。

救人！争分夺秒救人！尽最大努力救人！——灾难当头，每一个人都在心底响着同样的声音。

从地震当天到5月22日，中共中央政治局常委会先后召开3次会议。会议强调的是同一个主题：把抢救被困群众放在第一位，只要有一线希望，就要尽一切努力施救。

“抢救人民群众生命是首要任务。”——5月16日至18日，在抗震救灾的危急时刻，胡锦涛总书记深入北川、汶川等重灾县市，察看灾情，慰问群众，实地指导抗震救灾工作。

5月31日至6月1日，胡锦涛又翻山越岭，赶赴陕西、甘肃的重灾县市考察。

以人为本，生命至上。中南海与灾区人民情相通、心相连。

5月22日，温家宝总理再赴灾区，指导抗震救灾工作。

吴邦国、贾庆林、李长春、习近平、李克强、贺国强、周永康等领导同志也纷纷来到救灾一线，对抗震救灾作出具体部署……

关爱生命、抢救生命、为了生命——抗震救灾中的一切工作都以生命为中心。

5月22日，全国人大常委会举行第四次委员长会议，支持国务院集中财力投入抗震救灾的安排。

第二天，全国政协举行第四次主席会议，对各级政协组织和广大政协委员参与抗震救灾作出部署。

帐篷里、火车上，哪里都是抗震救灾总指挥部办公的场所。一个月的时间里，这个流动指挥部召开了18次会议。

这是规模空前的紧急集结。数日之间，13万官兵云集灾区。与人民群众“心连心、同呼吸、共命运”的子弟兵，在灾难面前再一次大规模出击……

余震、山崩、暴雨中，一次次壮烈的突进——

13日20时许，成都军区某集团军军长许勇率先遣队，徒步进入汶川映秀镇。

13日23时15分，武警某部参谋长王毅和他的挺进小分队率先进入汶川县城。

震后第2天，救援部队进入所有灾区县城；

震后第3天，进入所有重灾乡镇；

震后第7天，救援人员进入全部1480个受灾行政村……

地震，使许多重灾区通向外界的道路被毁。打通生命线，与在废墟中抢救生命同样重要！

重灾区汶川映秀镇的外出通道全面中断。1000余名官兵南北对进，分段突击，连续奋战47个小时，终于打通汶川县漩口铝厂至映秀镇的陆路通道。

15日18时，绵竹至北川的道路打通；

15日21时40分，通往汶川县城的317国道打通；

15日23时15分，丹巴至理县40公里道路打通；

24日9时53分，宝成铁路109隧道打通，通往抗震救灾前线的又一条"大动脉"宝成铁路恢复正常通行……

危难之中，党旗更红。"党员突击队""党员抢险队""党员服务队"……抗震救灾的第一现场，到处闪现着共产党人的身影。

生命至上，爱心无价。农民、工人、教师、公务员、企业家、医护人员……危难面前，亿万普通人伸出温暖的手——

他是一位普通商人。在橘黄色的救援队伍中，一身便装的他分外醒目。地震发生后，他抛下客户，开车直奔都江堰。他说："因为我还活着，所以我要来。"他的名字叫陈岩。

他们是一群普通农民。山东莒县洛河镇的10位村民，开着一辆农用三轮车，颠簸四天三夜，行程3000多公里，赶到了灾区……

救灾的日子里，一个个、一批批、一群群自发自愿的救援者，从四面八方奔赴灾区。他们与解放军同行，与救援人员并肩，只为托起每个生命的希望。几万、十几万……人们至今仍无法说出"志愿者"这一群体的准确数字，但他们那动人的身影留在了每一个人的记忆中。

从解放军和武警官兵、公安干警、消防战士，到来自全国各地的医疗队、防疫队；从国内近400支专业救援队伍，到来自俄罗斯、日本、韩国、新加坡等地的270多名境外救援人员……汇集于生命集合号下的，是一支创造生命奇迹的"铁军"。

有爱，就有奇迹。119小时，150小时，172小时，216小时……一个个在废墟中坚守的生命，在救援人员决不放弃的努力下成功获救。截至6月9日，仅四川灾区就有83988人从废墟中被救出。

应该记住灾难中英雄少年的身影：9岁半的林浩把已经昏迷的同学背出废墟，又重返废墟背出另一名被掩埋的同学；11岁的张吉万背着3岁的妹妹，在震后的深山里走了12个小时，到达绵阳安置点……

应该铭记这些最可爱的人的英姿：米-171直升机执行救援任务途中，坠毁在映秀镇西北的高山密林中。遇难者中有51岁的羌族飞行员，也有年仅23岁的二级士官……

这是一群同样让人难忘的身影。废墟上，瓦砾间，救援的现场，低矮的帐篷……一批批中国记者冲到了救援第一线，用笔和镜头传递信息、记录历史、呼唤爱心、播撒希望。

从地震发生的那一刻起，中国政府准确、及时、公开、透明的信息披露，聚焦了全民的关注，传达出对生命的关切。抗震救灾中每天的新闻发布会，将灾情和救灾的进展及时告知公众；向所有外国记者开放灾区采访……世界看到的，是一个开放自信的大国形象。

5月19日，全国哀悼日第一天。鲜艳的五星红旗，第一次为在自然灾害中遇难的中国公民低垂。13亿人一同低首，为大地震遇难同胞默哀。

"汶川挺住!""四川加油!""中国加油!"……

14时31分，当3分钟的默哀结束，聚集在天安门广场上的人群中，爆发出一声声呐喊。发自肺腑的呼喊，声震长空……

我的心连着你的心，生命的接力在延续；
你的痛牵动我的痛，我们共同创造生命的奇迹

废墟中，掩埋着幸存孩子血肉模糊的身子；担架上，传来受伤人员痛苦的呻吟；帐篷医院里，到处是等待救治的群众；一些重伤人员正与死神进行最后的抗争……特大地震，让无数的生命面临惨烈的劫难。

有了人，就有了一切！保住了生命，就保住了希望！党中央、国务院对救治受伤人员提出明确要求、作出具体部署——

"尽快赶赴灾区，全力抢救受伤人员"；

"继续从各地和部队调集医护人员"；

"尽快将重伤员转送到条件较好的医疗机构救治，保证灾区医疗急救物资供应”……

这是十万火急的生命大驰援——

震后不到5分钟，成都军区总医院就紧急部署，迅速设立4个露天临时救治点，震后7分钟就收治了首例伤员。

5月12日晚8时许，由武警总医院22名医护专家组成的救援医疗队，搭乘专机由北京飞赴灾区。与此同时，从成都到北京，从上海到广州，从哈尔滨到乌鲁木齐……一支支医疗队从全国各地紧急驰援灾区。

徒步突进、水陆并行、直升机转运……医疗救护人员与其他救援人员一道，冒着生命危险，争分夺秒突进重灾区。

到21日20时，医疗救治队伍已覆盖灾区每个受灾村庄。目前，奋战在灾区一线的医务人员总数超过了14万人。

生命攸关，分秒必争。当一位位血肉模糊、生命垂危的伤者从废墟中抬出，与死神赛跑的重任就落在了白衣天使的身上。

这是一个个令人动容的身影——

尽管丈夫在地震中不幸遇难，北川县禹里乡卫生院护士杜娟仍在夜以继日地抢救伤员。6天后，当她护送重伤员乘坐直升机飞越北川县城，透过舷窗看到丈夫遇难的城市时，坚强的她再也忍不住滚滚的泪水……

夜以继日地连续给伤员做手术，让四川大学华西医院退休教授张泮林累倒在手术台边，心脏停止跳动近1分钟。仅仅休息了一个晚上，74岁的他又站在了手术台旁。在回答“做了多少手术”时，这位外科专家不假思索：“记不清楚。反正哪里最危急，我就到哪里去。”

大音希声，大爱无言。正是无数医护人员的坚持、执著和呵护，让一朵朵生命之花顽强绽放。到6月10日12时，因地震受伤住院治疗累计95252人，已出院76853人。

这是一场惊心动魄的生命接力——

在被废墟掩埋179个小时后，汶川映秀湾水电总厂职工马元江被成功救出。重伤、饥饿、脱水……死亡随时可能降临。在几十支手电筒的照明下，医护人员在废墟上展开紧急抢救。20日下午3时，马元江被火速转移至第三军医大学重庆新桥医院。一进医院，20多位专家就开始会诊、研究救治方案……

5月20日早7时，青川县的高龄孕妇杨春波出现了阵痛。70公里外的天津医疗队艰苦跋涉1个半小时，来到杨春波身边紧急施救，随后又将她送往80公里外的野战医院。当下午6时许，一个女婴呱呱坠地，累得几乎虚脱的医护人员才松了一口气……

最快的速度、最好的医术、最深的爱心……广大医护人员争分夺秒，与死神开展一场生死竞速。

这是史无前例的伤员大转移——

成都、德阳、绵阳、广元等地医院伤员爆满、医疗资源紧缺、医务人员超负荷运转……党中央、国务院果断决策：统筹全国的医疗资源，适度分流、转运、收治受伤群众。

北京紧急制定转运方案，云南递上请战表，陕西报上申请书……为灾区减压，为国家分忧，全国各地纷纷举手。

5月18日，43辆大巴和近百辆救护车，满载着伤员由绵阳驶向重庆。

19日，首趟转送伤员的专列载着206名伤员，驶上新生的旅程。

20日，首趟运送伤员的“爱心号”航班展翼，将36名重伤员以最快的速度护送至广州……

为了减轻转送伤员的疼痛，救护车司机尽量控制车速，把车开得更平稳；为方便伤员直接上车安卧，专列的每节列车都卸掉一扇窗户，掀起所有的中铺；为了腾出空间安放伤员，航空公司拆除了机舱坐椅，用绳索牢牢固定担架四角，防止伤员受气流颠簸之苦。

“决不让一名灾区伤员在沈阳出现危险！”这是中国医科大学附一院全院上下的共同心声。为了挽救其中一名伤员的生命，中国医科大学附一院为他专门配备了4名医生、3名护士，24小时轮番抢救、看护……

到5月31日，四川地震灾区累计向全国20个省区市的340多家医院转送地震伤员10015人，为此出动了21次专列、99架包机以及万余次救护车和5000余名医务人员。这场全国范围的地震伤员大转运、大护送、大救治，同样成为抗震救灾中引人注目的一大壮举。

用真情搭起新的家，为受伤的心灵遮风避雨；
用爱心撑起一片天，让温暖的阳光驱散阴霾

5月31日，星期六。震后第19天。

位于成都的西南财经大学爱心学校，安置了1000多名来自汶川灾区的孩子。中午时分，穿着统一服装的孩子们在老师带领下，手拉手排着队来到食堂吃饭。他们的午餐是：一份米饭、两荤一素3个菜。

几乎同时，在陕西省重灾区宁强县广坪镇金山寺村的简易防震棚里，几十个孩子正在老师的辅导下，有的在画画，有的在做数学题，有的在复习语文……

特大地震灾难，在瞬间吞噬了一切，让孩子失去了学校，失去了老师，失去了同学——

孩子，孩子，孩子！成千上万的灾区孩子，牵动着每一个人的心。

教育部门紧急应对，宣布受灾严重的县市区延期举行高考；对考上大学的孤残考生将免收学费，提供生活费补助；对没能考上大学的孤残学生，将实行免费就读中等职业学校，提供职业技能培训。

全国各地向灾区的孩子，伸出了温情的手——

5月18日上午，成都市新都区新繁镇中心敬老院改成的爱心学校，来自彭州、都江堰、绵竹等重灾区的166名孩子在这里复课。

5月29日，来自重灾区安县的500多名小学生，乘专列前往云南昆明，入读当地9所办学条件好、师资力量强的小学。

在青岛，借读的60多名灾区孩子，被学校当成了宝贝；在北京，对灾区来的孩子减免学费、食宿费……

一顶顶帐篷、一间间活动板房，成了临时教室。震后第6天，在灾区的许多角落，又响起了琅琅的读书声……

特大地震灾害，使4600多万人受灾，需要转移安置的受灾群众达到1400多万。“受灾人数比北欧5个国家人口的总和还要多。”瑞典紧急事务救助署官员佩尔·约尔奈斯感慨地说：“中国此次赈灾难度之大、需救济人数之多，在世界范围内都是屈指可数的。”

“要千方百计向灾区运送食品、饮用水、药品和帐篷、防寒衣被等救灾物资，确保灾区群众有饭吃、有衣穿、有干净水喝、有临时住处。”——震后第一时间，胡锦涛总书记就对受灾群众的安置提出明确要求。

急灾区群众之所急、办灾区群众之所需、解灾区群众之所难。根据中央的统一部署，各部门、各地区紧急行动——

国务院决定在3个月内向灾区困难群众每人每天发放1斤口粮和10元补助金，为地震造成的“孤儿、孤老、孤残”每人每月提供600元基本生活费。

3天后，民政部、财政部和国家粮食局出台了具体的救助政策。

确保灾区生活必需品价格基本稳定——发展改革委出台具体措施。

及时将地方储备中成品粮油储备投放到抗震救灾第一线——国家粮食局向各地提出要求。

16.4万吨中央储备粮油紧急投放地震灾区——中国储备粮管理总公司立

即部署。

筹集并发出粮油14200吨——四川省粮食部门想方设法、挖掘潜力……

血浓于水，手足情深。成都、北京、石家庄、上海、重庆……人们排起长队，捐款、捐物、献血，汇聚成一条奔流不息的长河。截至6月10日12时，全国共接收国内外社会各界捐赠款物总计444.32亿元。7300多万名共产党员更以67亿多元的“特殊党费”，表达了对灾区人民的真情牵挂。

饮水安全，关系重大。

一组组环保、水利、卫生人员紧急赶赴灾区检测水质，一台台移动制水设备和净水器源源不断地送往灾区，一包包饮用水消毒药剂发放到受灾群众手中，一辆辆送水车穿行在受灾的城镇和乡村……6月5日，水利部宣布，在基本解决四川灾区570多万人的应急供水后，将争取实现为受灾群众人均日供水20升以上的目标。

这是一项万分紧迫的任务——

灾区急需救灾帐篷！

灾区急需过渡安置房！

党中央、国务院紧急部署，要求在一个月内向灾区提供90万顶帐篷，同时安排专项资金，为灾区首批建造100万套过渡安置房。

受灾群众住的问题，牵动着党和国家的最高层。5月22日，胡锦涛总书记前往浙江湖州的帐篷生产企业，实地考察救灾帐篷生产情况。3天后，总书记又前往河北省廊坊市，考察过渡安置房生产情况。

“灾区需要什么，我们就生产什么！”在一家家救灾帐篷和过渡安置房生产企业的车间里，机器不停运转，灯火彻夜长明。有的企业推掉了其他商业合同，有的企业紧急扩大生产规模，有的企业把员工中的共产党员组成了突击队……一切只有一个目标：让受灾群众早日住进“新家”。

这是一组让人宽慰的数字：截至6月10日12时，全国已向灾区调运救灾帐篷100多万顶、被子470多万床、衣物近1400万件。在四川灾区，68100套过渡安置房已经安装。来自各地的大批过渡安置房正源源不断地运往灾区……

伤痕累累的大地上，又见袅袅炊烟；集中安置点附近，商铺重新开张；帐篷学校前，鲜艳的红旗迎风飘扬……古老的中国，经受无数历史沧桑，屹立不倒；灾区的人民，从地震废墟中站起，更加坚强。

悬湖、余震、疫情……一个又一个艰险，摆在我们面前；

坚守、突进、奋战……一次又一次拼搏，灾区群众转危为安

危险，并没有随大地的暂时平静而远离。

山崩地陷，江河阻断。34处堰塞湖，成为悬在百万人民头上的达摩克利斯之剑。

大自然显示出它可怕的力量！海拔2000多米的唐家山在地震中被削去一半，形成了一道长803米、宽611米、高82.65米至124.4米的巨大堰塞体。奔腾不息的湔河在这里被死死围住，形成了一个最大可蓄水近3亿立方米的“天然悬湖”！

余震一次次出现，雨在一天天下，唐家山堰塞湖的堰前水位也在一天天地往上涨，蓄水量很快从3000万立方米攀升到了2亿多立方米！

北川告急！绵阳告急！！四川告急！！！全中国的心，都随着不断上涨的水位，一同悬了起来——“悬湖”一旦溃决，成都平原将不堪设想。历史上，曾有数万生命倾灭于震后堰塞湖的溃决，损失远大于地震本身……

决不让历史悲剧重演！始终密切关注着唐家山堰塞湖险情的胡锦涛总书记强调，一定要把确保人民群众生命安全放在首位；要认真组织，精心安排，加强巡视，做好应急预案，确保紧急情况下不出大的问题。

“决不能让一个百姓伤亡”，温家宝总理也对唐家山堰塞湖排危抢险工作提出明确要求。6月5日至6日，总理又亲赴唐家山，实地指导抢险工作。

险情就是命令！唐家山堰塞湖现场，一场排危抢险的战斗正式打响——

临危受命，不惧生死。5月21日，20余名专家和武警水电部队官兵，从悬停在唐家山堰塞湖坝顶的直升机上冒险跳下。

由于天气原因，大型挖掘器械一度无法通过飞机投送。紧急关头，武警水电部队以及成都军区1800名官兵于5月25日组成突击队，每人携带10公斤炸药和锹镐，强行突进唐家山堰塞湖堰顶。

情况万分紧急，堰顶就是战场——

余震随时发生，飞石“哗哗”滚下，但武警官兵、解放军指战员和水利工程技术人员日夜奋战、毫不畏惧。气温白天高，夜晚低；衣服湿了干，干了湿。许多人累得都难以站直身板，但没有人停下手中的锹镐，各种机械设备昼夜轰响……

6月1日凌晨，排危抢险队伍终于在唐家山堰塞湖坝上抢挖了一条数百米长的泄流槽，比原计划的时间整整提前一半！

6月7日7时08分，泄流槽开始泄流。

6月10日9时，唐家山堰塞湖坝前水位下降到742.18米。

10日17时18分，被堰塞体阻隔了整整29天的洪水，以排山倒海之势倾泻而下，顺利通过四川省第二大城市绵阳。唐家山堰塞湖抢险取得决定性胜利！

频繁发生的余震，同样是对灾区群众的极大威胁。截至6月10日8时，汶川地震主震区已累计监测到余震11356次，平均每天390多次，其中5级以上余震27次、6级以上5次。

5月19日，一条重要消息在四川等地的电视台滚动播出："5月19日至20日汶川地震区附近余震发生的可能性较大。"

一石激起千层浪。政府主动披露的余震监测信息，虽然给灾区群众的生活造成短暂困扰，但其中体现的政府对百姓生命的关怀，得到了灾区绝大多数群众的理解和支持。

漫长的历史进程中，往往反复上演着同样的悲剧——大灾之后，疫病流行，冷酷无情地夺去无数幸存者的生命。

确保大灾之后无大疫——这是中国政府向人民作出的庄严承诺。

防疫如同救灾，同样刻不容缓——

地震发生后，卫生部立即作出决定：医疗队中必须包括防疫人员，并调集中国疾病预防控制中心专业卫生防疫队先期进入灾区指导卫生防疫工作；

民政部、公安部、卫生部联合制定了地震遇难人员遗体处理意见，对遗体处理方式和卫生防疫等提出明确要求；

农业部全力防控灾区动物疫情，加紧组织调拨消毒药品、器械、疫苗等防疫物资，紧急编制《地震灾后动物疫病防控宣传挂图》等宣传资料；

国家食品药品监督管理局派出工作组，实地协调四川救灾急需药品及医疗器械等问题……

这样的情景在灾区随处可见——

高温、烈日、潮湿、胶皮防护服密不透风……防化部队的官兵们冒着危险，每天都在废墟间穿行。汗水顺着头、身、腿汇聚到靴子里，每当脱下靴子，就能哗啦啦倒出两滩水来。

这样的故事在灾区每天都在发生——

不断发生的余震让四川省松潘县白羊乡再度与外界失去联系，大山深处乡亲们的卫生防疫问题十万火急。来自天津的王延让等防疫专家冒着大雨，爬过泥石流地区，连夜翻越海拔3000多米的大山，紧急行军17个多小时，给村民送去急需药品……

“覆盖，覆盖，卫生防疫人员一定要覆盖全部乡村!”这是命令，更是奋战在灾区的16000多名卫生防疫人员的共同誓言。

历史，将忠实地记录：到5月27日，地震灾区所有的县、乡、村和受灾群众临时安置点，都已实现医疗救治、防疫监督、疫情监测和医疗卫生物资的全面覆盖。目前，灾区的疫情没有超过常年疾病的分布情况，没有发生重大传染病突发事件……

灾难，让人奋起，我们坚强面对明天；

困境，孕育希望，我们用信念开创未来

那一刻，让人不堪回首——

大地摇动的一瞬，数万人失去生命，无数人痛失家园，2万多家工业企业受灾，5000多个规模以上企业停产……

这一幕，令人感怀震撼——

“既然活下来了，就要活得好一点!”在地震中失去儿子、儿媳和孙子的农民李成林，眼泪几乎流干。顶着烈日，这位四川安县花荄镇的老人又走进田里给庄稼打农药。

擦干眼泪，继续前行。这是中华民族永不屈服的精神写照。

恢复生产，重建家园。这是在废墟上不断响起的生命壮歌。

“抓紧制定灾后重建规划和具体实施方案，建立对口支援机制，举全国之力，加快恢复重建。”——5月26日，中共中央政治局举行会议，对抗震救灾和灾后重建作出部署。

把握先机的战略决策，环环相扣的推动部署，为恢复重建的顺利推展奠定了基础。

迅即建立灾后恢复重建基金——5月21日，国务院常务会议决定举全国之力多渠道筹集灾后重建资金。中央财政今年先安排700亿元，建立灾后恢复重建基金，明后年继续作相应安排。

第二天，全国人大常委会委员长会议决定：支持国务院集中财力投入抗震救灾的安排，对今年预算支出结构作出相应调整。

6月5日，芒种。正是一年农事最繁忙的时节。

四川彭州，地震重灾区。虽然房子塌了，虽然伤口还未愈合，新兴镇阳坪村村民程健依然一大早就下地插秧。

“政府和解放军都在忙着救灾，我们不能闲着，田更不能闲着，可不能误了农时啊!”35岁的程健说，自己刚刚领到了政府发给的尿素，下周就准备给秧苗施肥。

在地震灾区，随处可以见到这样的景象：山寨边，妇女忙着采摘红透的樱桃；田地里，男人弯腰在收割成熟的油菜；废墟旁，老老少少一起晾晒金黄的麦子……

只要双手还在，毁了的家园就一定能重新建好——

6月2日凌晨3时多，天色依然漆黑。四川广元荣山镇高坑村的一顶帐篷里，杨孝莲起身到外面新砌的泥巴灶上生火做饭。当天，她的丈夫张必生要一早坐大巴前往北京，然后转飞阿尔及利亚打工。

地震中，张必生家的4间瓦房全部垮塌，5口人无家可归。懂电工技术的张必生，被当地劳务部门组织去国外打工。这位朴实的农民说：“只要人还在、手还在，就一定能把塌了的房子重新盖起来。”

抢修设备，恢复生产，沉寂数日的机器轰鸣声重新响了起来——

位于四川绵竹市的东方汽轮机厂，是我国三大汽轮机、燃气轮机和风力发电设备制造企业之一。地震中，许多厂房倒塌，直接经济损失超过50亿元。

地震刚刚停止，东汽的干部职工就在废墟中抢修设备、搜寻技术资料。5月17日，东汽风电机组开始恢复生产，沉寂了5天的机器重新响了起来；3天后，首批风电机组就发往山西、内蒙古……

灾后重建，规划要先行——

汶川、北川、青川；城镇、乡村、山谷……来自地震、土木、水电、环境、气候等22个专业学科的专家队伍，顶风冒雨进行现场调研，评估灾区地质地理条件，对重建项目进行科学选址。

再建家园，法制是保障——

6月9日，国务院公布《汶川地震灾后恢复重建条例》。这是我国首个专门针对一个地方地震灾后恢复重建的条例，为灾后过渡性安置、调查评估、恢复重建规划、恢复重建等不同阶段提供了行动指南和法律依据。

举全国之力，支援灾区重建。社会主义制度的无比优越性，在灾后重建中闪烁出耀眼的光芒——

北京，什邡；上海，都江堰；山东，北川；广东，汶川；江苏，绵竹；浙江，青川……

它们，过去相隔遥远；它们，今天密不可分。

5月26日，党中央作出了“建立对口支援机制”的决定。

5月27日，国务院明确提出："实行一省帮一重灾县，几省帮一重灾市(州)，举全国之力，加快恢复重建。"

6月5日，中共中央政治局常务委员会举行会议，专门研究部署灾后恢复重建对口支援工作。

心手相牵，倾力相助——

江苏提前23天完成对口支援绵竹市的第一阶段抗震物资驳运任务；

浙江计划接收3000名青川中职学校学生来浙就读，学生毕业后可以留在浙江就业；

山东调集精干力量，紧张抢修北川灾区道路，并组织规划、建设、地质等方面专家奔赴灾区，为恢复重建紧张准备……

灾难，让人奋起；困境，孕育希望——

特大地震发生5小时后，四川郫县红光镇的朱玉兰，在成都四川省人民医院顺利生下一名男婴。

同一天，在彭州、绵阳、德阳等地的救灾帐篷里，一个个新生命诞生了。这个特殊时刻诞生的孩子们，许多都拥有一个共同的名字：震生。

一个月过去了。朱玉兰的儿子徐震生已经会笑，在妈妈的怀抱里，在亲人慈爱的目光里……

这是一个稚嫩生命迎接世界的方式。它似乎在告诉人们：灾难，毁不掉中国人的信念；明天，将由我们用双手去开创！

5月13日

◆11：30经过20小时的抢修，剑（阁）青（川）公路金子山经竹园至乔庄公路恢复临时通行，这是震后抢通的通往我县的第一条干线公路，也是外界通往青川县城的唯一通道。

◆11：35成都军区派直升机进入青川察看灾情，降落在县城北井坝中集上，随机来的中央电视台记者通过采访县政协主席党兴谷，县委常委、人武部部长袁仕聪，副县长杜非，向外界通报青川灾情，并请求紧急救援。四川省军区通讯处参谋程继华带四川移动通信公司技术人员彭海丰和一部海事电话随机到达青川。

一路坎坷一路情

——刘奇葆书记赴青川慰问

◎李京枝　闫　岚

7月3日，夏日炎炎，青川灾区气氛热烈而和谐。四川省委书记、省人大常委会主任刘奇葆在省委常委、副省长、省委秘书长钟勉，副省长王宁，省政协副主席晏永和，市委书记、市人大常委会主任罗强，市委常委、秘书长黄正富及青川县四大班子领导的陪同下，深入青川极重灾区看望慰问了援建青川的解放军官兵、为青川援建板房的浙江工人及青川受灾群众。刘奇葆一行先后深入该县的乔庄、关庄、凉水等乡镇及红光乡东河口堰塞湖、石板沟堰塞湖实地查看了解青川受灾情况，详细了解解放军官兵和浙江援建工人的后勤保障情况，问候他们吃饭、喝水、洗澡问题解决情况；与青川受灾群众拉家常，询问他们是否有饭吃、有衣穿、有水喝，政府补助的钱、粮领到没有，现在有什么想法和打算。

在乔庄镇上坪居民点，刘奇葆看到建好的一排排整齐的活动板房非常高兴，一一与在场的浙江省人民政府副秘书长谈月明、浙江八达集团老总李正义等亲切握手，他关爱地说："你们辛苦了，感谢你们对灾区人民所作的无私奉献。"走进上坪居民点住户梁晓明家的活动板房，看到家设施摆放得整齐有序，生活秩序井然。刘奇葆详细询问了主人目前的生活状况，并询问还需要政府解决什么问题。梁晓明说："党和政府及各级干部对我们很关心，把我们的衣、食、住、行解决得都很好，感谢党的好政策，感谢各级政府和各级干部，感谢刘书记关心。"

在乔庄镇北井坝居民安置点，刘奇葆仔细查看了"乔庄镇北井坝救灾物资、资金发放登记表"详细询问"救灾物资发放办法及公示等有关情况"，乔庄镇党委副书记宋碧珍都一一做了回答。刘奇葆说："这样很好，既照顾了老弱病残，又做到了公平、公正。"

当看到乔庄镇受灾群众张显会已经在北井坝居民点摆起了"副食店"，刘奇葆便走到店里，关爱地询问张显会："家里损失大吗？多久开始营业的？每天的营业收入与地震前相比是高了还是低了……"张显会都作了如实回答。

刘奇葆对张显会不等不靠、自力更生，积极恢复营业，搞好生产自救的做法表示赞赏。

在凉水镇凉山村毛坪社，刘奇葆一行走进村民李代平家新建的自建房。他详细询问："这种房子隔热效果好吗？能保暖吗？防潮吗？雨天防漏吗？"随后，刘奇葆又揭开主人家灶上的锅盖，翻翻床上的被褥，了解他们的吃住情况，关爱之情溢于言表。

刘奇葆书记视察地形

刘奇葆一行不顾个人安危，冒着余震不断和山体随时可能滑坡的危险，驱车数十公里深入红光乡东河口堰塞湖，后又坐快艇来到石板沟村，爬上被地震撕破的山体，刘奇葆为眼前的灾情所震撼，他倾听了广元市及青川县领导关于两个堰塞湖形成前的状况，掩埋的死伤人数及红光、马公、石坝等乡受灾群众安置情况，刘奇葆强调：一定要妥善安置好受灾群众，切实安排好他们的生产生活，保障他们"五有"；同时，一定要严防震后次生灾害发生。

刘奇葆与水利专家、部队首长及市县领导现场商讨了堰塞湖的下一步排危方案，他还吩咐随行的电视、报纸记者要关注青川堰塞湖情况，加大宣传力度。

省委书记刘奇葆在青川县红光堰塞湖　邓建新　摄

在红光乡东河口堰塞湖边，刘奇葆一行碰见了红光乡的几个受灾群众："老乡你们辛苦了！"一句亲切的问候拉近了省委书记与受灾群众的距离。红光村乡东河口村何应民等几位村民便围在书记身边。"地震前你们在干什么？""地震时的状况如何?”“两岸山体垮塌时你们在哪里?”“堰塞湖是怎样形成的?”“目前，生产、生活中有什么困难?”刘奇葆一一询问他们，关爱之情溢于言表。刘奇葆鼓励乡亲们：“科学家研究表明，像这样大的地震，要三千到五千年才发生一次，我们这一代人给遇上了，我们不仅要面对灾难，又要在抗震救灾的实践中总结经验教训。你们生产、生活有什么困难，有党和政府帮你们解决，你们一定要好好地活着，坚强地活着。只要活着就好，你们一定要鼓起生活的勇气，全力以赴重建新家园，相信我们的生活一定会越来越幸福。”

刘奇葆还看望慰问了正在堰塞湖修路平场和转运物资的部队官兵，并与官兵们一一握手致意。

刘奇葆强调：目前，抗震救灾工作正处在以安置受灾群众为主要任务的关键阶段。受灾群众安置住房建设是当前第一要务，只有尽快让受灾群众住进安置住房，生活安定下来，才谈得上恢复生产，重建家园。安置住房建设要抓进度，在城市广泛发动受灾群众以工代赈等方式积极参与，在农村积极鼓励农民自搭自建过渡住房，确保 8 月 12 日前让受灾群众住进过渡安置房；要抓质量，做到防雨、防潮、防暑、防寒，核心是要保证受灾群众有过冬住房；要抓配套，要有供水、供电设施，逐步完善电视、电话、银行、邮政等设施；要抓环境，认真做好卫生防疫、垃圾污水处理、环境整治等工作，确保不发生重大疫情。

亲切慰问群众

刘奇葆十分关心受灾群众的生活，在乔庄镇、红光乡等地，他分别走进便民商店、临时邮局、临时储蓄所等地，了解这些行业为群众提供便利服务的情况。刘奇葆指出，在确保受灾群众有房住的前提下，要千方百计安顿好受灾群众的生活。要在受灾群众安置点建立健全党支部、居委会、警务室，做好群众思想工作，解决群众具体困难。要尽快恢复和完善灾区的商业网点，在场地、税收等方面落实扶持政策，鼓励大型连锁企业到灾区设点经营，运用市场的办法，丰富灾区生活物资供应。对特别偏远的地方，政府要组织专门力量运输，确保受灾群众吃穿用各个方面的物资需要。对群众生活必需品，要实行必要的价格干预，严查哄抬物价行为，保证群众买得起、用得起。

在青川短短一天时间，刘奇葆驱车百余公里，不辞辛苦、跋山涉水，到居民安置点了解“五通”建设情况；到军营了解部队官兵的后勤保障情况；到活动板房与受灾群众促膝谈心；到商店了解生活必需品供应情况；到医疗卫生点了解防疫及卫生情况……一枝一叶总关情。

一路坎坷，一路关爱；一路风尘，一路问候。奇葆书记走到哪里，把关爱和问候就带到哪里，哪里就洋溢着幸福与喜悦。奇葆书记青川行，让受灾后的青川人民备感温馨，精神振奋。青川干部群众表示：一定要在省委、省政府，市委、市政府及县委、县政府的坚强领导下，进一步发扬“万众一心、顽强拼搏、自强自立、不胜不休”的青川精神，攻克时艰，迎难而上，努力夺取双胜利，重建美好新家园。

5月13日

◆12：00广元军分区参谋长刘璞、政治部主任张文君分别率领利州、元坝、旺苍区县民兵应急分队到达乔庄、木鱼、关庄等重灾乡镇开展救援，这是到达青川县的第一批救援分队。

◆12：30副市长何顺洪到达木鱼镇，及时察看灾情，指挥抢救被埋人员，慰问受灾群众和遇难学生家属。

◆14：00广元消防支队第一批20人、两辆消防车等专业搜救工具到达木鱼中学，抢救被埋学生。

◆14：30广元市军分区协调并指导巴中市、南充市应急民兵分三个批次进入我县灾区。

◆15：20县长陈正永到木鱼中学组织救援被埋学生。

◆15：50市长马华在县抗震救灾指挥部召开会议，听取最新灾情汇报，部署抢险工作。

◆18：00新华社、中央电视台、四川电视台、华西都市报、广元电视台、广元日报等媒体记者18人赶赴青川采访报道。

◆19：50县城采取柴油发电机等办法，指挥部和个别居民安置点实现了临时通电。

省政协主席陶武先深入广元灾区指导抗震救灾工作纪实

广播希望 重建家园

5月25日16时21分。

2000余名青川县关庄镇居民正聚集在空地上等待车辆陆续转移他们去广元市，余震突然发生。大地发出巨响，地面剧烈晃动，人们根本无法站稳。一些危房开始倒塌，关庄镇对面的山体出现崩塌，腾起漫天的尘土。

这次6.4级强烈余震造成青川房屋倒塌7万多间，毁损20多万间，道路交通、通讯电力再度受损。灾上又灾，雪上加霜，灾区救灾难度更大，重建任务更加沉重。

省政协主席陶武先不顾频频发生的余震险情，带着省委省政府对当前抗震救灾工作的精神，第一时间再进广元，为灾区群众点燃新的希望……

指挥若定

5月25日，省委书记、省“5·12”抗震救灾指挥部指挥长刘奇葆主持召开指挥部会议，贯彻落实温家宝总理24日对我省抗震救灾工作提出的任务，研究当前抗震救灾的重点工作。刘奇葆强调，要把解决过渡住房作为最关键的任务，努力安排好受灾群众生活；狠抓卫生防疫，确保大灾之后无大疫。

5月26日至28日，陶武先率省委、省政府抗震救灾工作广元工作组，再一次踏上了这片饱受地震灾害肆虐的土地。

虽然破碎的家园还未能重建，但在党和政府以及全社会的深情关爱下，人们对未来有了信心……

“抗震救灾工作进入新的阶段，要认真贯彻党中央国务院和省委省政府的指示精神，在不放松伤员救治的同时，围绕阶段重点，不怕疲劳、连续作战，继续有力、有序、有效地推进抗震救灾各项工作。”陶武先盯着会场上广元市各相关部门的领导，目光坚定地说。

对于下一阶段的灾区重建，陶武先心中已有一盘棋，他的经验、睿智、务实的工作作风给这个非常时期的人们留下了深刻印象。

现阶段救灾工作的第一任务是全力安置受灾民众，防止久无居所。“死者入土为安，生者入户为安。”在元坝区卫子镇卫子中学，远远就能看见一幅巨大的横幅，“青川人，元坝人，我们都是中国人”。一排排整齐的帐篷搭建在学校操场上，帐篷里水瓶、棉被等日常生活用品排列整齐，当地村民告诉陶武先，这是专门安置从青川转移的受灾群众的临时住所。陶武先告诉随行的元坝区委书记冯安富，安置工作要立足实际、多策并举。“利州区利用钢管、木板、石棉瓦、油布等材料搭建简易房，既安全又实用，应积极推广。”他特别提到，安置方案要坚持先群众后干部、先基层后机关，并按照“公开、公正、公平”的原则，张榜公布，群众议定。按照国务院的规定，尽快把受灾群众每人每天 1 斤口粮、10 元补助金发放到户、到人。

在剑阁县下寺镇渡口社区，陶武先躬身走进帐篷，询问受灾群众王友发，“家里有没有人受伤?”“救济物资领到手上了吗?”……亲切的话语让大家十分感动。

在广元朝天区羊木镇，陶武先来到设在帐篷里的卫生所，看望并慰问受伤群众、了解他们的治疗情况和生活状况。“这里一天能接收多少病人？药品够不够？还有什么困难?”陶武先亲切地慰问坚守在岗位的医务人员王建东，“现在天气热、湿度大，除了看病，你们还要参与防疫，要防止灾后疫情的产生”。他又走进羊木镇灾民集中安置点，对受灾群众嘘寒问暖。陶武先拉着群众李开生的手并对在场的朝天区委书记向成军叮嘱，要特别重视防疫工作，想方设法切断污染源，有效全覆盖，确保大灾之后无大疫。“受灾群众临时安置点的环境（包括粪便和垃圾等）、饮用水源和食品等，要全面实施‘消、杀、灭’。”

青川连日余震频发，雨季来临，陶武先非常关注查险排危工作。“要加强专业排查，组织专家或专业队伍进行逐一排查，尤其是东河口等地的堰塞湖，要尽快拿出整治方案，落实处置措施，防止次生灾害的发生。”他提醒广元市长马华，要抓紧制定预案，特别是要制定好受威胁人员的转移预案，明确预警人员和转移路线，确保险区群众生命安全。灾区百废待兴，及早谋划灾后重建，防止延误发展是关键。“要组织灾区群众抢收小春作物、抢种大春作物。”对于灾区重建规划，他科学地分析，要组织专门人员对今后的产业布局、基础设施、公益事业等，编制总体规划和分类详规。“群众是灾后重建的主体，政府有统筹扶持的职责，引导灾区群众自力更生、重建家园。”

元坝区紫云乡三清村三组地处高山，47户农户房屋全部被毁。陶武先不顾一路颠簸，前往察看。在废墟上，他满怀深情地对群众说：“乡亲们，党委政府一直惦记着你们，一定会帮助你们。大家要自力更生、重建家园，相信新建的房子一定会更好更安全。”

“有党和政府的关心，有你们的帮助指导，我们心里就有数了。我们不会等，不会靠，要积极生产自救，重建家园。”不少群众激动地说出了他们的心里话。

对于救灾钱物的管理，陶武先告诫当地的干部，救灾钱物承载着党和国家的深切关怀及社会各界的拳拳爱心，能否管好用好既是良心所系，也是职责所在，关系着四川乃至中国的形象，影响着经济社会健康发展。要把好接收、发放、监管等环节，给群众交一份“清楚账”、“明白账”、“放心账”。

5月28日16时03分，就在陶武先一行正在朝天中学察看灾情之时，大地再次剧烈颤动，青川发生里氏5.4级余震；16时37分，陕西宁强和青川之间发生里氏5.7级余震。余震不断，灾区人民更需关怀。陶武先心系民生，继续他的行程……

诤言良策

抗震救灾进入关键阶段，5月29日，中共中央政治局常委、全国政协主席贾庆林专程奔赴四川地震灾区，慰问受灾群众、看望救援人员、实地察看灾情，指导抗震救灾工作。在听取了陶武先《关于我省“5·12”汶川特大地震中政协抗震救灾工作情况汇报》，了解四川省各级政协组织和统战部门面对特大地震，按照省委的统一部署，全力以赴投身抗震救灾的情况后，贾庆林对此给予充分肯定。

5月31日，陶武先陪同贾庆林来到汶川特大地震受灾严重的青川等地，察看灾情，慰问看望灾区干部群众，指导抗震救灾。贾庆林带来了党中央、国务院对灾区群众的深切关怀，他充满关爱的话语和热切的目光给予了灾区干部群众莫大的鼓舞，让他们心中充满昂扬的斗志和坚定的信心！

“突出救灾重点，服务救灾大局。”连日来的深入灾区督导调研抗震救灾，陶武先的思路愈加清晰。

他对当前我省政协抗震救灾工作也提出相应要求：要认真贯彻落实党中央国务院和省委省政府的一系列指示精神，突出救灾重点，服务救灾大局，履职尽责，深度推进“我为抗震救灾作贡献”活动，以更顽强的精神、更迅速的行动、更密切的配合、更有效的工作，努力为夺取抗震救灾的胜利献计献策！

带着新的思索，陶武先第四次来到了广元市。

6月5日，他与省政协副主席晏永和在广元分会场出席了全省抗震救灾安置阶段工作电视电话会议。省委书记、省“5·12”抗震救灾指挥部指挥长刘奇葆在会议上强调，把妥善安置受灾群众，特别是解决好安置住房作为重中之重，围绕安置抓恢复，抓好恢复促重建，奋力夺取抗震救灾斗争的全面胜利。

紧接着，陶武先在听取广元市副市长王菲关于近期抗震救灾情况汇报时，他不断询问在场的有关部门负责人，关于地质灾害、城乡建筑、堰塞湖和病险水库、企业、道路桥梁等方面查险排危的情况。对当前形势作了进一步的了解后，陶武先点面结合地对下阶段工作重点进行了具体指导：抗震救灾已进入以安置受灾群众为主要任务的重要阶段，要认真贯彻落实全省抗震救灾工作电视电话会议精神，坚持安置、防疫、避险“三位一体”，分类指导，综合推进，扎实做好抗震救灾各项工作。

——现阶段要把解决较长时期住处的过渡安置作为重中之重。首先要合理选择安全地域，在此基础上，区别山区、平坝、民居、公共设施等，分类制定和落实扶持政策，引导群众自力更生搭建过渡房，多方式、多途径、多举措解决安置房问题。同时，要尽可能由相对集中转到适度分散，分散安置能分散风险，有利于防火和防疫病传染等；

——目前已进入高温高湿季节并将持续几个月，是发生疫情的高风险期，防疫工作决不能有丝毫放松；

——要坚持以人为本，严密查险排危，严防次生灾害，杜绝群死群伤。在这个问题上没有任何退路，必须下死决心，这是党委政府的重要职责。

“走，到实地去察看。”来不及歇一口气、喝一口水，陶武先就率省抗震救灾广元工作组成员冒着烈日酷暑，深入到广元外国语学校、利州区东坝街道临时社区安置点、利州区川港汽车城临时安置点等地，慰问受灾群众、察看查险排危、指导灾后卫生防疫工作。

重铸希望

孩子们是祖国的未来。每到灾区，陶武先第一个想去的地方就是学校。

高考在即，他十分关心灾区的学生们，一来到广元外国语学校，就见到学校操场上排列着数十个“帐篷教室”。陶武先进入帐篷，学生们正在认真复习，老师正在为他们排疑解惑。他十分感慨，动情地嘱托广元市副市长赵爱武，“参加高考的学生娃娃要尽快住进板房，12 年的努力就体现在一张试卷上，考生如果是在危房中考，心里发虚，这么多年的付出就白费了!”

看见学校还同时挂有一块特殊的校牌“青川中学广外教学部”，了解到前两天这里接受了从重灾区青川迁来的 900 多名师生时，陶武先感激地握着青川中学副校长苟国清的手说：“你们是异地办学，不容易，不简单，不要辜负了大家的心意。”说着，他又转身叮嘱广元外国语学校校长曹文培，“现阶段，除了抓好教学，还要保证孩子们的身体健康，保证顺利迎接考试”。

“这水是否干净？能否直接饮用?”

“简易厕所怎么样？学生人多，一起下课会拥挤，厕所能否够用?”

“学生洗澡问题如何解决?”

……

他拿起一瓶学生饮用的矿泉水，仔细察看生产日期和厂家，“给娃娃们喝的水一定要保证质量!”

他细心地检查学校的简易厕所卫生状况，询问厕所的配置情况，当了解到学校已特事特办，可让学生随时使用时，陶武先欣慰地说：“好，错开了时间，也就扩展了空间。”

陶武先对曹校长说：“现在这个困难时期，男同学洗澡还可以克服，但女同学还处在青春期，一周洗两次不够，还要增加次数。”

陶武先对孩子们细致入微的关怀，让每一个在场的人都深深地感动……

防止大规模疫情发生，是现阶段抗震救灾工作重点之一。顶着炎炎烈日，陶武先一行又来到利州区东坝街道临时社区安置点。

“社会治安好不好？晚上住还有什么问题?”……在 69 岁的受灾群众石吴廷帐篷里，陶武先关切地询问。老人告诉他一切都比较满意。陶武先对广元市政协主席唐全林说，“目前，受灾群众居住相对比较集中，一定要做好卫生防疫工作，切实做到大灾之后无大疫，让群众在安全的环境下重建家园”。

在安置点的小卖部，摊主告诉他地震期间坚持营业而不涨价，陶武先紧紧握着摊主的手，由衷地感谢她为受灾群众生产生活提供了方便。

下午5点过，没有歇息片刻的陶武先又来到了利州区川港汽车城安置点。区疾控中心的几位身穿消毒服装的防疫人员正在进行消杀作业。“每天打药几次？有多少人在做消杀工作？”陶武先仔细询问工作人员现在安置点的卫生状况，“一定要加强监督覆盖面，不留死角，为打赢抗震救灾的第二场战役而努力”。

听说这位满头银发的省政协主席不辞辛劳看望大家，受灾群众都簇拥到陶武先身边。77岁的吴华先老人说：“您来看望我们，我们十分感动，有党和政府的关心和帮助，我们有信心重建家园。”

金色的阳光映照着人们激动的笑容，也洒在了人们的心里。

第二天，不顾高温高湿的天气和一路考察的疲劳，陶武先又率工作组深入广元市经济开发区等地，就企业灾后生产自救情况进行调研，这也是他高度重视的抗震救灾新阶段的工作重点。

“你们在四川最困难的时候来帮助支援，四川人民感谢你们！”在浙江建设投资集团援建的利州区受灾群众集中安置活动板房建设工地，负责人周志君向陶武先汇报了集团此次共援建广元5000多套活动板房，1500余套于9日就可全部完工，陶武先十分高兴。他叮嘱随行的广元市负责同志，一定要千方百计协调解决过渡安置期建活动板房所需的土地。

在娃哈哈广元有限公司的生产车间内，这里的生产经营已经恢复了正常的秩序，井井有条。陶武先满意地对公司总经理张军说：“地震后你们为解决受灾群众饮水困难作出了积极贡献。希望你们开足马力、多拉快跑，在自身增加经济效益的同时，努力为灾区多作贡献。”

陶武先走进金圣铝业和安驭铝合金车轮有限公司轮毂车间，详细查看企业查险排危和生产情况。“企业不仅要恢复生产，还要继续搞好查险排危工作，保证职工的安全。”

冒着酷热，陶武先来到081电子集团，对董事长张华生说，“职工住房要尽快组织专家鉴定，经鉴定为危房的要毫不犹豫地拆掉，并认真做好相关职工的转移安置工作。国有企业要积极恢复正常生产，才能更好地支持抗震救灾”。

大灾之后，恢复生产就是恢复信心，重建家园也是重铸希望。

肩负重任，不辱使命。陶武先话语中透着对广元市委书记罗强的殷殷期望，“企业开展生产自救既是积极抗震救灾，也是对灾后重建工作的大力支持。要帮助企业尽快恢复正常的生产经营活动，为夺取抗震救灾胜利作出更多贡献”。

恢复生产、重建家园——信心与希望迅速传遍灾区大地。

就在这短短的二十多天时间里，陶武先已经连续四次深入广元灾区，而灾区日益复苏的景象每次都让他从心底感到欣慰。

“关于极重灾区青川县城的选址，要科学规划，各类设施特别是民用住房和校舍、医院等，要严格防震标准，确保建设质量。”

此时，陶武先正在构想着灾后重建的蓝图……

（选自《四川政协报》）

5月13日

◆20：57 电信座机实现部分通话，县农业局退休干部赵德晋第一个向外界联系，两个小时后电话中断。

◆21：00 广元救援第一台吊车到达木鱼中学，开始施救。

◆22：00 副市长赵爱武组织市卫生局负责人研究分析青川县医疗救治和疾病预防工作，决定市抗震救灾卫生指挥部前移到青川。

◆23：00 指挥部组织各型车辆将木鱼中学120名伤员运往广元救治。

◆23：30 南充市民兵应急分队550人到达青川县城乔庄。

◆23：55 巴中市民兵应急分队500人到达青川县城乔庄。

5月14日

◆2：10 市检察院检察长许鹤民运送物资到青川慰问检察干警。

◆4：00 建立乔庄上坪物资库，接收救灾物资。

◆5：00 何顺洪、陈正永在木鱼镇同辽宁消防总队、泸州医疗救助队、广元军分区、巴中军分区紧急会商，采取措施全力抢救被埋学生。

灾区党旗红：支部做堡垒，党员是旗帜

——访广元市市委书记罗强

◎孔祥武

6月1日，在广元市抗震救灾指挥部的帐篷里，记者采访了市委书记、市抗震救灾指挥部指挥长罗强。

受灾群众主心骨

地震后仅几分钟，广元市委、市政府主要领导第一时间赶到市地震局，在院坝里召开紧急会议，立即向四川省省委、省政府报告灾情，迅速启动抗震救灾预案，成立了由市委书记罗强任指挥长、市长马华等任副指挥长的抗震救灾指挥部。

指挥部一成立，罗强就发出第一道指令：“一个支部就是一个堡垒，一个

6月9日，四川省广元市青川县瓦砾乡干部在救灾指挥部帐篷前悬挂新党旗。

党员就是一面旗帜。要全力以赴、最快捷、最有效地投入到抢救第一线、第一现场。先救人!”

青川县毫无音讯，广元市委决定不等不靠，增援青川。下午5点至次日凌晨，市长马华等4名市级领导带领市内400余人，兵分三路，乘车、坐船、徒步星夜奔赴青川指挥抗震救灾和开展救援伤员行动。5月14日，罗强又奔赴青川县受灾最重的沙州、木鱼、乔庄、红光等乡镇指挥。

地震发生后的72个小时，广元市绝大多数领导干部睡眠不足5个小时。罗强说：“各级领导班子和党员干部不怕牺牲、不怕艰难、连续作战，经受住了考验，成为抗震救灾的坚强堡垒和受灾群众的主心骨。”

最危险处有身影

在突然遭遇的特大地震灾难面前，广元市、县、乡三级党委政府紧急组织救援，全力投入抢险，安置受灾群众。广元市6000个党组织、12万名共产党员、300万群众奋力抗震救灾。

“哪里最危险、哪里最紧迫、哪里最需要，哪里就有党的旗帜、党的组织、党员的身影。”罗强说，地震发生后，全市各级党员干部迅速奔赴抗震救灾第一线，涌现出了三过家门而不入的青川县人武部部长袁仕聪，两次晕倒在救灾现场的木鱼镇党委副书记赵忠兴，在失去5位亲人、身体多处受伤的情况下冒死抢救出200余村民和学生的党支部副书记何清宝，在村支部书记、村主任不幸遇难后自告奋勇担任临时党支部书记的退休干部王天才，怀揣6封家书、忍着失去父母双亲的巨大悲痛奋战在抗震救灾第一线的乡党委书记舒云等一批优秀共产党员。

继续发挥堡垒作用

罗强告诉记者，当前，广元抗震救灾工作已由搜救被困群众为主转为妥善安排群众生活、着手制定重建规划、加快恢复生产的新阶段，“这一阶段的持续时间更长，任务更艰巨，时间更紧迫，正处在刻不容缓的紧要关头”。

“做好下一阶段的工作，必须进一步充分发挥基层党组织的战斗堡垒作用、各级干部的模范带头作用、广大党员的先锋模范作用，越是在困难的时候，群众越需要主心骨。”罗强告诉记者，广元市委将进一步迅速健全和完善党的基层组织，配齐、配强干部，加强自我管理、自我服务、自我教育；在抗震救灾中检验干部，对特别优秀的要放到重要岗位锻炼，对涌现出的先进典型进行表彰奖励；关心爱护基层干部，充分依靠基层组织和广大基层干部，把抗震救灾的各项任务落到实处。

5月14日

◆7：40 县纪委书记黄光明带领木鱼片区指挥部人员和镇干部职工到木鱼玻璃厂搜救被埋职工。

◆8：10 县指挥部汇总灾情，截至5月14日8时，全县死亡1400人。

◆8：30 广元军分区司令员王太平率朝天区民兵到达竹园镇，并成立竹园军队协调指挥所。

◆9：00 青川至平武公路抢通。

◆9：28 市长马华前往关庄镇、红光乡，县政协副主席苏培成再次步行翻山察看堰塞湖情况。

◆10：20 县城局部地区实现临时供水。

◆10：30 新华社陕西分社记者第一时间到达木鱼镇采访报道。

大灾中挺起坚强的脊梁

——青川县万众一心抗震救灾工作纪实

◎冀泽林　罗正勤

2008年5月12日14点28分，地处川、甘、陕三省结合部的青川县突遭8.0级特大地震灾害，顷刻间，天昏地暗，山崩地裂，房屋尽毁，全县36个乡镇严重受灾，16个乡镇场镇夷为平地，25万名群众及学生孤悬危房及废墟中，人员伤亡异常惨重。全县4697人遇难，124人失踪，15489人受重伤。

家园荡然无存。县城乔庄及沙州、木鱼、板桥、孔溪、关庄、红光、石坝、马公、曲河、房石、大院、凉水等乡场镇夷为平地，成为废墟。全县垮塌城乡居民房屋95万间1354万平方米，6.6万户农户房屋需重建；行政事业单位房屋垮塌40万间500万平方米，1.5万户城镇居民住房需重建；84家企业厂房倒塌无法正常生产；25万人无家可归，受灾群众全部露宿在野外，吃饭、饮水、就医、照明、保暖等基本的生活需求极其困难。

基础设施严重被毁。全县供水、供电、供气、供油、交通、通讯、广播电视等基础设施全面瘫痪，灾情报不出去，外援进不来，救援无机械，青川30多个小时与外界隔绝，救援难度空前，成为一座"孤岛"。灾害造成全县道路损毁926公里，桥梁损毁126座，沙州至木鱼大桥、国道212线螺旋沟大桥全塌，沙州至广元方向大桥断裂。供电设施损毁1000公里，县城和集镇供水管网和供水站全部损坏。

地质灾害频袭。地震引发的山体滑坡、崩塌、泥石流接连发生，形成了1041处地质灾害隐患，全县12万人丧失了基本生存条件，5万人无法安置，建房无地基、耕种无田地、出行无道路、吃饭靠救援，安置压力巨大。县城后山狮子梁变形体、县城东山、酒家垭变形体等40余处极为严重；江河堵塞形成的堰塞湖达36处，红光乡东河口村4个社因两面山体整体崩塌，260户700人被山体全部掩埋到100米深处；红光乡东河口村、石板沟村碎屑流塌方3000万方以上，造成青竹江、红石河被堵，形成3个总库容为2000多万方的地震灾区第二大堰塞湖；石坝乡青龙村、八一村、五一村、中心村等整村被山体滑坡掩埋，800余名群众被埋；马公乡更是山河改变、面目全非，仅窝前村山体滑坡就有2000亩大的面积，深度达75米，38名群众被埋。

5月25日16时21分，青川县骑马乡发生6.4级余震，是汶川8.0级特大地震以来最强的一次。7月24日和8月5日，县内姚渡镇接连发生6.0级、6.1级强余震，青川灾区雪上加霜。截至目前，已发生余震2.6万多次，震中在青川4级以上的56次，5级以上的8次，6级以上的4次，频繁的余震让青川灾区备受摧残，雪上加霜。

灾情就是命令！每一秒钟均事关群众生命。地震灾害发生仅五分钟后，青川县委、县政府紧急行动，统筹各方人力、物力、财力，组建十个救援工作组和八个片区指挥部，全县干部群众发扬“万众一心、顽强拼搏，自强自立、不胜不休”的青川精神，按照“救人为先、确保通行、妥善安置、紧张有序”的要求，冒着频频发生的余震危险，以最大决心、尽最大努力，疏散群众，安抚人心，争分夺秒抢救受困群众。没有救援工具，救援人员就用手刨；没有机械设备，救援人员就用肩扛，千方百计、竭尽全力开展生命大营救。共转移群众24万人，从废墟中抢救出群众3269人。交通、电力、通讯、供水等部门火速组织工程技术人员连夜抢修，灾情发生30个小时，恢复了对外临时通讯，抢通了出境主干公路剑青路，为全力开展救援工作争取了宝贵的时间。

青川的特大地震灾情牵动着各级领导的心。获悉灾情后，胡锦涛总书记三次打电话询问青川灾情，温家宝、贾庆林、李克强、回良玉、杜青林、马凯、孟建柱、梁光烈、陈炳德、李继耐等党和国家及军队领导人先后亲临青川，视察灾情，指导抗震救灾工作。省委书记刘奇葆，省长蒋巨峰，省政协主席陶武先，省人大党组书记、副主任甘道明等省领导先后深入灾区了解灾情，指导救灾工作。灾害发生后，市委、市政府快速反应，果断决策，5·12地震发生当天，迅速组织400余名救援人员，昼夜兼程，分三路徒步挺进青川，全力营救被困群众。市委书记罗强、市长马华等市领导第一时间赶赴青川现场指挥抢险救援工作，并多次到马公、石坝、红光等地质灾害隐患点和石板沟堰塞湖等高危区指挥疏浚排险工作，在地震发生后的近三个月里，足迹遍及青川36个乡镇及重灾区。各级领导的真情关怀极大地增强了灾区人民战胜灾害的信心和决心。

“灾难空前、大爱无疆。”青川的抗震救灾工作得到各级党、政、军和社会各界的关心和积极援助，纷纷从人力、物力、财力、医疗等方面给予支持。浙江、广东、上海、黑龙江、山东、河南、河北、陕西等省市及时倾力援助。

省市机关抽调近百名干部到青川一线支援抗震救灾工作，济南军区猛虎师、铁军，成都军区高炮团、装甲团，湖南消防，辽宁消防等部队先后深入青川灾区，送粮送药，全力搜救废墟中的死伤人员，实现了进村入户全覆盖；日本国际救援队、马来西亚救援队、江西国际红十字会、上海卫生服务队、泸州医学院等积极赶到青川，支援抗灾工作，救治伤病员达5万多人次。曾对口帮扶青川12年、与青川人民结下深厚友谊的浙江人民更是深情关切，亲情援助。地震发生后，浙江省以前所未有的速度、雷厉风行的作风、事不过夜的效率，组织机械、人力、物力昼夜兼程，全力支援青川。浙江省省委书记赵洪祝、省长吕祖善、常务副省长陈敏尔等领导先后亲临青川视察灾情，慰问受灾群众，指导抗震救灾工作。浙江省省级各部门及杭州市、宁波市、绍兴市、温州市、金华市、嘉兴市、台州市、湖州市、衢州市、舟山市、丽水市等市县领导也先后深入青川，了解灾情，商谈支援方案。浙江省浙江援建青川指挥部和各支援队发扬“晴天抢着干，雨天巧着干，晚上挑灯干，双休日加班干，合理安排科学干”的“五干”精神，对青川道路交通抢修、卫生防疫、板房建设、物资资金援助、社会治安维护等方面给予了春雨般的援助。截至目前，浙江社会各界累计向青川捐赠了近两亿元现金，捐赠帐篷、棉被、衣物、粮食、药品、机械等物资价值两亿元，援建活动板房26335套，援建学校20余所。全社会的如潮爱心和春雨般的援助让灾区群众深切感受到了社会主义大家庭的温暖，100多天来，在党中央、国务院的亲切关怀下，在省委省政府、市委市政府的坚强领导下，25万灾区群众以同舟共济、共御天灾的英雄气概，打赢了抢险救援、抢通保通、安置攻坚、卫生防疫和次生灾害防治、维护社会稳定等一场又一场的硬仗，谱写了崛起于危难的英雄壮歌！

为政之要在于安民。全县上下本着就地、就近、分散安置的基本方针，创造性提出县内统筹安置、教育寄读安置、投亲靠友安置、县外异地安置、企业援助安置等“五种安置模式”，通过上级政府调配、社会捐赠、自筹资金购买、就近就地取材搭建等办法，最大限度地保障农村自建过渡安置房建材需求，采取受灾群众自主建、企业援助建、政府扶持建等切实有效的措施，确保近9万户受灾群众8月10日前住进过渡住房，让群众安居、安定、安全、安稳、安心。全县260个居民集中安置点实现了“六防六通”，即防风、防雨、防潮、防震、防寒、防火，通水、通电、通路、通电视、通电话、通网络。得到妥善安置的受灾群众重建新家园的信心倍增，热情高涨，在86个临时管委会党支部、174个党小组带领下，一场“比秩序、比卫生、比治安、看就业率、看对社区的贡献、看群众精神面貌”的“三比三看”活动在灾区蓬勃开展，实现了哪里有受灾群众，哪里就有党的组织，哪里就有党的声音，广大党员干部真正成为受灾群众的主心骨。在此基础上，市、县还以现场招聘、劳务培训、资金支持等措施，新提供了两万个就业岗位，让4000多名受灾群众重新走上了就业之路。

以人为本、民生优先。在各级领导的亲切关怀和社会各界的强力支援下，目前，全县上下正深入贯彻省委九届五次全会和市委五届九次全会精神，坚持“生态立县、产业富民”的总体发展思路，依托生态优势和特色农产品资源优势，按照循环经济发展模式，培育特色基地，壮大龙头企业，创优生态品牌，完善利益联结机制，走生态特色农业发展的路子；建立生态修复机制，打造生态环境，建设生态家园，弘扬生态文化，走生态旅游发展的路子；依托资源优势和产业基础，以项目为抓手，以产业园区为载体，走规模化、集约化、精深加工的生态工业发展路子；优化城镇体系布局，突破基础设施瓶颈，坚持城乡共融，实施“小县大镇”战略，走生态城镇建设的路子。全力抓好家园重建、设施重建、产业重建、城镇重建、生态重建。确保今年完成60％的农房重建任务，2009年12月底前，4万户农村居民可全部入住新居，力争“一年基本安置，三年基本恢复，五年发展振兴，十年全面小康”。

“一个支部就是一个堡垒、一名党员就是一面旗帜、一名干部就是一个标杆。”灾害再大，大不过坚定的信念，鲜艳的党旗正高高飘扬在灾区上空，我们坚信，有党中央、国务院的亲切关怀，有省委省政府、市委市政府的坚强领导，沐浴着全社会的爱心，不屈不挠的青川人民发扬“万众一心、顽强拼搏，自强自立、不胜不休”的青川精神，一定会挺起坚强的脊梁，走上生态型恢复重建的路子，实现“家家有房住、户户有就业、人人有保障、设施有提高，经济有发展、生态有改善”的重建目标。夺取抗震救灾和经济社会发展的全面胜利！在废墟上再造一个新青川！

灾难面前，我们坚强挺立

——“全国抗震救灾英雄集体”中共乔庄镇委员会抗震救灾先进事迹

◎陈正宏

2008年5月12日，一个让人永远心痛，永远难忘的日子，千年劫难突然降临，刹那间，昔日秀美的家园，成为废墟一片，就那么几秒钟，曾经为之奋斗数十年、温馨美好的家园已不复存在，一个个鲜活生命悄然离去，一个个挺直的身体受伤倒下，极重灾区青川县桥头堡的乔庄镇，17.02万间房屋全部垮塌或损毁，2.5万人流离失所，大量人员被掩埋在废墟下，余震不断中，周边各地大量受灾群众源源不断地涌入乔庄，交通中断，通讯中断，哭声一片，哀嚎不断，所有工作运行机制全部被打乱。乔庄镇党委政府面临着难以想象的空前压力。

迅速反应　抢险救人

地震后，到处是房屋倒塌的废墟，到处是惊慌奔跑的人群。接到报告说，山珍市场和东桥宾馆的房屋全部塌了，下面埋了很多人！乔庄镇党委政府立即决定将城区四个抢险队并成两队，一队由党委书记带领赶赴山珍市场，一队由镇长带领到东桥宾馆。

山珍市场和东桥宾馆，到处是一片求救声和哭喊声！

来不及想，全体干部们立即带领群众一起拿起市场里的木棒，使劲地撬水泥板，使劲地抬水泥板，双手用力地往外刨。

看着被埋在废墟下呻吟的生命和扭曲变形的尸体，面对亲人号啕大哭和绝望无助，大家流着眼泪边干边相互鼓励，不言放弃。突击队员们的手被钢筋、水泥划破，但仍然奋力战斗。

1小时后，在废墟中挖出了一个小洞，从里面传出人的叫喊声，突击队员用木棒抬起水泥板，用砖块支着，慢慢刨开水泥板上的废渣，成功地救出了第一个人。

有一个叫袁鹏的男孩为照顾奶奶，同时被埋在废墟里。几张水泥板下，老奶奶身体呈“弓”形护着孙子，生命垂危。袁鹏满脸是血，期盼的目光向山一样凝重，“救救奶奶!”时间一分一秒地过去，看着渐渐支撑不了的两个生命，大家不顾一切地用双手挖，用木棒撬……要坚持、要挺住、不放弃，是在场所有人的心愿。水泥板被一张张撬开、挪移，袁鹏获救了，而老奶奶终因伤势太重永远离开了我们。鲜血与泪水交织，亲情友爱在此刻永恒，撕心裂肺的哭声让所有人垂泪无言!

到晚上，乔庄抢险队成功从废墟中解救出32名生还者，抢掏出7具遇难者尸体。看着被成功救出的一个个鲜活生命，大家喜极而泣。当大家抬出一具具死难者遗体时，禁不住一次次潸然泪下……

到5月14日，经全体党员干部、县突击队员、援助部队和民兵预备役的英勇奋战，成功解救被困人员127人，刨出被埋人员96人，抢掏处理108位遇难者遗体，抢救受伤群众995人，紧急转移群众2.3万人。全镇无一学生在校伤亡，群众生命财产得到最大限度的保护。正如群众说：“地震发生后，当看到我们的党员干部时，心就踏实了，就感到有了生的信心和希望。”

顾全大局　发挥桥头堡功能
紧急安置受灾群众

连续不断的余震和暴风雨，导致灾情不断加重，周边乡镇的受灾群众也大量涌入乔庄镇。

看着受灾群众劫后余生的恐惧和痛失亲人的悲伤，面对他们期盼的眼神，没有任何理由懈怠，乔庄镇党委政府选择了坚强，坚强地挺立，坚强地战斗不止。

15日早上，在县委、县政府的坚强领导下，县级各部门的共同努力下，27个受灾群众集中安置点临时党支部和管委会迅速成立。军人协调、社会治安、物质调配、灾民安置点建设、卫生防疫、土地协调、宣传报道、综合协调8个工作组迅速组建。人口2.8万人的乔庄镇，安置了全县六分之一的受灾群众，安置总数已达4.5万人。一边迅速安置，一边走村入户入篷，大力倡导受灾群众多一些正义良知，多一些友爱互助，少一点斤斤计较，增强他们对灾后安置和重建的坚韧精神和坚强信心，艰苦奋斗，为抗震救灾贡献自己的力量，为灾后回忆往事留下无愧无悔自豪的记忆！宣传教育工作极大鼓舞了受灾群众的士气，凝聚了人心，提升了尊严，增强了力量！通过艰苦努力，保证了受灾群众有饭吃、有衣穿、有住处、有医疗、有干净水喝，守住了大灾无大疫的底线，组织全体党员干部迅速抢修受损设施，通过架设临时供水管线、抢修村镇供水设施和临时送水等措施，基本解决群众临时用水问题，快速实现了通水、通电、通道路、通广播电视、通通讯。同时，加强水库、水电站、堰塞湖险情及地质灾害监测排查，防险抢险，全力控制次生灾害的伤害。特别是总书记亲自关心的狮子梁和危杆梁等地质灾害点，实行24小时值班监测，确保了县城及周边社会稳定。

统筹并举 强力推进过渡安置
科学开展永久农房建设

受灾群众的临时安置工作刚刚告一段落，全镇的生产自救和过渡房的建设又紧张开展。在解放军官兵的援助下，6个农村党支部组建10个抢种抢收突击队，迅速开展抢种抢收。实现了小麦、油菜子颗粒归家，玉米、水稻应种尽种。4天完成近2万人临时生活补助发放工作，半个月建成2200户农村自建过渡房，抗震救灾各项政策及时准确兑现到位，灾区群众人心安定。6月25日前，2570户农村群众全部住进了自建过渡房，8月1日，农村边远山区学龄儿童全部顺利入学。在可提供土地少，安置人口多、事务头绪多，以及各种矛盾纷繁复杂的情况下，提供活动板房建设用地600亩，建设过渡活动板房9975套，确保了城镇机关、城乡居民和提供出土地后无地方可自建过渡房的城乡结合部居民3.2万人8月12日前全部安置到位。

受灾群众走到哪里，党组织就跟进和服务到哪里，切实加强群众服务工作，创新开展集中安置区群众管理，完善相应的防疫、保洁、劳务和超市等商业服务体系，结合“自力更生，重建家园”宣教活动，大力开展“比秩序，比卫生，比治安”、“看就业率，看对社区的贡献，看群众精神面貌”的“三比三看”活动，弘扬“万众一心，顽强拼搏，自强不息，不胜不休”的灾后重建精神，营造了不等不靠，重建家园的社会氛围，维护了社会稳定，抗震救灾经济发展环境良好。在永久房建设中，科学规划，典型示范，大力加强宣传发动，政策兑现和协调服务工作，全镇农村广大群众正确面对频发余震的影响，逐步掀起永久性住房建设的热潮，对全县灾后重建起到了典型的示范带动作用。2570户农户拆除危房、平整场地、开挖宅基地、备料动工修建的达到50%，维修加固全面展开，现已基本竣工75户。

铁的纪律 铁的作风
锻造了一支铁的党员干部队伍

在5·12后的100多个日日夜夜里，乔庄镇每一个支部都是一个坚强的堡垒，每一个党员都是一面鲜艳的旗帜，每一个干部都是一个醒目的标杆。连续的奋战，他们被烈日暴晒，手脸发肿脱皮，甚至脸被晒得变了形；他们个个声音沙哑，甚至说不出话；他们薄衣变成了“铠甲”；他们照顾不了自己的亲人，父母孩子不能相见，就连几个月大的婴儿也不能照看；有的失去了亲人，却要强忍悲伤的眼泪，还要忍受着个别群众不理解的委屈；他们顶着巨大的工作压力，不分昼夜忘我工作。全力抗震救灾，妥善安置了全县六分之一的受灾群众，为县城抗震救灾乃至全县撑起了一片天！

在这次灾难中，干部们失去了亲人，失去了家园，但他们强忍着内心的悲痛和委屈，默默地、坚韧地带领群众抗震救灾。

城郊社区支部书记王德安，忍住悲痛，埋掉两位亲人和一位社长的爱子，擦干眼泪，担负起3000余人安置点工作，最快争取物资、最快安置好受灾群众。

武装部部长兼副镇长刘斌，震后连续奋战五天五夜不曾合眼。先是山珍市场两天两夜抢险救人、掏抬遇难者尸体，接着在赶场垭三天三夜转移安置受灾群众，任何时候他都没有退缩。顶着烈日在上坪建设工地搬迁受灾群众时，让指导抗震救灾的市委常委、军分区政委张锐同志看见，迅速从车上拿出相机，对着他层层脱皮红肿的双臂和脸庞不停拍照……还有兢兢业业、任劳任怨、忍辱负重地负责6000多人的安置点的副镇长宋碧珍同志；有每天工作至少12小时，确保4.5万受灾群众防疫安全的普通干部林立同志；还有每天工作至少14小时，负责后勤保障和办公室工作，从不计较个人得失荣辱的专武干事马洪伦同志……

乔庄镇的党员干部们，用身体和实际行动证明了他们在抗震救灾和人民心目中的形象，他们的事迹也许并不惊天动地，但受灾群众却永远记住了他们。在灾难面前，乔庄镇党委、政府带领广大干部群众，一定能够坚强挺立，从头再来，再建家园。

一位乡党委书记的“抗震日记”

◎伍晓阳　王　江

【日记作者】舒云，四川地震重灾区——青川县石坝乡党委书记。

【背景】地震造成青川县4800余人罹难，受伤1.43万人，25万人流离失所。石坝乡是灾情最重的乡镇之一。地震之后，舒云带领全乡干部群众奋力抗震救灾，坚持与受灾群众在一起，而家中父母从身受重伤到去世，再到下葬，他都顾不上回家看一眼。

作为一名基层党员干部，舒云在忠孝难以两全时，选择了以对乡亲们的忠诚来告慰双亲的在天之灵。

5月12日，晴

下午两点过，县城开会，突发地震，县城许多房屋垮塌。县委命令参会人员立即全部返回岗位，组织抗震救灾。

返回途中随处可见山石毁坏道路。红光乡两座山滑坡，东河口房屋和村民被埋，公路彻底阻断，步行连夜回石坝。广播站文小平的家在东河口，也被埋了。泪在心里流。电话打不通，不知乡里的情况咋样，父母在木鱼，好不好？有一种不祥的感觉。

【采访补记】青川县正处于龙门山断裂带上。地震当日，全县交通、电力、通讯等顿时瘫痪，大量房屋倒塌损毁，许多村社被山体崩塌掩埋，损失极为惨重。尽管木鱼镇离县城更近，舒云首先想到的是立即回石坝，他心急火燎地往乡上赶，一路上塌方无数，余震不断。

回乡途中遇到一辆车被巨石砸中，两名伤员被困，舒云把他们救了出来，委托乡亲把他们送到安全地带。这个时候，他还不知道，自己在木鱼镇的父母也被困在了废墟中……

5月13日，晴

召开紧急会议，成立抗震救灾指挥部，分三组：查灾救灾组、后勤组、协调组。初步统计全乡灾情：1200多户的房屋八成倒塌，4000多人无家可归，100多人死亡，失踪150多人，重伤50多人，200多人轻伤。急需食物、帐篷、药品等。手机没信号，组织人员搭建临时住处。告诉文小平，他家被埋，他没有回家，还是去村上查灾。感动，心酸，担忧。

【采访补记】石坝灾情严重，一些村社瞬间消失，大量人员伤亡，全乡群众无家可归，人心惶惶。没有时间悲伤，当务之急是救人，舒云组织乡干部分赴各村社，搜救被困人员，查核灾情，安抚民心，组织群众自救互救。

石坝与外界交通、通讯阻隔，这一天，舒云还是没有得到父母的消息。

5月14日，晴

灾民基本稳定，但还有很多事要做。罗清平带来纸条，父母受伤严重，叫回家照顾。托人带纸条转告父母：石坝灾情严重，无法离开，请二老自己保重！下午两点，副县长李开明来了，向他汇报灾情，李副县长安排工作，并告诉我父母可能受伤严重，可以回家看看。走不开。下午6点过，再接龚玉军带的纸条：父母去世，请速回家处理后事。泪流。

托人带纸条给罗清平："帮忙联系姐姐，石坝的灾情非常严重，不能回家。儿不孝，请姐姐安葬好父母！"心痛，没能见上父母最后一面，儿不孝！

【采访补记】噩耗传来，舒云流泪了。父亲今年68岁，母亲64岁，本是享受天伦之乐的年纪，遗憾的是，舒云长期在外乡任职，姐姐远嫁绵阳，哥哥在广东打工，都没能侍奉在父母身边。

一张张纸条传来，舒云一次次感到揪心，但每次都把纸条塞进口袋，继续坚守在工作岗位上。父母在期盼中逝去，舒云悲恸、愧疚……

5月15日，晴

有灾民自发转移关庄镇，关庄压力大，要想办法。安排后勤组、查灾组人员做群众安抚工作，组织群众在废墟里掏粮；安排协调组步行关庄了解转移人员情况。去了三江村，灾情严重，恢复重建任务艰巨。接姐姐纸条：父母后事已处理，好好工作，照顾好自己，保重身体。心稍宽慰，爸妈安息吧。

【采访补记】一支来自北京的消防武警部队前一天抵达，立即投入抗震救灾战斗中，他们搜救和转运伤员，从废墟中抢粮食，安抚民心——部队来了，山区受灾群众不再孤立无援。

姐姐从绵阳回到木鱼，安葬父母，舒云没能看上双亲最后一眼。

5月19日，晴

回县上汇报救灾情况，争取救灾物资。想回家拜祭父母，无法回去，乡上事情太多。悲伤，惭愧。下午赶到关庄镇，看望了转移的灾民。组织群众自救，抢收抢种，小麦、油菜都黄了，迟包谷也该种了。

乡上干部还有李光云父亲去世，王显伦妻子去世，但他们都还坚守在工作岗位上，他们同样经受着心理煎熬。他们感动着我。

【采访补记】抗震救灾工作转入第二阶段，调运分配救灾物资，抢收粮食，消毒杀虫，排除堰塞湖险情……太多的事情等着舒云。

回县城汇报灾情，身边的人劝他顺道回家拜祭父母，他心中矛盾，想回去，但乡亲们更需要他，犹豫再三，还是没有回家。地震灾区有许多乡镇干部都失去了亲人，但他们都坚守在岗位上。这一份对人民的忠诚，令人动容……

5月21日，晴

何鹏飞汇报石坝人心稳定，很多灾民离家出走，心中既难受也宽慰，宽慰的是石坝乡亲没有因失去亲人、家园，而失去生存的勇气，仍表现出朴实中的镇定；难受的是眼见乡亲因灾被迫离家出走，特别是那些同自己父母一样年龄的老人们，晚年还要受背井离乡之苦，所以我要努力，要让弱者变得更坚强。

【采访补记】抗震救灾工作仍在艰难进行，石坝乡交通、通讯和电力仍未恢复，物资调运只能靠人背和空投，余震频发，许多受灾群众往外迁移。全乡250余名群众安置在邻近的关庄镇，1600余人在外投亲靠友。舒云感受到一份沉重的压力，他要挑起这副重担：让无力者有力，让悲观者前行。

5月14日

◆11：00—22：00 市委书记罗强在沙州、木鱼、乔庄等乡镇察看灾情，县领导李浩生、陈正永等陪同。

◆13：30 副市长王占良赴金子山至乔庄公路检查指挥保畅工作，进一步研究并协调交通、公安等部门的保畅方案。

◆14：31 北京消防总队张志明副总队长带领129名官兵携带搜救犬、蛇眼生命探测仪等500多件装备到达关庄镇，承担石坝乡、红光乡、马公乡、苏河乡和关庄镇的抢险救援任务。

◆16：22 辽宁消防总队到达县城乔庄，17：20 到达木鱼中学展开救援。

◆20：00 省政协主席陶武先、副主席晏永和代表省委、省政府到青川视察灾情，慰问受灾群众，指挥抗震救灾。

◆21：30 县委书记李浩生召开指挥部会议，通报灾情，研究抢险措施。

◆22：00 成都军区驻滇某师高炮团800名官兵赶赴青川，是第一支进入青川抗震救灾的野战部队。

◆22：30 北京消防武警、161医院等外区部队陆续进驻青川。

王天才和东河村临时党支部

◎组　宣

青川县红光乡东河村是“5·12”地震的极重灾村，两匹山滑坡掩埋了300多人，形成了两万多立方的堰塞湖，严重威胁下游群众的生命安全。同时党支部书记、村主任、村文书均在这次地震中遇难。在十分混乱、危急的情况下——

我来承个头

当东河村被山体掩埋后，4个村主要干部，只剩下村党支部副书记何清宝。他没有迟疑，立即赶到村小救人，看到老师正把学生疏散到校园的梨树下，他认为不安全，又迅速把130多名学生转移到一块平地上。他的妹妹何清芳老师因抢救学生被埋在教室中，当他从废墟中刨出他妹妹何清芳时，遇难的妹妹手中还紧紧抱着一个叫娅娅的女孩。他强忍悲痛，又组织村里的壮劳力搜寻乡亲们。这时，他的妻子、儿子、儿媳、孙子已经全部遇难。唯一活着的亲人是80多岁的母亲。他在救人中受了伤，有人劝他快去医治，他说：“4个主要干部，只剩下我一个了，我不能走。要走，也要走在群众最后面，要死，也要死在大家最前面。”当救援部队赶来，看

柯尊平在东河村了解受灾情况

到血淋淋的他，要送他去医院治疗，但他却坚决要求先送走 3 个重伤村民。直到最后被救援部队硬抬上担架。

唯一的村干部住进了医院，群众顿时乱成一团。为了稳定群众情绪，居住在东河村、59 岁的共产党员、退休乡党委书记王天才站出来，对集聚在田地里的村民说："房子掩埋了，可以再修。只要有人在，希望就在。现在不是哭的时候，重要的是开展自救。"

为了尽快使失去家园和亲人的乡亲们离开危险地带，王天才决定，带上 1000 多名受灾群众往关庄场镇疏散。他知道，这时候更需要村党支部发挥作用。于是他对村民说："村班子主要成员深埋大葬了，一个村党支部副书记因救人受伤住院了。这个时候不能没有党支部，我就临时来承这个头，成立临时党支部。"

王天才话音一落，党员和村民都围在了他的身边。

要让受灾群众时时处处感受到党组织的温暖

东河村村民全部临时安置在了关庄场镇，所有的受灾群众都住进了帐篷。王天才对党员说："这个时候，临时党支部要做好三件事。第一件事，及时召开群众会，广泛了解群众意见和建议，做凝聚人心的工作，家家走访，户户交谈，一边安慰受灾群众，一边凝聚力量；第二件事，组织 20 名党员成立抗灾自救队。党员是灾民，更是抗灾自救的生力军；第三件事，注意防疫，做到大灾后无大疫。每天组织义务队，对帐篷内外进行两次消毒。"几天来，党员帮助受灾群众收割小麦、油菜 20 多亩，组织人员在废墟里掏粮食 3000 多斤、腊肉 100 多斤，基本能满足近期受灾群众的生活需要。

看到临时党支部的党员忙前忙后，群众纷纷说："关键时候还是党组织好，是党组织让我们找到了战胜自然灾害的信心和决心。"

党旗一挥　人心就凝聚起来

大灾难中，王天才组织起来的临时党支部是青川县第一个临时党支部。

自成立以来，临时党支部组织带领群众积极开展抢险救灾、卫生防疫、恢复生产、维护治安、抗灾自救，发挥了积极作用。

安抚群众。地震发生后，东河村聚集满了来自本地和外地的灾民。经历了重灾的群众大多情绪激动，思想不稳，临时党支部就旗帜鲜明地把抗震救灾作为当前工作的重要任务，充分依托党员广泛联系群众的优势，组织支部委员分片到受灾群众中座谈，及时把中央和省、市委关于抗震救灾工作的部署要求及各级领导讲话精神传达给党员群众，普及抗震自救知识，广泛宣传和发动群众自力更生、群策群力、积极应战、抗震救灾。群众说："看到临时党支部的牌子，心里就踏实。"

攻坚破难。地震发生时，临时党支部迅速召集党员火速分片疏散群众，对老弱病残，就一个个往外背，有个别怎么也舍不得离开家的老人，他们就一个个动员，直到全部转移到安全地带。地震后，东河村的房屋基本坍塌，无法居住，临时党支部又组织党员群众四处搜集材料，搭建临时住处，安置群众，共搭建帐篷200多个、简易厨房100多个、简易厕所3个，安置群众近3000人。在安顿好受灾群众后，按照县委的统一安排，临时党支部迅速开展灾后卫生防疫工作，杜绝重灾之后次生灾害的发生。临时党支部组织党员每天对居民居住点、厕所、临时医护点进行定时保洁消杀，组织清扫、清理生活垃圾。同时，注重将突击清理和日常卫生工作结合起来，利用喇叭、标语等广泛宣传卫生防疫知识，保证受灾群众的身体健康和生活环境良好。

抗灾自救。面对灾难，临时党支部认真组织开展抗灾自救、树党员形象活动。在临时党支部的带领下，东河村居民片区党员积极开展抗灾自救，充分发挥了党员的先锋模范作用。所有的党员都是危险来了先想到群众；困难来了先照顾群众；救灾物资来了先发给群众。党员们有许多也在地震中失去了亲人，房屋垮塌，家园被毁，但他们强忍悲伤，默默无闻地战斗在一线，从废墟中抢救生命、在危险中安置群众、在灾难中演绎真爱，让共产党员的名字响彻群众耳畔，让先锋模范的身影铭刻在人们心间……

村民曹天山激动地说："我们东河村片区集聚这么几千人，大家生活秩序井井有条，情绪稳定，全靠这些党员带头，我们都很感动。"

临时党支部书记王天才说："虽然地震震垮了我们的家园，但震不垮我们的精神，震不垮我们党的组织，只要干部和群众齐心协力，就能共渡难关。"

青川县乐安寺乡的临时办公地点 王赐江 摄

“乡党委是我们的主心骨”

——记全国抗震救灾先进基层党组织青川县乐安寺乡党委

◎何 茜 徐 凯

“我们已启动永久性农房建设，今年底，60%以上的受灾群众将搬进新房。”7月17日，正在青川县乐安寺乡通坝村现场办公的乐安寺乡党委书记白林先，对灾后重建充满信心。

临危不乱 疏散转移2000余人

青川县乐安寺乡下辖4个村、1个社区，全乡5100余人中，有党员182人。“5·12”特大地震使乐安寺乡人员伤亡惨重，全乡通讯、交通、电力全面瘫痪，95%的房屋受损、90%以上的群众无家可归。

灾情发生后，乡党委政府迅速启动应急预案，在第一时间组建了由60名党员干部组成的5支党员抢险突击队，一边全力抢救被埋群众，一边紧急疏散和转移群众2000余人，及时组织救治受伤群众291人，转移重伤员31人。

同时，搭建起3个临时安置点，紧急统购、统管城镇所有商店的方便食品和生活必需品，统一保管发放，保证了受灾群众的基本生活。

地震让乡党委政府的办公楼变成了一片废墟。灾后第二天，乡党委政府就用帐篷搭建了办公用房，在废墟上挂起了“中国共产党青川县乐安寺乡委员会”和“青川县乐安寺乡人民政府”的牌子。在受灾群众临时安置点均成立了临时党支部。乡党委与进驻该乡的抗震救灾部队开展军地共建党组织活动，全乡5个村都与驻军连队成立了“军队共建党支部”。

灾后重建　乡党委吹响集结号

“时间紧迫，任务繁重。我们每天6：30起床，7点到乡党委办公室开碰头会，8点开始工作，平均每天工作12个小时以上……这是地震后我们乡干部每天的工作安排。”白林先告诉记者。

从6月开始，乡党委把工作重心由避险抢险转向恢复正常生活生产上来。他们先后把机关党员干部、村组干部分成21个小组，查灾核灾，安置受灾群众，帮助搭建过渡房，发放救灾物资。帮助受灾群众把财物尽量抢出来，把粮食作物尽量收起来。在驻地部队的帮助下，乡上建立了第一所“农民夜校”，建立了第一个“猛虎爱心帐篷小学”，200余名学生重新走进了课堂。

7月，在浙江省的援助下，272套板房已经使用，乐安寺中心小学的课桌到位，小学生们将在8月1日走进久违的教室。

后坝村1.97公里水泥路和寨子村2.4公里泥结石路上，村民正在加紧修筑。这是他们启动地震前所实施的“通达通畅工程”。

乡政府边，20多个香菇大户正在领取补贴，“有了乡党委的帮扶，再大的困难也要全面恢复香菇生产，降低损失”。向阳村香菇大户杨朝明感慨。“看到了乡党委、政府的牌子，看到乡干部忙碌的身影，我们就有了主心骨。”在乐安寺乡，随处会听到村民这样的心里话。

青川县关庄镇党委抗震救灾先进事迹

大灾面前 迅速亮剑出击

“5·12”特大地震灾害发生后，正在县上开会的关庄镇党委书记雍天雄、镇长赵万本急速赶回关庄，第一时间启动应急预案。一是迅速成立抗震救灾指挥部。县委安排一名副县级领导干部坐镇指挥，镇党委班子成员分片负责，落实责任，各应急分队迅速赶赴现场展开抗震救灾工作。二是迅速组织党员成立抢险救援队。把救人放在抗震救灾的第一位，由党委书记雍天雄带队赶赴场镇各重灾区域展开救援，连续两天两夜作战，救出被埋在废墟中的20多人。三是迅速组织乡村干部成立群众工作队。在第一时间疏散1000多名群众，并建立10多个临时安置点，安置群众6000多人。由于临近4个乡也不同程度遭受地震灾害，关庄无偿提供临时安置用地，安置外乡受灾群众2000多人。

抗灾一线 彰显党的力量

地震震不倒党旗，震不垮党员干部的精神和抗震救灾的信心。一是成立临时党支部，做到哪里有受灾民众，哪里就有党的组织。震后第三天成立8个临时党支部，确保了各居民点每个灾民物资发放到位，做到了卫生防疫、安全稳定等工作落实，充分发挥了战斗堡垒作用。地震导致距离关庄场镇3公里处的山体滑坡，阻塞河道，在流经关庄场镇青竹江上游形成了容量达1000万立方米的堰塞湖，并且水位不断上涨，一旦溃泻，将会危及6000多灾民的生命安全。危急时刻，场镇居民点临时党支部按照指挥部的部署，及时做好群众稳定和转移准备工作。目前，关庄镇抗震救灾工作正紧张有序开展。二是成立党员义务服务队，充分发挥党员模范带头作用。组织党员深入临时居民点了解情况，倾听收集受灾群众意见，宣传各级党组织关心受灾群众的事迹，坚定抗震救灾的信心和决心；做好临时居民点的卫生保洁，坚决防止疫情的发生，确保大震过后无大疫；深入受灾群众临时居住点，了解群众思想动态，保证党的温暖能及时传送给广大受灾群众。三是干部既是灾民，又是解决灾民生活的主力军。镇村干部不顾疲劳、不怕牺牲、连续作战，带领群众抗灾自救。在县上开会的镇党委书记雍天雄震后来不及寻找妻子和女儿，及时赶回关庄，迅速部署抗震救灾工作，三天两夜没有合眼，忍饥挨饿，嗓子哑了，一脸疲惫，但对救灾工作仍精神抖擞，始终站在一线指挥；镇人大副主席董碧，弟弟、弟媳等 6 个亲人都在重灾区石坝乡，生死不明，心有牵挂，但始终坚守在工作岗位，顾不得打听寻找；地震刚过，正在镇上办事的旭光村支部书记何天华，立即赶回村上，发现妻子已被埋在倒塌的房屋中，不幸遇难，父母不知去向，他流着泪用塑料布轻轻地盖在妻子遗体上，再用石头压住四边，就急忙组织村社干部救助被困群众，有 11 名群众被救出，130 多名村民被安全转移。第二天，他匆忙埋葬了妻子，擦干泪水，带领村社干部、党员搭棚筹粮，救助伤员。

连续奋战　力争抗灾全面胜利

地震能震垮房屋，夺去生命，但震不垮党组支部的坚强堡垒，摧毁不了抗灾自救的坚强意志。一是迅速组建救灾应急队、组，确保抗震救灾工作有序开展。每村建立以村社干部、村监督委员会为主要成员的抗震救灾工作组，负责搜救伤员，搜寻死者，安置灾民，抢夺粮食、财物等，搭建临时居民点的帐篷、厕所，搞好卫生防疫，防止疫情发生，对地质灾害重点地区 24 小时实施监控。全镇共搜救伤员 200 多名，安置灾民 6000 多名，抢出粮食 3 万多千克。二是每个村民小组建立自救队，组织村民生活生产自救。小灾帮大灾，轻灾帮重灾，邻帮邻，户帮户，团结友爱，共渡难关。三是安置临近乡涌入的灾民。马公、石坝、红光、苏河等四个重灾乡的伤员、灾民突聚关庄场镇，造成医疗救治、吃住等压力增大，镇党委千方百计，协调各方力量，迅速救治伤员 400 余名，安置灾民 3000 多人。

姚渡镇抗击强余震见闻

◎徐　凯　任小昌　谢家平

7月24日，震级6.0，震中青川县姚渡镇；8月5日，震级6.1，震中青川县姚渡镇！不到半月，“高水平”的汶川大地震强余震在青川县姚渡镇连续发生，地震史上罕见。饱受自然灾害的青川人该如何面对？

当最强余震袭来时

8月5日，17∶49，青川姚渡镇发生6.1级强余震后，省委书记、省人大常委会主任刘奇葆，省委副书记、省长蒋巨峰立即打来电话了解灾情，对救灾工作提出要求；市委书记、市人大常委会主任罗强立即召开紧急会议，认真落实省委、省政府主要领导的指示精神，研究部署青川抗震救灾工作；市委副书记、市长马华，市委常委、副市长王占良，市委常委、广元军分区政委张锐等先后从广元方向绕道宁强赶到了姚渡镇指挥抗震救灾，副市长赵爱武专程到医院看望慰问受伤人员。

19∶30，县委书记、县人大常委会主任李浩生一行立即赶往姚渡镇。县长陈正永随后赶到。23∶00点，李浩生带领的县委、县政府一班人刚落脚，就立即看望慰问伤员，指挥抗震救灾工作。

在现场，姚渡镇抗震救灾指挥部的负责同志汇报：“此次强余震造成2人死亡，9人重伤，16人轻伤，垮塌房屋2700多间。重伤员已从陕西宁强县绕道广元及时进行抢救。”灾后10分钟内，驻扎在姚渡镇的成都军区某部官兵，广元武警支队官兵，广元和青川公安民警，利州、剑阁、阆中民兵应急分队共300多人立即进村入户进行搜救。浙江、广元、青川医疗队50多人也迅速向姚渡镇进发，到6日凌晨1点左右，虽然余震不断，但除座机电话、水、交通因灾中断外，移动电话和供电已抢通。9名重伤员全部由救护车绕道陕西宁强县送往广元抢救治疗。

连续灾难中见证坚韧

6日早上，刚吃过早饭，市、县领导正准备到受灾极重的王家村了解灾情，突然山摇地动，又一次强余震发生——7：55，震级4.5级。但在场的人一点不惊慌，工作按计划进行。

姚渡镇当日逢场，赶集的人们似乎淡化了5日的最强余震，集市上，卖菜的、卖鸡蛋的帐篷商店，交易的人们熙熙攘攘。

在十字街口，一个猪肉摊的生意很红火。上前询问得知，卖肉的夫妇是王家村2社的，妻子王永惠说："昨天下午的地震太凶了，轰隆隆几声，村里的房子全垮了，但是没被吓倒。"丈夫王成德说："我们昨晚买了一头肥猪，今天早上4点杀了，7点就摆摊卖肉，生意可以。"

在前往王家村的途中，我们碰到了去姚渡镇赶场的杨正碧。"我是王家村

姚渡6.1余震造成国道212线螺旋沟大桥彻底垮塌

1社的，前几次的地震，家里的房子加固维修后就是好房子。可昨天一摇，彻底震垮了，粮食也全埋了。但干部们来得及时，很快送来了矿泉水和方便面，不然就要饿一夜。”“打算以后怎么办?”“把废墟清理了，就出去打工挣钱，一定要把房子重新建起来。”

查灾组一路问候，一路安慰。“大家不要急，帐篷等救灾物资很快就会送来。有共产党领导，我们肯定有饭吃、有衣服穿、有房子住。”

王家村党支部书记王成志说：“‘5·12’大地震后，我们不等不靠，全村181户人都建起了过渡房，所以这次强余震中人员伤亡极少。”

在王家村2社，杨国伦夫妇正在将采摘的干木耳搬运到安全的地方。“以前房子没问题，这次全塌了，我们得把粮食和值钱的东西抢出来，能挽回多少损失算多少，有点总比没得强。”

“我昨天上午还在加固修复我的楼房，下午就全震垮了。地震总有停止的时候，我肯定还会把楼房修起来的。”望着毁于一旦的“家当”，村民杜国军说话中仍显出坚韧。

6日下午，当我们离开姚渡镇时，虽然余震不断、大雨交加，垮塌的农房仍在增加，但在这个灾情极重的地方，一切救援有序，人心稳定。

5月15日

◆0：00县城乔庄至木鱼公路抢通。

◆4：30副市长何顺洪、县长陈正永在木鱼中学召开木鱼片区指挥部会议，部署抗震救灾工作。

◆7：30—19：30国务院总理温家宝在国务院秘书长马凯，公安部部长孟建柱，省委书记、省人大常委会主任刘奇葆，市委书记罗强，市长马华和青川县委书记李浩生，县长陈正永等领导陪同下，到我县视察灾情。温家宝总理一行8：00从广元白龙湖盐井溪码头出发，乘“回归号”客船经白龙湖到达我县，并在船上听取了青川县委书记李浩生的灾情汇报，先后视察了木鱼镇文武村、木鱼中学抗震救灾现场，看望慰问了受灾群众和参与救援的解放军指战员、民兵预备役人员、武警消防官兵、医护人员，鼓励大家继续努力抢救废墟下被掩埋的群众。

6月4日18时20分，石板沟堰塞湖疏流成功爆破　彭　涛　摄

青川堰塞湖危机化解

18日清晨，一场可能会导致青川县的青竹江下游巨大灾难的堰塞湖险情得到了缓解。

这天清晨，从睡梦中醒来的关庄镇灾民发现，原本碧绿的青竹江水已经变成了浑浊的土红色。之前的凌晨5时，关庄抢险救灾指挥部发现，东河口的两个堰塞湖的江水开始漫过山体滑坡形成的堆积坝向下游流去。

东河口是青竹江主流和支流红石河的交汇处。

这意味着此前指挥部实施的采取“自然溢流”的方法见效，上游堰塞湖的水位开始下降，险情慢慢缓解。

在这里现场指挥的青川县副县长、关庄抢险救灾总指挥李开明对《第一财经日报》表示：“这是最期待的一种结果：漫过的河水会逐渐冲刷堰塞的泥土，堰塞湖的河堤会逐渐下降，而湖里的淤泥逐渐上升，所容纳的水量将会逐渐减少。”

不过，记者从现场的采访发现，在红石河的上游仍然存在多个堰塞湖，最大的危险还有东河口上游的一处堰塞湖和石板桥堰塞湖。截至本报记者发稿时为止，仍然有 3 个乡的至少 3000 名群众没有转移出来，仍然处于危险之中。

潜在的灭顶之险

17 日中午，一条新闻在广元市区迅速传播：青竹江上游的青川红光乡东河口堰塞湖要决堤了！

地震发生时，东河口附近的山体发生崩塌，且堵住了青竹江和红石河形成两个堰塞湖，加上青竹江上游、位于前进乡附近的石板桥堰塞湖，形成了总库容接近 2000 万立方米的湖区，对下游造成巨大的威胁。

17 日上午 8 点 30 分，广元市政府召开紧急会议，青竹江堰塞湖一旦决堤，将会带来巨大的洪灾淹没整个青川县城和竹园坝，需要紧急转移 118 万人至安全地带。

随后《第一财经日报》联系到了广元市委宣传部外宣科副科长张学兵，张学兵向记者证实了这条消息，并出示了一条新闻稿，不过这条新闻稿中，可能淹没的地区改为“整个竹园坝和下游乡镇”，需转移的人数也改为“110 万余人”。

随即，本报记者立刻赶往青川县青竹江堰塞湖所在的红光乡。傍晚 7 点半，青川县红光乡东河口，依山而建的公路在此被直径超过 5 米的巨大滚石砸断，三面环山的峡谷中间，最大长度超过两公里、最宽处接近一公里、面积达数平方公里的泥石流形成了一个巨大的滑坡坝。

对这个堆积体的规模的判断，青川县救灾指挥中心和广元市政府方面各估计为：2000 万立方米和 3000 万立方米。

在这个数千万立方米的堆积体深处，是两个曾经存在的村庄：东河村和康乐村。下游关庄镇的一位居民告诉记者，这两个村庄的居民总数有 1300 多人，当地大部分青年人外出打工，孩子外出上学，因此，此次泥石流掩埋了 260 多户、700 多人。

由于泥石流的发生十分突然，这两个村庄瞬间被掩埋了。

关庄镇的一位官员告诉记者，成功逃生的是该村建在半山腰的小学的学生们，老师带领所有的学生避开了泥石流而获救。

这位官员告诉记者，16 日，日本救援队第一批队员曾到过此处。面对遭遇灭顶之灾的两个村庄，日本救援队领队表示，日本救援人员对此无能为力，日本救援队在集体默哀之后离开了此地。

记者在现场看到，整个山谷笼罩在暮色之中，一头幸存的黄牛在山谷右边山腰发出的悲鸣，久久在山谷中回荡。

山谷的右边就是青竹江主流被阻形成的堰塞湖，17 日晚记者来到这里时，江水尚未漫过堆积体形成的滑坡坝。

万人步行脱险

在红石河流域共有三个乡：红光、石坝和马公。青川县政府在离这三个乡最近的关庄镇设立了接待点，救助自行脱离险境的灾民。

在现场指挥的青川县委组织部副部长刘文川对《第一财经日报》的记者表示，与外界断绝联系的三个乡主要是建筑损毁较为严重，人员伤亡不大，但是目前面临的主要威胁是来自于红石河内大大小小的堰塞湖的威胁。

由于连通这三个乡和外界的公路在东河口完全毁坏，外界救援力量无法进入这三个乡，所以政府方面主要是通过鼓励灾民步行至关庄镇，自行脱离险境。

在关庄镇的接待点，记者看到，从下午 6 点到晚上 2 点，陆续有灾民以竹篓背着食品等物资到达关庄镇。据悉，这三个乡的人口总数超过 1 万多人。

在青川县的地图上，马公乡离关庄最远，马公乡朝阳村八社的何春国 17 日凌晨 4 点半和 4 个亲戚从家里出发，一直到 17 日晚上 9 点半才到达关庄镇。

这时候关庄镇的上空乌云密布、电闪雷鸣，豆大的雨点打在何春国的脸上，雨水顺着他的脖子流了进去，衣服已经湿透了半边。

“这些都没啥，最怕的就是在红光乡东河口的堰塞湖突然有水冲下来，那就一切都完了，是我劝他们出来的。否则，我就是被埋在下面，心里都不会安的。”何春国在接受本报记者采访时，脸上的泪水融合着头发上流下来的雨水，一起流进了自己的脖子。

何春国脚上的胶鞋已经被磨破了很多个地方，脚上的血泡已经破了很多处，满头的白发在夜风里飘荡，布满血丝的双眼搜寻着这里是否有马公乡的乡干部。

两个小时之后，马公乡的副乡长柳茂春带着30多个人走向临时指挥部，一瘸一拐，互相搀扶，这时候离东河口的堰塞湖水漫过堆积坝只有5个多小时。

但走出来的居民仍然只是一部分。虽然政府已经劝说当地居民离开村庄，但是还是有很多灾民尤其是老人不愿意离开家园，石坝乡大房村范明顺告诉记者，全村至今仍然有80多人没有离开。

石坝乡的党委书记苏云告诉记者，目前石坝村尚有3000多人没有脱险，而且面临食物和饮水的匮乏。现场的指挥中心的一位官员告诉记者，估计目前尚未脱险的还有4000多人。

在关庄镇接待站，对于逃离险境的灾民，接待站由各乡的书记和乡长来负责领取食品和饮水。18日零点，李开明为最后一批到达接待站的石坝乡八一村的10多名村民发放水和方便面。

从炸坝到“溢流”

堰塞湖所蕴含的巨大能量和地理位置使得各方从一开始就保持了高度的警惕。

作为嘉陵江支流之一的青竹江在竹园坝附近与宝成铁路交汇，一旦发生洪水可能影响宝成铁路的运行。此外，堰塞湖下游有7个乡镇共1.5万人。

部队搬运爆破物资　谢家平　摄

记者前日晚上8点半撤回关庄镇时，正好遇到青川县的救灾指挥中心官员在开会讨论处理堰塞湖的问题。

随后青川县水利局副局长巩江对《第一财经日报》表示，此前国家地震局、四川省水利厅、国土资源厅、广元市水利局以及青川县水利和农机局四级部门组织了专家对堰塞湖的滑坡堆积坝进行会诊。

经过专家多次会诊之后的结论是，短时期内不会形成整体性溃坝，宜采取自然“溢流”的方法，等到水位降到合适高度，再请专家进行会诊。

巩江对记者表示，专家们建议，此次山体崩塌造成的滑坡堆积坝与一般泥石流堰塞湖堤坝有所不同。此次堤坝的坝体特别长，同时很厚，短时期内不会溃坝，但是要加快疏导，减少主汛期来临时的威胁。巩江表示，青竹江的主汛期为每年的 6 月底到 9 月底。

刘文川对记者表示，会诊前，对于如何处理此次堰塞湖的问题，专家曾经提出多种处理方法。

第一种意见是从下面开挖疏导，第二种意见是利用虹吸现象，第三种意见请空军爆破炸坝。所谓虹吸现象，通俗的意思就是把充满水的胶管一端插入水中，另一端垂在盛水的容器之外，而且，出水口要低于水面。这样，水就会从容器顺着胶管流出。

“关于堰塞湖的问题，包括专家和政府部门的干部，已经连续讨论了四天。”青川县政府办的一位工作人员表示。

“这些专家的意见大多数过于理论，不具备可操作性。”刘文川表示。炸坝的后果无法准确计算，而且短时间内无法疏导大量的群众撤离。

当地的一位官员表示，16 日，日本救援队有关专家曾到此查看，并表示“绝对不可能溃坝”。

巩江对记者表示，在最近的数次会议上已形成了治理堰塞湖的方案。

首先是建立监测点，由青川县水利和农机局负责监测水情的变化，专家组负责指导，部队配合监测泥石流堆积体的变化。同时利用卫星电话每小时报告水情，每两个小时报告堆积体变化，在垮塌处上下游一公里处建立设立警戒线，禁止群众进入。

其次是通知群众转移到高于历史最高洪痕的地带，也就是 2006 年 8 月 28 日洪水达到的最高水位。

昨日记者离开关庄镇时发现，江水的流速明显加速，河水的水位一直在缓慢上升。土红色的河水流出 30 公里左右之后，水中的泥沙开始下沉，河水恢复了黄绿的颜色。

（四川新闻网）

灾难中，我们选择坚强

——青川中学抗震救灾记

◎赵开新　何开红

2008年5月12日14时28分，地震发生了。巨灾面前，老师们没有过分惊慌："疏散学生到操场！行政人员和班主任马上集合召集本班学生！"校长李生波第一时间迅速作出了安排，第一个跑向教学楼和楼上的教师们一起疏散转移学生。

14时40分，全校学生教师全部集中到操场，清查受伤人员情况，所幸全体师生疏散撤离有序和及时，除10余名学生负伤，4700余师生无一人死亡。地震中，两栋学生宿舍、学校办公楼垮塌，一栋教师宿舍、教学楼、科技楼均严重受损，成为危房，学校的教学设备和学生课本80%被损毁。

"5·12"地震发生时，大多数学生都已经在教室里准备上课。当死神降临时，学校老师和许多学生将自己的生死置之度外，义无反顾，积极投入抢救受困学生的行动中。

正在教学楼上准备上课的邱政权、佘玉奎、赵海兵、马启铭、文亚洲等几十名教师立即自觉维护秩序，疏导学生迅速向操场转移。有的还背起受伤

5·12后青川受灾学生的生活　董开国　摄

的学生以及不知所措的女生迅速跑下楼梯冲向操场。教师无一人先于学生离开教学楼。整个过程紧张惊险，全校学生无一死亡！

56 岁的学校工会主席马洪武不顾自己年纪大，不惧头顶上不断掉落的砖头，和青年教师杜建林、李林俊等人一起，冲进烟尘四起、剧烈摇晃中的教师宿舍六楼、五楼，背出了患有老年痴呆症的聂贵民老师和 86 岁高龄的骆永辉老师。

灾后没几天，校长李生波便主持召开全体教职工会议，成立后勤保障、卫生防疫、纪检安全、对外宣传联络等工作小组，布置抗震救灾工作。各小组高效运作，使灾后学校重建工作得以迅速启动，学校各项工作得以快速恢复。地震发生后，全校教师都没有停留在等待中，而是自觉行动起来，推倒一堵堵快要倒塌的墙体，用手推车拉走砖头，清除校园内的废墟，用持久而具体的行动，投入到重建家园的工作中。工作中没有一个喊苦叫累，手脚弄破了，简单包扎一下，又投入工作，修复地震给学校带来的创伤，让学校重现生机。

面对突然降临的地震，青中人不是消极等待指示和援救，而是积极开拓思维，使地震后的各项工作有条不紊。为使毕业班教育教学工作不受影响，学校请示上级同意，将毕业班 800 余名师生转移到广元市外国语学校进行异地复课。学校教师放弃小家，顾全大局，保全大家。学校历史教师罗康武忍受地震中失去父亲的痛苦，在儿子受伤没人照顾，自己的伤情还未痊愈的情况下，迅速走向毕业班工作的第一线；地理教师杨天会的丈夫在地震中身受重伤，被截肢导致终身残废，她忍受悲痛和家庭困难，毅然回到自己毕业班工作岗位；外语教师文亚洲在地震中，一家包括父母在内死亡 3 人，他不忘记自己作为一名共产党员教师的天职和责任，用坚强战胜痛苦，毅然决然回到岗位，带领 100 多名学生离开自己处在悲伤中的妻子，北上宁夏六盘山高级中学进行异地复课，充分表现出一名共产党员在危难时刻的先锋模范作用和忘我精神……

在灾难和痛苦面前，不仅青川中学的老师表现出了坚强，学生也选择了坚强。学生李姣说："面对党和政府的关怀，面对社会各界人士的爱心，面对逝去的亲人和同胞，特别是面对我们老师奉献的爱心，我们没有理由不努力！面对即将落在我们肩头建设家园的重任，眼前的灾难只是考验我们的一块试金石。"对今后人生，在地震中失去了父亲的王任强同学说："地震使美丽的校园变成了危房，温馨家园变成废墟。当时，我好无助。是老师和同学帮助我选择了坚强。我要用学习来充实生活，用成绩来告慰九泉下的亲人！"

“在灾难面前，人是很渺小的，我们是千万个灾难人中的幸存者，目睹了太多同胞的惨状和呻吟，我们的心早碎了！可是，我们必须坚强起来，给自己一个希望，做好自己该做的事！”……声声坚定的话语，传达出青川中学广外教学部学生们的坚强。

目前，青川中学广外教学部的教学秩序井然，学生大部分已经恢复了心态和情绪，正积极投入到复习迎考中。

那一刹那，山崩地裂；那一刹那，哭声震天；那一刹那，我们犹如冰雹下的花蕾！惊慌的眼神里是断垣残壁、满目疮痍，我们似乎成了折翅的雁……

——青川中学高2008级学生　伍　静

灾难可以毁灭一切，不能毁灭希望。莎士比亚说：“希望是苦难的药房。”希望在任何时候都是支撑生命的力量。人生因为梦而美丽，生命因为希望而精彩！

——青川中学高2008级学生　何清秀

地震摧毁了我们的房屋和同胞的肉体，却摧不垮我们身上永远的中国魂！我们要以力量见证爱的伟大，以团结见证爱的使命！重建家园，我们信心百倍；奉献爱心，感恩社会，我们矢志不渝！

——青川中学高2008级学生　李凤梅

5月15日

◆7：45济南军区71352部队第一梯队进驻青川。

◆8：00省政协主席陶武先、常务副主席晏永和，市政协主席唐全林到木鱼镇查看灾情，慰问受灾群众和抢险官兵。

◆10：00中央候补委员、中国电信集团公司总经理王晓初到青川指导电信抢险救灾工作。

◆11：00国道212线姚渡至沙州段抢通。

◆13：10温家宝总理察看木鱼中学施救现场，慰问干部群众、救援官兵和医疗救护人员。

姚渡小学抗震救灾先进事迹

突发灾难面前　领导身先士卒

2008年5月12日14时28分，青川县姚渡镇中心小学校生活区，行政值周领导王维勇、值周教师杜前锋和生活管理教师强天林，正在值班室整理学生午睡检查记录，突然听到轰隆隆的响声，并感到了剧烈的摇晃，“地震了”，三人箭步冲出值班室，吹响口哨，大声呼叫：“地震了！地震了！同学们快下楼，到操场中间来。”闻讯下楼的校长白培峰和几位教师一边大声喊叫“同学们，不要怕，快到操场中间来”，一边迅速打开大铁门。大部分学生刚好跑到操场中央，剧烈的摇晃，使学生住宿楼四阳台挡墙突然整体落下，两名高年级学生瞬间被掩埋。巨响之后，灰尘四扬。“快救人!”白培峰校长大喊一声，带头冲向被掩埋的学生。教师王维勇、杜前峰以及其他几位年轻教师紧随其后，冒着楼上还在掉砖的危险，冲到土堆前，迅速用手扒开两名学生身上的砖块。白培锋校长抱起大腿被砸断，正在痛苦呻吟的六二班学生杜培舟，飞速跑出校门，找医生救治。刚出校门就遇到广元市工商局李局长，李局长见此情景，立即打开车门让学生上车，并马上以最快的速度送往广元急救。王维勇抱起满脸鲜血、左腿已被砸成肉饼、胸口微微跳动、没有任何呻吟的五一班学生王桃，紧随其后跑出校门，找医生救治。但终因伤势过重，王桃同学最终不幸离开了大家。与此同时，还有在教室中午睡的一至三年级35名走读学生，在行政值班领导赵学术主任、值周教师蒙发益的组织下，迅速撤退到操场中间。而跑在最后的五三班学生王光霞在一号教学楼台阶前，刚好被楼上落下的砖块砸断右腿，两位老师冒着危险，迅速上前移开砖块，把受伤学生转移到医院救治。

抓住余震间隙时　安全转移住校生

主震刚过，白校长马上组织老师带领467名学生跑出校门，撤离到场镇后面的开阔土坡上。地震刚一停止，白培锋校长组织20余名年轻教师马上到街上运来50件矿泉水，3000多瓶藿香正气水，为在太阳底下躲地震的师生解渴防暑，稳定情绪。18位班主任也陆续到场镇后面学生集中点，主动寻找各班住校学生，清点人数。白校长立即召开行政班子和班主任会议，要求家长领孩子回家时，必须让家长签字，确保学生返家途中安全。随即成立青年、党员教师突击队，白校长任组长，行政成员任副组长，成立三个小组，分别在学校住宿区、教学区巡逻，保护学校财产，防止不法分子趁乱哄抢学校财产，派专人守护学生尸体，等待家长前来认领。

下午6：30左右，死者家长前来领尸。白校长带领行政班子、班主任和

青川县城的第一所帐篷小学5月27日开学了　董开国　摄

几位中老年教师安抚家长，迅速找车护送学生遗体回家，并与死者亲属一道共同掩埋学生遗体，安抚家长，劝慰亲戚，稳定他们情绪，为党委政府排忧解难。

灾后自救不等靠　转移校产

5月12日当晚，学校行政班子决定：一是老师不放假，成立伙食团，选址搭建帐篷，老师及家属集中安置。二是在通讯中断、道路不通、困难重重面前，所有老师不要害怕，要相信党和政府，主动开展抗震自救工作，不要等靠上级指示。三是灾难面前要讲纪律，顾全大局，所有教师外出必须请假，不得私自外出。所有老师必须每天在学校抗震救灾指挥部签到，有序开展工作。

5月13日下午，学校正式成立抗震救灾领导小组，校长白培锋任组长，两位副校长任副组长，学校中层干部、团队负责人、各村小负责人为成员，下设五个小组：一是应急机动、物质调配组，由副校长梁登军任组长，十名青壮年教师为成员。二是校园财产护卫组，后勤主任赵学术任组长，十余名老教师为成员。三是学校抗震救灾宣传报道小组，教导主任王维勇任组长，五位教师任成员。四是义工自愿服务组，团支部书记强通华任组长，四位青年教师和二十余名初中高年级学生为成员。五是校园治安处置组，校长白培锋任组长，八名年轻力壮的教师为成员。抗震救灾机构的组建，做到了分工负责，各司其职，确保了学校抗震救灾工作有序开展。

5月15日8时，在校长白培锋的带领下，二十几名年轻教师组成突击队，利用余震暂停的间隙，从学校一号楼、二号楼抢出价值近20万元的学校财产，并安全转移到新建的三号教学楼。同时号召大家想方设法与外界亲朋好友和与学校有联系的单位沟通信息，介绍学校受灾情况，力争得到更多社会各界人士同情和支持，帮助学校渡过难关，赢得新的发展机遇。通过曾经在姚渡工作的朱玉梅老师联系，学校得到成都市红十字会第一批对口物质援助，帐篷十四顶，方便面、矿泉水、预防感冒的药品若干。通过进一步联系，得到中国青基会的帮扶，该会既要对学校进行物质援助，待到学校实地查看灾情后，再决定其他援建项目。这些信息的获取，极大地鼓舞了全镇教职员工抗震自救的信心和决心。

地震棚里慰问困难学生
鼓励学生自学不荒废学业

地震以后学生放假在家，心理、身体、思想状况如何，令人担心，震后第五天，白校长带领部分教师，走遍场镇附近的地震棚，询问学生及家长，了解学生心理状况、家长想法，鼓励学生要利用空闲时间学习，不要荒废学业，学校正在积极想方设法，争取外界物质援助，待地震结束学校会尽快恢复上课，不会因地震而耽误学生学业。对家中经济特别困难的学生，学校行政与工会成员一起，带着方便面、矿泉水、预防感冒的必备药品，主动到地震棚慰问学生和家长。学校心中装着学生的真诚举动，受到全镇家长一致好评。正如一位初三学生家长所说的那样：“地震过后，学校这么难过（困难），你们老师那么辛苦，还爬坡上坎，到棚里看望学生，你们老师心真好！”

5月15日

◆13：40省政协主席陶武先、常务副主席晏永和、市政协主席唐全林、县政协主席党兴谷到红光乡察看地质灾害。

◆14：00—16：30县政协主席党兴谷在酒家垭危险路段处理交通堵塞问题，确保部队车辆和应急物资运抵青川。

◆14：55济南军区1.5万名官兵、1600余辆车由54集团军政委高建国率队到达我县救助、救灾、排险。

◆15：10济南军区副司令叶爱群主持召开青川县抗震救灾第五协作区工作会议。

◆16：30省政协主席陶武先在县指挥部会议室听取青川灾情汇报，指出：“青川是不知名的重灾区，晚来的饿汉。”

◆18：00中国人民解放军71620部队潘传友营长带领144名官兵到达沙州抢险救援。

◆18：00青川的北通道沙州至三堆段恢复通行。

马鹿小学抗震救灾先进事迹

青川县马鹿乡中心小学校坐落在清江河畔，是金（金子山）唐（唐家河）绿色旅游线上的“窗口学校”，也是青川县首批建成的重点寄宿制小学之一。辖8所村小，总占地面积6874平方米，在校学生1327人，其中，寄宿制学生740人，教职工66人。

“5·12”汶川大地震，青川县马鹿乡中心小学受到重创，事发当时全体教师紧急出动，临危不乱，及时启动应急预案，在校领导的有效指挥下，全校师生协调配合，通力合作，学校除校舍大面积坍塌外，近1400名师生并无一人伤亡，创造了一个防灾抗震奇迹。

2008年5月12日14点28分，马鹿乡中心小学的师生们正在午休。校长霍俊明像往常一样在校园内巡视。突然，他发现校园内的电线不停晃动，树叶沙沙作响，地面也颤动不止，周围一片嗡嗡声。“不好，地震！”他立即大声呼叫。在学生宿舍值班的生活老师迅速叫醒午睡中的400多名学生，并立即组织学生转移到学校操场；与此同时，分散在十多个教室午睡的300多名走读生也在李玖碧、王玲、何云、何元福、王红霞、申百源、杨再兴、李坤模等十多位值班老师、行政值日的组织下以最快的速度转移到操场。

全体学生刚刚转移至操场开阔地带，随着一声巨响，未等大家反应过来，昔日的校舍瞬间坍塌，灰尘腾空而起，弥漫整个校园。

几分钟后，全校教师全部到位，当拨打求助电话时却发现所有信号全部中断！“怎么办？还有这么多学生尚未完全安全。”一名教师不停询问校长。校领导立即在与闻讯赶来的学生家长、乡党政领导的帮助下，大家几乎是肩扛、怀抱学生，连蹦带冲地撤离危险区域奔向河滩平地。

地震平静后，学校班子成员立即冒着余震的危险下乡查灾，组织清点学生人数。经仔细清点发现，学生宿舍、教师住宿楼全部倒塌，地基下沉，操场裂缝，围墙、堡坎、水塔全部被摧毁，学校成为一片废墟，所幸全校1300多学生、66名教职工全部安然无恙，无一伤亡事故发生。

在马鹿乡，大部分民宅坍塌，许多人泣不成声。当得知学校无一伤亡，看到老师们把孩子亲自送到家长手中时，他们对学校充满了由衷的感激。

回顾整个险情过程，此次大地震之所以未造成人员伤亡，学校应急处理机制发挥了重大作用。震灾前，在当地教育行政部门的指导下，学校早就建立了各种安全管理制度和应急预案，并不定期地举行突发性事件如停电、火灾、地震、上下楼梯等方面的演练。对于紧急避险、上下楼梯演练，学校每学期至少组织两次，每次都要对各班各室演练的情况进行认真总结，记录疏散所用的时间。对此，学校老师和学生已习惯成自然。在住宿安全上，学校把低年级学生安排在底楼，高年级学生住高一点的楼层。同时，还对遇到紧急情况时的撤离路线、行进队列队形、疏散所占位置等作了严格要求。此外，学校还要求教师轮流对学生空闲时间进行严格管理，要求教师午餐与学生同吃，午眠与学生在教室陪睡，晚休生活老师全程跟踪。由于训练有素，加上老师们高度的事业感和责任心，严明的纪律，才保证了学校师生无一人伤亡。

100 名青川学生到邢台借读

这次地震前，每个教室都有一名教师陪学生午眠，有一名值日教师及几名行政安全值日领导分地点（段）在校内不间断地巡视。在地震发生时，老师们沉着冷静，首先想到的是把学生尽快撤离到安全地带，把生的希望留给学生，把死的威胁留给自己。

第一操场上值班的五年级老师何云、李小丽、王宜祥、何汝泽等老师来不及照管自己的孩子，冲向操场大声呼喊；体弱的一年级王玲老师不顾安危冲进教室一把拎出还在沉睡的五六岁的孩子回到操场，而教室就在她刚出门的一瞬间轰然倒塌；第二操场的李玖碧副校长以及申百源、王宜祥等老师救出六年级同学后迅速将孩子们带到操场中央护在自己身边；负责管理学生公寓的何代红老师、罗蓉（临时工）在地震时也不顾个人安危迅速跑向各个楼层呼叫尚在午睡的学生紧急转移；在村小，衡柏村小主任黄云业、砂石村小主任徐文树等同志一直跟随值班，保证了学生快速疏散……这支忠于职守、有凝聚力和战斗力的队伍经受住了灾难的考验。

地震发生后，没有一个教师因为担心自己的家、自己的父母子女而离开岗位，而是严防余震坚守岗位守护学生。衡柏村小50多岁的何汝发老师在得知自己的岳母被埋在倒塌的房屋废墟下后，仍然守在本职岗位上，有人认为他“不孝”，但他却得到了当地乡亲们的一致称赞。

校长霍俊明一直没有回家看看年迈的父母，正在绵阳读高三、初三的两个孩子及在外地的妻子，而是严守岗位查灾救灾，带领全体教师在废墟瓦砾中抢救生活物资和重要集体财产，慰问重灾老教师、安抚学生。直到震后的第三天，年迈的岳父走路来看他，才知道自己的房屋已垮塌及亲人情况；在灾难发生的第三天，也正好是他远在三台的母亲八十岁的生日，他也仅仅是抽空匆匆地给母亲打了个电话。

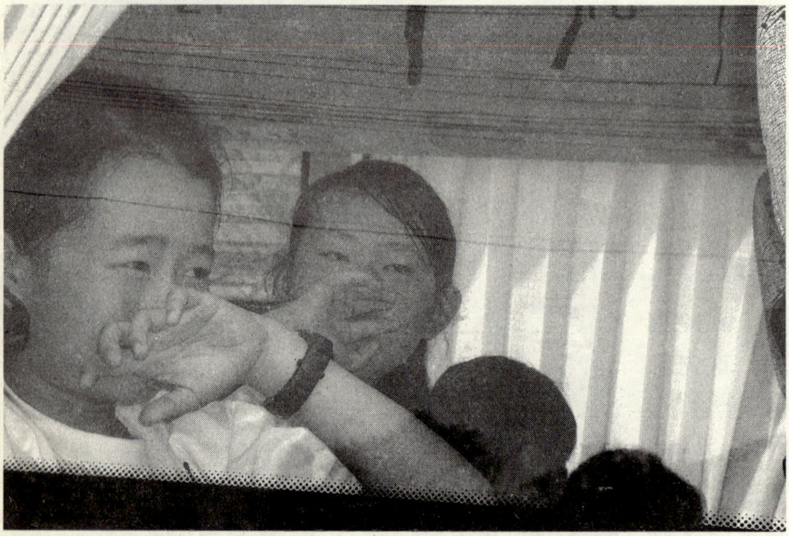

外读学生与老师依依惜别

家在红光乡东河口村的何元福老师，在灾难发生后一直在学校抢险抢物，直到第三天才知道红光乡东河口因两座山崩将所在村庄全部掩埋，父亲和婆婆永远埋在了山底，母亲严重受伤……他匆匆安顿好母亲后又回到岗位继续工作。

老教师李坤模在得知两处家被毁、经营的小卖部变成废墟后仍坚守学校积极工作；家住马鹿乡场镇的王子荣老师的房屋受损严重，他并未去抢修，而是每天坚持到校抢救公家财物。

像这样令人肃然起敬的典型人物在马鹿小学还有很多很多。对此，任何一名教师没有抱怨，问及究竟，得到的回答是："作为马鹿中心小学的一员，理应先救集体财物，理应把学生们的安全放在第一位，理应积极配合校领导完成各项应急抢险任务……"

在重大自然灾害面前，马鹿乡中心小学校全体教职员工没有被困难吓倒，而是振奋精神，正在规划建设新的美好校园。一是根据村小山体滑坡、存在严重地质灾害隐患、不再适宜办学的实际情况，规划将所有村小集中到中心小学办学。二是新建2100平方米的教学楼一幢、1200平方米的综合楼一幢（含办公室、图书阅览室、实验室等）、2800平方米学生住宿楼一幢、800平方米的学生食堂以及相关的教学设施设备。

学校全体教职员工情绪稳定，信心不减，正为重建美丽、安全的校园努力奋斗。

5月16日

◆竹园镇设立物资接收站。

◆省人事厅副厅长徐毅一行到青川。

◆广元市第一批"党员突击队"队员赶赴竹园镇、乔庄镇、关庄镇抗震救灾。

◆召开抗震救灾第五责任区驻军联席会议，成立第五责任区指挥机构。

◆市县领导看望慰问在中医院参与救援的日本救援队。

5月17日

◆副市长王占良前往沙州镇察看灾情。

◆甘肃省地震灾害应急救援队150人到达沙州，组织抢险救援工作。

◆市委选派组织部副部长、市人事局局长杨浚荣，市计划生育委员会主任李刚以及赵自学、杨洁、龙显棋、王治、徐电峰、王金川、姚文章、肖舰等8位同志到达青川，任指挥部副指挥长。

县委领导干部舍己救民纪实

◎毛朝敬

“5·12”地震极重灾区青川县县委一班人舍己救民、凝聚群众巨大力量抗灾，近日被评为全国抗震救灾英雄集体。

大震一发生，青川县委号召各级干部向着危险冲，舍己救群众！大震后5分钟，县委、县政府率先成立了四川第一个县级抗震救灾指挥部，县委书记李浩生立即主持召开有副县级领导及乡镇党委书记镇长、部门负责人参加的抗震救灾动员大会，号召全县干部争分夺秒，即刻赶到抢险第一线。44位副县级领导火速带领3000名突击队员，紧急赶往8个片区36个乡镇，形成“干部向危险地方冲，群众往安全地方撤”的动人场面。

近来，县委书记李浩生20多次冒着余震的生命危险赶到抢险现场。8月5日17时49分，他得知80公里外以姚渡镇为震中发生了6.1级强余震，立即出发，途经罗旋沟大桥，桥垮了，巨大塌方阻断了道路，余震声、滚石声正在轰然作响。此时，有群众劝道，过300米“死亡之谷”，太危险！他说，群众生命受到威胁，必须去救！他带头从悬岩滚石上穿越，无数小石粒像雨点砸来，受伤了，衣服也破了，但他还是穿过“死亡之谷”赶到姚渡。一些群众说：“县领导冒危救灾，共产党员舍己为民的作风又回来了！”

“5·12”大震后，县委常委、武装部长袁仕聪立刻率领41名救援人员赶往正在垮塌的东桥宾馆、山珍市场宿舍楼救人，此时得知母亲、侄女被倒塌房屋掩埋。群众说：“快去救你母亲、侄女吧！”他说：“为救更多群众，我只有对不起亲人了。”他带领救援队爆破排除了堰塞湖对两万多人的威胁，从废墟中救出生还群众17名，可当他5月14日11时赶到家人被救现场，母亲、侄女被救出时已停止了呼吸。面对母亲的遗体，他痛哭失声：“妈，自古忠孝难两全，我对不起你老人家呀！”

“露宿野外忍饥渴，享受在后救百姓”，是青川县委干部舍己为民的真实写照。大震后饮水、食品、帐篷、板房奇缺，县委坚持救灾物资享受先群众后干部。灾后无一位县领导给自己及家人领过矿泉水、食品，县委13位常委有7人至今没有领过救灾帐篷，近几个月大多是在汽车或在危房、山野、田间地头过夜。8月底，全县所有受灾群众都住进了板房或自建过渡房，可因找不到土地建板房，县委、政府、人大、政协四大班子领导及大多县级机关干部至今仍未能搬进板房。县上一位退休群众含着泪说：“原以为遭灾后所有县领导会有吃、有住，没想到群众生活先得以妥善安置，他们却还在外受煎熬。”

5月18日

◆水利部专家组到红光乡查勘东河口堰塞湖情况。

◆台湾佛光学会慈悲社会福利基金会会长朱唐妹一行为青川地震灾区送来了药品、食品等救援物资，价值300余万元。

5月19日

◆四川省军区副政委黎明、省国土资源厅长宋光齐到青川视察灾情。

◆赴青川支援抗震救灾的部队、医疗队、干部共2.56万人进入全县36个乡镇286个村，实现了救援力量覆盖所有村组、社区，信息盲点、救援盲点全部消除。

◆省交通厅副厅长郑勇在市交通局副局长、市公路局局长王国培的陪同下，深入剑青公路察看灾情。

◆成都军区政委张海阳中将到青川视察灾情。

国防部部长梁光烈上将在青川

5月30日，中央军委委员、国务委员兼国防部部长梁光烈上将与成都军区副司令员范晓光、副政委段录定、军委办公厅副主任高遐明、总参作战部副部长张鸣和省委常委、省军区政委叶万勇、济南军区某集团军政委高建国一行，深入青川灾区抗震救灾一线检查指导工作，看望执行抗震救灾任务的部队官兵，勉励大家要坚决贯彻党中央、国务院、中央军委和胡锦涛主席的决策指示，不怕疲劳，连续奋战，完成好党和人民赋予的抗震救灾任务。

一到青川，梁光烈就来到执行抗震救灾任务的第四军医大学防疫大队驻地、县城东桥口清理废墟的济南军区某部和沈阳军区201野战医院驻地，代表胡锦涛主席和中央军委慰问战斗在抗震救灾第一线的部队官兵及民兵预备役人员。他还亲切询问受灾群众，了解了灾区抗震救灾工作进展情况，听取了成都军区抗震救灾联合指挥部第五责任区指挥所和当地党委、政府的抗震救灾工作汇报。

梁光烈指出，党中央、国务院、中央军委非常关心灾区群众，对抗震救灾作了一系列重大决策部署。

“5·12”汶川特大地震发生后，广元市委、市政府、广元军分区组织广大干部、党员、民兵预备役人员第一时间积极抗灾自救，济南军区和成都军区部队官兵立即执行中央军委的抗震救灾命令，迅速奔赴抗灾第一线，军民一起万众一心，众志成城，取得了抗震救灾的阶段性胜利。梁光烈强调，你们这支部队是一支特别能战斗的部队，不怕困难，不怕危险，冲锋在前，哪里最困难哪里就有你们的身影。你们进村入户，抢险救灾，搜救出大量的受困群众，转移了大批受灾群众，还在救治伤病员、临时安置群众、维护交通秩序、物资运输保障、卫生防疫、搭建临时住处等方面做了大量的工作，应给予充分肯定。

梁光烈强调，下一步抗震救灾工作，部队官兵要严格执行党中央、国务院、中央军委对抗震救灾工作的要求，狠抓落实，出色完成各项任务，用实际行动让全国人民放心，让党中央放心。现在进入抗震救灾的关键时期，部队官兵在任何时刻不能放松思想，不能满足现状，不能麻痹松懈，要不怕疲劳，艰苦奋战，发扬军队的优良传统和作风，发挥连续作战、长期作战、特别能战斗、特别能吃苦的精神，切实抓好抗震救灾工作。要把完成抗震救灾任务放在首位，坚持一手抓抗震救灾，一手抓部队自身建设，通过强有力的思想政治工作和严格的管理，保证部队各项任务的完成，进一步树立我军的良好形象。要高标准、严要求，经受住抗震救灾的考验，以优异的成绩向党中央、国务院、中央军委交一份满意的答卷。

总政治部主任李继耐上将在青川

◎任小昌　刘　仁

6月5日，中央军委委员、总政治部主任李继耐上将在成都军区副政委段录定、政治部主任吴昌德的陪同下，深入我市青川灾区一线检查指导抗震救灾和灾后重建工作，看望了执行抗震救灾任务的部队官兵，勉励大家要坚决贯彻党中央、国务院、中央军委和胡锦涛主席的决策指示，充分发扬听党指挥、服务人民、英勇善战的优良传统，发扬敢打敢拼、不怕疲劳、连续作战的优良作风，坚决完成好党和人民赋予的光荣任务，全面夺取抗震救灾的最后胜利。

中央军委委员、总政治部主任李继耐在竹园看望帐篷学校的老师和学生　记者　刘仁　摄

顶着余震，冒着酷暑，李继耐先后来到青川县竹园镇军民共建临时安置点的渔水村、乔庄镇居民临时安置点和沈阳军区201野战医院驻地等，代表胡锦涛主席和中央军委慰问战斗在抗震救灾第一线的部队官兵及民兵预备役人员。在竹园镇和乔庄镇，他和正在执行抗震救灾工作的部队官兵、民兵预备役人员握手问好，并动情地说，“你们辛苦了！你们为抗震救灾作出了贡献，得到了各级党委、政府和人民群众的充分肯定和高度赞扬”。他还看望了正在帐篷学校坚持上课的师生们，了解了临时党支部的工作开展情况，并与群众亲切交谈，了解了他们的生产生活情况。看到灾区群众精神状况好、情绪稳定，有饭吃、有干净水喝、有衣穿、有临时住处、有基本医疗，李继耐很高兴。

在济南军区某部指挥所，李继耐听取了成都军区抗震救灾联合指挥部第五责任区指挥所副指挥长关于解放军官兵、武警部队完成抗震救灾任务的情况汇报，听取了我市市委书记罗强关于抗震救灾和灾后重建工作的汇报。李继耐指出，灾后20多天来，在党中央、国务院、中央军委和各级党委、政府的坚强领导下，广元市广大干部、党员、民兵预备役人员、群众和济南军区、成都军区的部队官兵齐心协力，万众一心，取得了抗震救灾的阶段性胜利。在抗震救灾中，广元市的各级党委、政府发挥了重要作用，一个支部就是一个堡垒，一个党员就是一面旗帜；广元人民始终表现出了顶天立地、不屈不挠的优良品质和必胜的决心。目前灾区群众精神面貌好，情绪稳定，基本生活有保障，灾后重建正在有序进行。部队官兵团结协作，充分发扬听党指挥、服务人民、英勇善战的优良传统，积极投身抗震救灾，充分发挥了主力军和突击队的作用，任务完成出色。

李继耐强调，“要坚决执行党中央、国务院和中央军委关于抗震救灾工作的各项部署。目前抗震救灾工作进入关键时期，我们一定要把这项工作抓紧抓好抓实。要进一步统一部队官兵的思想，发扬听党指挥、服务人民、英勇善战的优良传统，不断激发官兵投身抗震救灾的政治责任感、历史使命感和光荣感；要发挥不怕疲劳、敢打敢拼、连续作战、长期作战、特别能战斗、特别能吃苦的精神，切实抓好抗震救灾工作。要高标准、严要求，学习灾区人民的好经验好作风，服务灾区，服务人民，经受住抗震救灾的考验。要以人为本，关心和爱护官兵，让官兵时刻以健康的身心、饱满的热情、高昂的斗志，全力投入抗震救灾，团结协作，众志成城，努力夺取抗震救灾的最后胜利，以优异的成绩向党中央、国务院、中央军委交一份合格的答卷，让灾区群众放心满意。”

李继耐还接见了这次抗震救灾中涌现出来的先进代表青川县委常委、县人武部部长袁仕聪。

市委书记罗强，市委副书记、市长马华，市委常委、秘书长黄正富，市委常委、广元军分区政委张锐参加看望慰问。

总后副部长王谦中将
青川看望救灾官兵

◎陈校林　傅秋森　李京枝

6月13日，中国人民解放军总后勤部副部长王谦中将率总后工作组到灾区视察部队抗震救灾工作，看望部队官兵并了解抗灾部队后勤保障情况，随行的有总后军需、卫生、营房、军交等部、局领导。

13日中午，王谦将军一行从甘肃文县来到四川重灾区青川县，深入一线部队，亲切看望某集团军医疗队、第四军医大防疫队、沈阳军区201医疗队、第五野战兵站和总后161医院官兵。他高度赞扬前线救灾部队和坚守灾区的医疗救护、后勤保障队伍官兵不辱使命，视灾区为故乡，把灾区人民当亲人的无私奉献精神。鼓励官兵再接再厉，认真落实军委首长指示，忠实履行人民军队光荣职责，为夺取抗震救灾全面胜利作出应有的贡献。

将军深切看望受伤战士，要求他们好好养伤，并嘱托医生护士在继续进村入户，救治灾区百姓和搞好卫生防病工作的同时，积极为部队官兵服务。

在视察总后161医院医疗分队时，得知该院最早进驻关庄镇，已经救治了近三千名受伤群众，并援建关庄镇卫生院，向卫生院捐赠包括超声波诊断仪、心电图机、血球技术仪、手术无影灯等在内的共计23万余元常用医疗设备和办公设施后，王谦将军再一次赞扬该院心系灾区，充分体现出了人民军队的高度责任感。

成都军区副政委段禄定中将、联勤部部长董德元少将、广元军分区军政主官等陪同。

5月20日

◆省地震局向省“5·12”抗震救灾指挥部建议将青川县列为极重灾区。

◆成都军区副政委段录定中将到关庄片区察看灾情。

5月21日

◆浙江省赴四川省抗震救灾工作联络小组一行到青川。

◆济南军区政委刘冬冬上将视察青川。

◆县“5·12”抗震救灾指挥部发布第1号令，命令县城乔庄从县医院到江鹰通讯区域内的住户撤离，并实行交通管制，禁止人员和车辆通行。

5月22日

◆交通部规划司副司长李兴华、省军区副司令员苏魏、省检察院机关党委书记刘典华到青川。

◆宁夏吴忠市人民政府捐赠价值66万余元的清真物资到达青川县。

5月23日

◆国家环保部副部长李干杰、省环保局副局长谢天一行到青川视察灾情。

妈妈我想对你说

——记青川人武部长袁仁聪

◎赵丕聪　郭　希　夏祎繁

“妈，我现在还不能来救你。儿是军人，还有好多人等着我去救，但愿您老人家大难有大命!”5月12日，震惊中外的汶川大地震将青川县震成了一片废墟。面对废墟下被埋的无数求救生灵，青川县委常委、县人武部部长袁仕聪每经过一次掩埋母亲和侄女的废墟时，心里总会默默地念叨着这句话。“老实说，我当时心乱如麻”，四川新闻网记者面前的袁仕聪双眼含泪。

残酷的自然灾害，最终没有给袁仕聪部长亲口对母亲说出这句话的机会。5月13日噩耗传来，袁仕聪年迈的母亲和侄女袁娅不幸在地震中双双遇难。

孝子袁仕聪

提起袁仕聪，同事们都说：“老袁是个孝子!”袁仕聪的母亲身体一直不好，去年经医院诊断后确认需住院手术。袁仕聪本来打算年底回老家陪母亲动手术，没想到四川发生百年难遇的冰雪灾害。冰雪导致青川受灾严重，身为县人武部长的袁仕聪要抗冰救灾，母亲住院手术一事因此搁置下来。

今年4月抗冰救灾任务刚告一段落，袁仕聪赶紧请假回老家陪母亲做完了手术。但假期还没有休完，他就接到命令立即赶回青川县武装部指挥训练应急民兵。想到母亲伤口尚未痊愈需要人照顾，袁仕聪决定把母亲接到青川跟自己同住，以便于自己亲自照顾手术后的母亲。

母亲来青川怎么住呢？袁仕聪虽然是武装部长，但只住着一间寝室，平常也是在食堂一样打饭吃。虽然武装部有招待所，但害怕影响袁仕聪工作的母亲却拒绝了住在那里。老太太说：“袁仕聪工作忙，我就不打搅他了，我和在青川工作的孙女一块儿住好些。”

“和侄女袁娅住在一起也好，母亲有个说话的伴儿，袁娅空闲的时候也可以照顾母亲”，袁仕聪点头答应了。

两过掩埋母亲和侄女的废墟

地震发生后，袁仕聪曾经多次经过掩埋母亲和侄女的废墟。

第一次，袁仕聪带人前往倒塌的青川县山珍市场救人时，猛然想到母亲和侄女就住在附近四十多米处的楼房里，情况如何却不知晓。“怎么办？是不是叫个民兵过去把母亲和侄女带到安全地方呢？”袁仕聪的脑海里只转了几下念头，就做出了决定，救援队伍继续留在山珍市场救人，“一个人都不能动！”

“当时我想的是，我脚底下有好多人需要救。我怎么能为救自己母亲和侄女而不顾成千上万人的生命把民兵调走呢？作为一名共产党员和地方干部，作为一名军人，无论如何我做不出这样的决定。当时我心头还想，这边一救完我就马上去救她们。”

第二次亲自路过母亲和侄女住处的袁仕聪，震惊地发现自己眼前竟是一片废墟，“那一瞬间我心乱如麻！”

正在这时，袁仕聪接到上级通报大沟村出现堰塞湖的消息。上级命令，立即无条件排除堰塞湖危险。“妈，我现在还不能来救你。儿是军人，还有好多人等着我去救，但愿您老人家大难有大命！”袁仕聪含泪离开了废墟。

就在赶往大沟村堰塞湖途中，袁仕聪听说废墟里传出了侄女的求救声。“袁部长，袁部长，刚才公安局的人说听到你侄女的呼救生，你侄女还活着！”追来的人武部干事杨从文悄悄问道，“袁部长，要不要撤几个民兵去救你的侄女？”袁仕聪猛然大怒，“这怎么可能？山珍市场、东桥宾馆、居民小区有那么多人的命要救，那么多群众在现场，我能调人走吗？”

“既然公安局发现她们了，他们肯定会救人的。山珍市场和东桥宾馆的民兵一个都不能动，这是死命令！”袁仕聪命令道。

永远的遗憾

在袁仕聪的指挥下，大沟村堰塞湖险情消除了，青川县城保住了。

返回县城袁仕聪顾不上休息，他利用指挥救援民兵的短暂空隙时间飞跑到母亲和侄女住房的废墟前。

“袁娅，妈！你们在哪里？”袁仕聪高喊。

“幺爸，我是袁娅。我的右肩膀和手被压住了，痛得很，你快来救我！”废墟中侄女袁娅的声音断断续续。

“婆婆呢，袁娅?”袁仕聪焦急地问道。“婆婆在我后面，她摔倒了”。侄女袁娅的声音非常微弱。

这时，一旁的驾驶员王飞对袁仕聪小声说：“部长，你赶紧写个条子吧，把山珍市场那边的挖掘机调过来救阿姨和侄女。”好心的王飞没想到的是，自己却被部长臭骂了一通。“混蛋，全县只有一台挖掘机。如果调走了，其他地方怎么救人?”袁仕聪怒喝道。

“其实我心里明白，我母亲住的地方离山珍市场只有四十多米，如果早一分钟调挖掘机过来，侄女和母亲就早一秒得救。”但袁仕聪心里更明白，这唯一的挖掘机担系着更多人的生命，“作为一个地方政府官员，在这种情况下为救母亲和侄女两个人就调车，是要被老百姓骂的，自己是军人是共产党员，要对得起这称号呀!”

正当袁仕聪准备自己亲自去救母亲和侄女时，他又接到了县委送来的紧急命令，要求立即赶回县委开会。作为青川县的政府领导，作为军事机关的指挥官，袁仕聪不得不奉命离开了废墟中等待救援的两位亲人。

然而，这一别竟是永远!

5月13日一大早，巡逻了通宵的袁仕聪偶然遇见侄女所在医院的郭院长，“对不住了，袁部长。袁娅昨晚就不行了，她失血太多……”而继侄女袁娅之后，当晚袁仕聪母亲的遗体也被挖了出来。

就在这一天，袁仕聪带领民兵预备役人员总共转移了上百名群众，搜救出十七名被困群众和八名受伤群众。

5月24日

◆全县第一所爱心帐篷学校——“猛虎爱心帐篷学校”在乐安寺乡开班。

◆中央人民广播电台副总监孙健到青川察看灾情。

◆省政协副主席黄润秋一行到青川视察灾情，研判狮子梁、堰塞湖等地质灾害。

5月25日

◆国道212线白水大桥通过抢修加固和保养基本恢复通行。

◆陕西省交通厅公路抢险突击队一行105人紧急赶赴青川实施公路抢通保通。

◆16：21骑马乡、观音店乡一带发生6.4级强余震，成都、重庆、西安有明显震感。

5月26日

◆香港伊斯兰联会组织善款购买的85顶大型帐篷、羊毛垫、毛毯、2000多斤菜油等生活物资(价值近13万元港币)。

战斗在青川

——抗震救灾一线猛虎师英雄谱

◎梁志田　陈聪辉　李　海　吴兴龙　李京枝

5月14日14时10分，素有“中原猛虎”之称的济南军区某摩托化步兵师奉中央军委命令，兵分三路以摩托化行军、铁路输送和空中输送的方式，火速向四川省青川县派出一万三千余名官兵。先遣部队3000名官兵于5月15日8时40分抵达成都双流机场，而后便马不停蹄地赶往青川县前进乡展开救援。其余官兵在先遣队出发后两小时内准时出发，沿京珠高速、连霍高速、京昆高速、118国道，快速机动1800多公里，历时两天两夜，于5月16日17时全部抵达青川县抗震救灾一线。一路上官兵们没有吃过一顿热饭，昼夜兼程，不辞劳苦。目前，该师正在青川全县14个乡镇展开以抢救伤员、抢救群众物资为主要任务的大救援。

12小时转移群众197人

5月17日8时左右，济南军区“猛虎师”所属某团参谋长杨成修接到桥楼乡抗震救灾办公室的求救电话：桥楼乡最偏远的八角村位于山顶，居住非常分散，余震不断，山上大的裂缝足有四五米，小的裂缝无数，房屋倒塌严重，村庄随时都有被山体滑坡埋没的危险，请求部队援助转移疏散群众。杨副参谋长迅速带领66名官兵，沿着平均坡度50度以上、宽度仅30公

分的羊肠小道，进入八角村。9 时 30 分左右，他们到达八角村后，随即展开救援工作，但部分百姓害怕转移后财产会一无所有，很多人不愿下山，尤其是几名老人舍不得生活了一辈子的家，要与村庄共存亡。杨副参谋长就带领官兵挨家挨户做工作，历时 12 小时转移出群众 197 人，其中 80 岁以上老人 7 人，5 岁以下儿童 13 人，给他们搭设帐篷 17 顶。“新中国成立前，日本鬼子来扫荡，因为我们道路太艰难而没有来，没想到在我们最艰难的时候，解放军冒死来救我们，感谢解放军！感谢共产党！”被营救出的一位老人泣不成声地说。

大搜救行动解救被困群众

5 月 17 日下午，济南军区“猛虎师”所属某高炮团部队长金宏鹏带领 300 多官兵，对青川县石坝乡展开了一场大搜救。石坝乡灾情十分严重，所有房屋全部坍塌，到处都是废墟一片，由于道路阻塞，之前无一人进入。他们决定，火速对青龙村、八一村等 6 个行政村和 24 个自然村进行了拉网式搜救。通过一天一夜的紧急搜救，他们共向外运送重伤员 23 人，安全转移群众 2000 多人。重伤员中，60 多岁的老人杨华安，因地震引起肺气肿，被送到关庄镇医院时，医生说，如果再晚 20 分钟，就是神仙都无力回天了。搜救中，部队长金宏鹏充分发挥模范带头作用，始终与官兵战斗在一起，在 1250 多米高的白草崖往返两趟，行程 130 多公里，脚上打满了血泡，终于将群众救出。

上午刚上任下午就出征

5 月 14 日上午，济南军区“猛虎师”所属某团部队长季陵，刚刚接到担任该师参谋长的任职命令，下午就带领部队奔赴四川青川县地震灾区。灾情就是命令，时间就是生命。他带领老部队担任师先遣分队，以空中输送的方式，赶赴成都双流机场。一路上，他没有休息片刻，带领参谋人员研究救援方案。到达灾区一线后，他顾不及喝一口水，就带领团队展开救援。几天来，他始终战斗在救灾最前线，每天都要徒步十几公里，到各个村寨指导部队抢救搜救伤员。哪里有困难他就出现在哪里，哪里最危险他就战斗在哪里。榜样的力量是无穷的。在他的带领下，全团官兵发扬一不怕苦、二不怕死连续作战的作风，翻山越岭，跋山涉水，抢救出数十名伤员，转移群众千余名，扒挖土石 20 多吨，打通了两条通往村寨的山路。

战斗在青川抗震救灾一线的士兵们

成功救出马金莲

5月17日12时30分，济南军区“猛虎师”防化营烟火连指导员刘文科得知锁家村至今仍无救援人员前去救援的消息后，立即带领该连15名战士从青川县大院乡出发，步行15公里，历时4个多小时，攀登上了海拔1600多米高的锁家村。在搜救过程中，他们发现了一名50多岁的妇女被困家中。经过询问得知，这名妇女名叫马金莲，12日下午发生大地震时，她正在地里干农活，被山上滚落的一块石头击中，大腿严重骨折。而她的丈夫双手残疾，儿子又在外打工，女儿也已嫁到外村，家里没人能对她进行救助。见此情景，这个连队的卫生员立即对她进行了简单包扎，自制了一副简易担架，把她抬到了山下的医疗救护站。一路上，大家交替轮换，肩扛手抬，耗时3个多小时才把她抬到了大院村的公路上，拦截了一辆120急救车，及时把她送到医院救治。

开展抢救立功活动激发官兵战斗豪情

济南军区“猛虎师”坚决贯彻落实胡锦涛总书记关于“抗震救灾工作要坚持以人为本、抢救人民生命是重中之重”的重要指示精神，为充分调动官兵的积极性，激发他们的战斗精神，这个部队党委研究决定，在抗震救灾官兵中广泛开展“抢救立功”活动。活动开展以来，官兵们争分夺秒抢救在地震中可能幸存的群众，他们克服千难万险、重重阻力，以抢救人的生命为第一任务。活动中，他们叫响了“当先锋、打头阵”、“视灾区人民为父母，坚决打赢救灾硬仗”等口号，发扬革命英雄主义大无畏精神，冲在抗震救灾最前沿，主动向组织请战，纷纷要求把最艰巨的任务交给自己，官兵战斗热情高涨，屡创佳绩。某团二连士官潘明旺在抢救一名转移粮食的老大爷时，被地震震下的房梁砸成骨折，英勇负伤，“猛虎师”党委为其记二等功一次。

解放军在　群众生命有保证

5月19日中午12时40分，正在乔庄镇大沟村进行搜救的济南军区“猛虎师”通信营，接到该营四连副连长李鹏报告：二社村口有一名八个月的孕妇在余震中被钢管砸伤头部，已经昏迷，亟待救治。接到情况报告，营长王国斌火速安排车辆，带领8名官兵和医护人员赶往二社。随队的老军医王君前对孕妇进行了简单的救护。由于该村道路阻塞，车辆不能直接到达，副连长李鹏带领战士自制担架，他们趟过一条8米宽、及膝深的河流，仅用半个小时就将伤者送到了设在回龙村的解放军371医院救治中心。医护人员立即对其进行了救治。主治医师刘高峰介绍，经检查，孕妇头上有一个3×2厘米的血肿，目前孕妇已经苏醒。妇产科医生张红娟说，孕妇和胎儿都非常健康，没有生命危险。孕妇的丈夫姚学坤非常感激，激动地说，有了解放军，咱人民群众的生命安全就有了保证，感谢亲人解放军！

从演练场到救灾区

济南军区“猛虎师”所属某团二营，在接到救灾命令前担负上级布置的演练任务，为了圆满完成任务，他们加班加点，连续紧张奋战了15个昼夜。5月14日下午，他们在完成演练任务返回营区途中，接到上级赴四川省青川县抗震救灾的命令，部队立即改道赶往新郑机场。灾情就是命令，任务十分紧急，他们来不及携带给养，来不及收拾个人物资。面对诸多困难，全营官兵没有一个人退缩，都积极要求到灾区一线参加抗震救灾。作为先遣部队，到达灾区后，面对被山体滑坡阻断的道路，他们徒步急行军40余公里奔赴青川县房石镇实施抢救。每名官兵仅靠3袋方便面和4瓶纯净水，紧张救援了3天3夜，从废墟中抢救重伤员2人，安全转移群众2000余人，帮助群众抢运粮食10万余斤，搬运各类物品6300余件，充分体现了“猛虎师”官兵特别能吃苦、特别能战斗、特别能忍耐的战斗精神，谱写了人民子弟兵亲民、爱民、为民新篇章。

患难之处显真情

5月18日8时至13时30分，济南军区“猛虎师”某团出动600余人，车辆60余次，对木鱼镇木鱼中学废墟展开全面挖掘和清理。面对遇难学生亲属的痛苦表情，面对遇难学生亲属希望早点找到孩子的急切心情，该师师长下达了死命令，要求以最快的速度，最大的努力，认真挖掘搜救。他们区分

10个小组，冒着炎热酷暑，挥汗如雨，采取手搬、绳拉、肩扛等多种手段全力挖掘。他们顾不上吃饭，经过昼夜奋战，共从废墟中挖掘出遗体268具，并运用5吨消毒液对现场进行了消毒。由于连续奋战，劳累过度，12名官兵

晕倒在挖掘现场，36名官兵手脚被砖块刺伤，他们的衣服从早到晚被汗水浸透，没有一人叫苦、一人喊累，充分展示了人民解放军顽强的战斗意志，体现了“猛虎”精神。百姓饱含深情地欢呼共产党好，解放军万岁，高度赞扬官兵快速的行动、强烈的使命感，官兵离开木鱼中学时，1000多名群众夹道欢送。灾民的淳朴、灾民的感恩、灾民的行为也教育和激励了官兵，他们表示，请灾区人民放心，人民解放军和灾区人民永远站在一起！

跋山涉水7小时　成功解救6伤员

在此次青川县特大地震灾害中，房石镇灾情严重，道路阻断，通信中断，截至15日晚还没有任何一支救援队到达该镇。5月16日上午，济南军区“猛虎师”所属某团接到了对该镇实施搜救的命令，警侦连副连长孙泽志和通信连副连长郭锦铭带领35名战士步行火速赶往房石镇，立即展开了搜救工作。在搜救中，他们共发现6名重伤员，其中2人腿部骨折、1人脚踝骨折、1人腰椎断裂、1人内伤、1人双腿浮肿。灾情就是命令，时间就是生命。灾情再大，不如他们救灾的志气大；困难再大，不如他们克服困难的决心大！他们自制简易担架，肩扛手抬，翻山越岭，从下午15时直到晚上22时10分，历经7小时，行程30多公里，肩膀压肿了，手划破了，腿部擦伤了，脚上打泡了，最终把6名受伤群众送到了前进乡120急救中心，充分体现了“猛虎师”官兵的过硬作风，充分体现了对青川人民的深情厚谊，充分体现了血浓于水的军民之情。

真心英雄　气贯长虹

——废墟上昂然挺立的建设人

◎流海川

“建筑破如倒积木，脆脆声响掩白骨。青烟直指夺天日，江河泣血报冤讣。大地倾斜山崩瀑，天公泪倾堰塞湖。苍苍生灵化冤魂，断肠诗卷漫飞舞。”

地震摧枯拉朽，樯橹灰飞烟灭。眼睁睁看着我们一代又一代建设人双手盖起的栋栋建筑高楼，瞬间崩塌，砸在自己骨肉同胞的身上，作为灾区建设人，心头难忍那分断骨之痛，莫名言状。就在大地震发生，人们惊惶万恐，四散奔跑的时刻，广元青川建设人呼啸而起，挺起不屈的脊梁，一马当先，奔忙于城乡断壁残垣，穿梭于垮塌的建筑丛林，以英勇顽强的作风，敢打必胜的斗志，大无畏的英雄气概，无坚不摧的战斗力，谱写了一曲曲惊天动地的壮丽乐章。地震发生后，广元市建设局迅即组建应急抢险分队，全线启动广元建设系统重特大事故应急预案，紧急抢修市政公用服务设施等，在大地震后的当天晚上，广元除青川外各县城区就基本恢复了照明；同时又很快恢复了城区供气，成功防止了因地震破坏造成燃气泄漏等次生灾害发生。

青川与广元相隔百余公里，地震发生后，交通、信息中断，与世隔绝三十多小时。在得知青川灾情后，心手相连的广元建设人，心头痛若断臂。眼望着万恶的钢筋水泥饮着同胞兄弟的血，一个个垂危的生命在废墟下痛苦的呻吟，奄奄一息，哀哀无告，市建设局长何庆在动员大会上通报青川灾情时，满眼噙泪，一时语塞。是夜，他带上局领导成员沿着城区的大街小巷查排灾情，来回奔走，并亲自登门造访各建筑企业负责人，紧急调集挖掘机、装载机、吊车等大型机械设备和工程技术人员，组织“共产党员突击队”和“志愿者服务队”，冒着余震不断、山体滑坡、泥石流等危险，成梯队进发，星夜驰援青川。在青川县建设局帐篷指挥所，当我第一眼看到局长杜玖泉，副局长青久江、杨平升、敬飞等，我简直不敢相信这竟然是几位局领导。一个个清瘦而硬朗的身板，像是被过度劳累而镂空得瘦骨嶙峋。几颗蓬松的头颅围在一张图纸前，一边干嚼着方便面，一边研究着“作战”方案。大地震发生时，杜局长身体负伤，他不顾伤口疼痛，与弟兄们一起搜救排危，每天工作十七八小时。在垮塌的危房旁，断裂的山体下，打着手电，借着车灯，昼夜抢修，在最短时间内恢复了青川县城供水。有了水，看到一个个生命复苏，一个个奇迹惊现，抢险队员们一边流着汗，一边淌着泪，心里却有说不出的欣慰。这可是救命之水，生命之水啊！

余震频发。房屋错位、倾斜，山体裂缝、崩塌……这些给人民群众生命安全构成了极大危害，给人们的心理造成了极大恐慌。险情早一分钟排除，人民群众就多一分安全。在抢险工作告一段落后，广元市委办公室、市建设局驻青川乔庄临时党支部迅速进驻青川，与青川县建设局的同志昼夜跟班作业，突击展开青川灾民过渡安置房建设大会战。连日来，他们顶烈日，冒酷暑，辛勤劳作，晚上露宿河滩，忍受蚊虫叮咬，风雨袭击。特别是地震后的头几天，青川整个县城供水供电系统瘫痪，晚上全城一片漆黑，伸手不见五指，抬头不见月牙。他们驻扎的河滩工地，白天太阳曝晒，既没有树荫遮蔽，更没有建筑物躲藏，只有全天候裸晒在三、四十多度的高温天气下。晚上大风袭来，满嘴是泥，连眼睛都睁不开。有时正在挑灯夜战时，狂风大作，暴雨如注，无情的狂风掀翻了他们的帐篷，瓢泼大雨浇湿了他们的衣被，他们只能用体温一次次烘干。白天高强度的施工作业，有时只能“方便面和着矿泉水”，甚至是“一口馒头一口咸菜”简单应付一下肚子。有的因过度劳累，多次晕倒在工地，却只是简单喝点防暑药，重又披挂上阵。就是因为他们这种夜以继日，舍生忘死工作精神，仅在青川震后一个多月，就搭建起了活动板三千余套。

安得广厦千万间，大庇天下寒士俱欢颜。当第一批灾民住进整洁明净、凉爽舒适的活动板房时，脸上露出多日不见的笑容。一位老大娘一时不知说什么好，将政府发给她的没舍得喝的矿泉水，一个劲往负责板房建设、始终坚持在施工现场的李昱隆副县长怀里塞。可李副县长哪又舍得喝老百姓一口水啊！浙江一位房地产老总远来青川，当时看到此情此景，忙从他车里的后备箱取出一瓶白酒，就着中午的几根咸菜头，美美地敬了工地上的青川建设局几位同志。然后，随地从脚下取回一块小石头，带着对他们的敬意，悄然离去。

这是一片灾难的土地，这是一方英雄的土地。看到血色漠漠的废墟上拔地而起的片片板房，看到灾区群众拖着沉重而疲惫不堪的身子，从帐篷搬进安全整齐的过度安置房；看到灾区孩子们走进教室，重又响起朗朗读书声，持续战斗在这片废墟上的青川建设人，心里像是被打翻了的五味瓶，酸甜苦辣，不是滋味。他们深刻认识到，地震给灾区人民造成重大灾难，灾后重建家园，灾区建设任重道远。战斗这才刚刚打响，还有更激烈的硬仗在等着他们。广元市和青川县规划和建设局被国家住房和城乡建设部评为“全国住房城乡建设系统抗震救灾先进集体”，青川县规划和建设局局长被四川省省委评为“抗震救灾先进个人”。就是这支敢啃硬骨头，敢打恶仗硬仗的坚强团队，在地震后的第一时间响亮地喊出“当尖兵，打头阵，看我顶天立地的建设人”！是他们以英雄的身躯书写了灾区建设事业崭新的一页。

历史，将在这里重开新的篇章。

5月27日

◆青川马公首批584名外迁至剑阁的受灾群众被安置到剑阁元山、北庙等乡镇。

5月28日

◆国务院副总理回良玉乘直升机抵达青川视察，国家住房与城乡建设部副部长陈大卫、民政部副部长罗平飞、四川省副省长张作哈陪同。

5月29日

◆省委常委、组织部部长柯尊平一行到青川察看灾情，指导抗震救灾工作。

成都军区驻滇某高炮团抗震救灾事迹

◎王良伍　申云洪　刘德贵　李京枝

成都军区驻滇某高炮团进驻青川灾区以来，在青川抗震救灾指挥部统一部署和部队上级党委的统一领导下，全团官兵坚决贯彻落实上级的指示精神，听从指挥，英勇顽强，发扬不怕疲劳，连续作战的优良作风，出色完成了各个阶段的各项抗震救灾任务，受到军地各级党委首长和当地人民群众的高度肯定和普遍赞誉。同时，也涌现出了一大批先进个人和感人事迹。

建设青川家园　解放军信心百倍

感人事迹一：昔日的青川中学，如今已断壁残垣，再也没有往日朗朗的读书声。教学楼前都是全国各地支援青川灾民的救灾物资，临时医院、指挥部已把仅有的一块操场挤得水泄不通。

“集合部队，我要做一个简短的动员。”二营教导员孙启海对六连副连长喊到，部队经过一天的奋战，战士们已经疲惫不堪，但源源不断的物资车拥堵着交通，随时可能影响救援人员的行动，对此，救灾物资必须在较短的时间内卸载完毕。

“同志们，大家虽然很辛苦了，但全国人民支援灾区的物资一定要在最短的时间内卸载完毕，大家一定要坚持。大家有没有信心。”“有!”听到战士们洪亮而坚定的声音，在一旁的群众流下了感动的泪水。孙教导员作了激情的动员后，一个个身影迅速地蹿动着，汗水不停地流淌，此时的青川中学就像一颗跳动的心脏，源源不断地向各灾区装卸救灾物资。刻不容缓，时间就是生命，地震无情，人有情，生命的延续在青川中学永不停息地跳动着。

感人事迹二：“不吃，不吃，我们部队带着吃的。”这是驻滇某高炮团一连官兵赴青川县曲河乡二班战士王佳给灾民送粮食时说的。该班12名战士在这个村已经连续搭建了10个简易帐篷，灾区群众看到战士们从早上忙到晚上，一点东西都没有吃，心疼人民子弟兵的灾区群众用家里仅剩不多的米煮了一锅粥给战士们吃，但战士们说什么也不吃，最后实在没办法，战士们“逃跑了”。

其实在灾区的任何一个地方，你都能听到战士们这样的回答：因为我们知道，这个时候，灾区人民更需要吃的，更需要人民子弟兵的帮助，我们就是再饿，也要让灾区人民吃上东西，我们属于人民，人民就是解放军的“靠山”。

感人事迹三：“感谢党、感谢解放军”——85岁高龄的老人跪谢解放军。唐文光，青川县回龙镇人，据村民介绍：“他是“5·12”地震后这个村活下来的年龄最高的一位老人。”

5月19日青川的上空万里无云，在青川县抗震救灾“物资转运站”现场，驻滇某部官兵还在一刻不停地装载物资，一个头戴斗笠，身着灰衣的蹒跚老者向我们讲述了积压在心中已久的心里话，“感谢你们，感谢亲人解放军……”老人已泣不成声。经过了解，老人原来是看到战士们辛苦的搬运物资，汗水湿透了衣背，灰尘沾满了脸庞，渴了、饿了也从不动一下堆积如山的救灾物资，感动得流下了热泪。其实，在一线，官兵们眼中看到的，心中想到的也只有灾区人民，为了灾区人民能尽快安定下来，他们再苦再累也毫无怨言。

感人事迹四：血浓于水，亲情无处不在；大爱无边，我们都是一家人。成都军区驻滇某高炮团成为第一支进入地震重灾区青川县的部队，全团八百余名官兵不眠不休、舍生忘死奋战在抗震救灾第一线；在每一名普通战士的身上，发生了一个又一个感人的故事。

“老人家，以后就别再送柴火来了，上次送来的还没用完呢。”今天，这已经是李老汉第三次送来柴火。

“你们这群娃娃来了以后，忙着帮我们这些一无所有、无家可归的老百姓搭建帐篷、抢救伤员。昨天，还把省下的两百多斤蔬菜送给我们，为我们做了这么多，就让我帮你们捡点柴火吧！”60多岁的李老汉，紧紧地拉着二连司务长杨晓兵的手动情地说。

在这场毁灭性的灾难中，李老汉20岁的儿子不幸遇难。当部队官兵在废墟中找到他冰冷的儿子时，李老汉布满皱纹、历经沧桑的脸上，没有一丝泪水。看着身边这群同儿子年龄相仿的战士，许久，李老汉缓缓站起身子，朝着远处的山林大吼：虽然地震抢走了我唯一的儿子，老天却给我送来了一群儿子……

“我们是人民子弟兵，都是您的儿子。”此景此情，战士们不由地异口同声说道。无边的爱会让我们手挽手筑起一道坚不可摧的堤坝，共同的中华民族血缘让我们心连心能战胜一切艰难险阻；心灵更加坚强，未来更有希望。

感人事迹五：“不管是西藏还是哪里都一样，因为我们是一家人。老乡，这矿泉水还是留给我们灾区更需要的群众吧！”成都军区驻滇某高炮团西藏籍战士拉巴多杰笑着谢绝了灾区群众的好意。

“这么热的天，你们八个人喝一瓶矿泉水，我们心里难受啊！”灾区群众噙着眼泪看着这群可爱的战士。拉巴多杰是去年刚入伍的西藏籍战士。5月13日，随部队连夜赶到四川省青川县，刚到受灾地点，拉巴多杰所在连队的50余名官兵，还未来得及喘上一口气便接到上级命令：全力协助救灾物资转运站装卸救灾物资，争分夺秒将救灾物资送到灾民手中。

“多亏解放军同志及时赶到！到目前为止，陆续来自重庆、河北、成都、广元等地的救灾物资有4000多吨。仅14日下午，就有25车次约300吨救灾物资到达青川县，在解放军同志的帮助下，现已顺利分发到全县30余个受灾乡镇。”四川省青川县抗震救灾物资转运站负责人激动地向笔者介绍。

“灾情就是命令，时间就是生命。我们动作快一秒钟，无数灾民就减少挨饿，多一分生的希望。全连官兵全力以赴，争分夺秒尽快将救灾物资装卸转运到灾民手中。”炮连连长徐兴锦说。

一支能打硬仗的队伍

——记武警水电部队十一支队

◎曹阳　邹渠　徐凯　钱晞

7月8日晚10时，一声沉闷的爆炸声在青川县石板沟堰塞湖上响起。近200吨炸药，使“5·12”大地震形成的全省第二大堰塞湖———石板沟堰塞湖逐渐消失。消灭它的，是一支能打硬仗、打苦仗的队伍。

给老百姓做事　能多做就多做点

烈日下，河水奔涌，6台挖掘机在堰塞体上不停挥舞长臂。武警水电部队十一支队副参谋长王淑建指挥数十名战士正在进行炸药填埋。旁边，数名战士跳入湍急的河水中，进行水下爆破的装药作业。

“今天将进行最大规模爆破，成功后，这里的抢险工作就快结束了。”7月8日下午，被阳光烤得黝黑的王淑建对记者说。

“5·12”大地震，使青川县红光乡石板村马家梁的一面山轰然倒塌，形成1000多万立方米的蓄水，成为继唐家山堰塞湖后的第二大堰塞湖，下游3个乡镇16万群众生命财产受到严重威胁。

从5月23日起，十一支队官兵冒着余震威胁，来到石板沟，分三个阶段对濒临溃坝的石板沟堰塞湖进行排危除险。

王淑建6月14日来到石板沟，负责施工指挥。之前，他参与了什邡市石亭江上游6个堰塞湖的排险工作。

石板沟堰塞湖的排危除险施工难度大：坝体顺河长160多米，大量碎石中夹着巨大的石块，许多地方连大型挖掘机都没法“啃动”。

“只能实施爆破。由于担心左岸陡峭的山体垮塌，开始爆破时，我们一次使用四五吨炸药，但无济于事。后来发现左岸山体坚固，我们加大了用药量，从陆地爆破到水下爆破，多管齐下，终于把这块硬骨头给啃下来。”王淑建说。

王淑建在什邡抢险时头部受伤，到了石板沟，他照样身先士卒，每天一大早就带队上工地，晚上十一二点，还与大家一起研究工作方案。“给老百姓做事，能多做就多做点。”

这支队伍　个个是英雄

“你是一个不称职的丈夫。”7月7日晚，十一支队四中队中队长邓生荣突然接到已怀孕7个多月的妻子的短信，疲惫的他一时不知对妻子说什么好。

特大地震发生后，正在河北参加南水北调工程建设的邓生荣奉命到四川抢险救灾，先后转战唐家山、映秀电站、石板沟堰塞湖。奔走于救灾第一线，施工现场手机没有信号，邓生荣无法给妻子送一句问候，报一声平安。他告诉记者：“我们中队连续8年被评为标兵中队，2006年还被评为全国先进中队，这支队伍里的人都不能落后。”

石板沟堰塞湖左岸要实施爆破，河水湍急，炸药无法送过去。连接右岸与左岸的，只有一座在地震中垮掉一半的钢丝索桥。

“是共产党员的站出来。”中队长下了命令。共青团员王迪跟着党员们站了出来。大家3人一组，背上26公斤重的炸药箱，分批上桥。桥在空中晃悠着，随时都可能掉入汹涌的河水里，王迪与战士们双手抓住钢丝绳，小心翼翼地攀行，终于将6吨炸药送到对岸。

有14年军龄的老兵陈国乐是一名挖掘机手。“面对危险，打头阵的总是他。”7月7日，在石板沟堰塞湖工地上，陈国乐驾驶的装载机差点陷入泄流槽里，他凭着勇气和技术，硬是将装载机开了上去。

年轻的班长杨广，将班里的抢险工作组织得井井有条。水下爆破作业，他带着战士跳进水里摸索着装药，一干就是五六个小时。记者问他苦不苦，他笑了笑：“是有点苦，但也是一次很好的锻炼。”

有这样的官兵，难怪有出色的战绩。

四川民兵赴青川抗震救灾纪实

◎邱　锐

5月12日，一场罕见的地震，让青川整个县城成了残垣断壁，停电停水、道路受阻、通信中断。

广元民兵一马当先

如何把灾情及时送出？青川县人武部部长袁仕聪一声令下，人武部职工马占泉、大坝乡人武部部长杜磊站了出来。“轰……”摩托车如离弦之箭，向广元方向疾驰而去。车骑至酒家垭堵路，只有小跑前进，路上遇到多块飞石，一处山体滑坡，二次道路断裂……12 日 22 时终于赶到广元军分区。当两人见到军分区首长时，说完“报告，青川发生地震了……”就倒在了地板上。

青川县人武部送来的带有县委书记李浩生亲笔书写的灾情紧急报告引起了市委市政府的高度重视。接到市委书记、市抗震救灾指挥部指挥长罗强，市长、市抗震救灾指挥部副指挥长马华的命令后，市委常委、广元军分区政委张锐连夜带领 10 余人驱车至七佛，然后冒着泥石随时飞落的危险，星夜徒步赶到了青川县城。

13 日凌晨，军分区司令员王太平发出集结号令，连夜集结 4 个县区民兵应急分队 650 人，征用车辆 35 台，分两个梯队开进。4 时第一梯队在刘参谋长的带领下开赴青川县灾区，4 时 30 分第二梯队在政治部张主任的带领下开赴灾区。进入青川县境内，余震不断，重达几十吨重的飞石不时从几百米高的山崖上滚下，道路中断，行进异常危险。带队的军分区首长决定，徒步行军越过滑坡区和飞石区。经过艰难行军 4 个小时，行程近 30 公里，提前 2 小时到达指定位置，成为第一支到达灾区的救援队伍，第一时间在木鱼镇、乔庄镇、关庄镇展开紧急救援。

广元军分区民兵预备役部队全体应急队员不顾长途跋涉的疲劳，立即投入到抢险救灾中，连续奋战 26 小时，共搜救幸存者 417 人、清理遇难者尸体 1667 具，转移受灾群众 8800 余名，掩埋尸体 519 具，清理现金 130 余万元，存折、金银首饰等贵重物品价值 370 余万元，搭建帐篷 5960 余顶，搬运救灾物资 2350 余吨，抢修道路 30 公里，架设通信线路 10 公里。组织民兵累计进村 305 个，入户 14995 家。协调近两万名解放军和武警官兵参与抗震救灾。

16 日，除少数继续完成搜救任务外，大部分民兵预备役人员转入维持秩序、灾区消毒、疾病防治等工作，帮助村民搭建帐篷、抢收抢种等进村入户工作随即全面展开。

灾情发生后，青川县人武部部长袁仕聪迅即组织 80 余名民兵，连续奋战 10 多个小时，转移群众 1000 余名，搜救被困群众 97 名，抢救受伤群众 153 名；迅速派人前往市委、市政府和军分区报告灾情；带领民兵和技术人员 50 余人，奋战两小时，排除了大沟村堰塞湖险情；在全县 36 个乡镇全部受灾较重的情况下，先后组织民兵 750 人参加抗震救灾。等他组织民兵预备役人员对乔庄镇李子坝实施爆破排险后返回时，其母亲已经遇难，侄女也不幸去世。面对亲人的不幸，他在自己也身患痛风的情况下忍住悲痛，毅然决然地投身到抗震救灾的第一线。用他的话说，“只要我们冲到了抗震救灾的第一线，受灾群众就会树立战胜灾害的信心”。

5月25日16时21分，青川县观音店乡发生里氏6.4级余震，利州区人武部第一时间组织150名民兵，前往该乡进行救护、疏散转移群众的工作。观音店乡在青川县东南，受余震影响，进出该乡的公路多处塌方，新出现地质灾害点60余处，近500户群众房屋再次受损，20余名群众受伤，重伤1人，约2000人需要转移安置。在道路受阻的情况下，该部采取边开路边急行军的办法，连续奋战12小时，清理道路落石300余方，铺设便道800余米，为伤员的及时向外转移争取了时间。26日下午进入该乡后，分别在受灾严重的河坝、余家沟等村展开，疏散转移受灾群众。由于山高坡陡，群众散居各大山之中，该部又及时调整兵力，每3—5名民兵负责一户群众开展工作。在转移过程中，每名民兵平均负重100斤以上，转移一户群众平均需要步行2小时，至27日晚，该部冒着强烈的余震，将处于地质灾害点的群众全部安全转移，并背着13名受伤群众出山救治。家住宋家山的宋大爷双目失明已久，两名民兵背着他走了近3个小时才到达安置点，他感动得一路流泪一路念叨："谢谢，谢谢，你们比亲人还亲啊！"28日，该部顾不得连日的劳累，为群众搭建帐篷50余顶、简易帐篷30余个，建立集中炊事点3个，修建简易厕所9个，组织兵力配合该乡卫生院开展消杀工作，并派出8个流动观察哨，24小时对地质灾害点进行监测。

在青川县孔溪乡青峰村蜡烛台社执行任务的剑阁县民兵抗震救灾应急分队深入村社受灾群众家中，帮助群众开展拆除危房等救灾工作。村民冯末奇看到这群身穿迷彩服、不知疲倦干活而又纪律严明的人，不禁好奇地问："你们是哪个部队的！"带队的人武部彭廷明政委告诉他："老乡，我们是剑阁县的民兵！"

南充民兵冲锋陷阵

南充军分区抗震救灾突击队550名队员在14日到达了青川县。

"请让一让，让一让。"南充市嘉陵区民兵柏勇抱起一位刚从废墟中挖掘出的幸存者，将其放在救护车上，为抢救生命赢得了宝贵时间。部队到达当天，柏勇被安排参加搜救工作。部队进入危险地段时，他总是挺身而出，第一个进入废墟，在残垣断壁之间往返穿梭，搜索一切生命信息。当发现幸存者后，他总是冲锋在前，冒着余震抢救伤员。

阆中市民兵应急分队开赴青川县后，承担了繁重的人员搜救、卫生防疫等任务。为尽快把救灾工作推向前进，临时党支部组织成立党员突击队，由阆中市人武部政委陈龙全任队长。

5月20日，南充军分区抗震救灾突击队受命抢运青川县木鱼镇、关庄镇邮政所金库和青川县法院卷宗。突击队在南充军分区司令员傅新民、参谋长冯潜和政治部主任张国权的带领下，动用民兵50名，成功抢救出40余万元现金和8000余册卷宗。关庄邮政所金库在大地震中变成一片废墟，所有物资被掩埋在3米深的瓦砾中。南充市高坪区的突击队员手扒肩扛，有的手磨破了，鲜血染红手套，副部长刘俊江被隐藏在灰尘下的钢筋扎破了脚趾，简单包扎后又投入到战斗中。经过4个小时的艰苦努力，突击队员在木鱼和关庄共抢运出现金42万余元、票据1000余册，价值3万余元的邮件100多件。

5月20日晚，南充军分区政委李树林带领一支宣传队进村入户。宣传队收集汇总了党和国家对灾区工作的重大决策和部署、防病防疫小知识等内容，用自带的打印机打印了1000余份传单散发，同时，在青川县救灾指挥部的协助下，书写了700多条宣传标语在县城主要街道和受灾群众聚居区张贴。

震后，青川县人民医院门诊部大楼严重受损，医疗设备被困在残破的大楼里。21日下午，南充市顺庆区15名民兵应急分队队员，在人武部副部长李勇的带领下，深入危楼抢出价值163万元的救命设备。突击队员有的被钉子扎破了脚，有的膝盖磨破了，鲜血直流，可他们一声不吭，硬是从废墟中刨出5个氧气瓶，并以最快速度送到医疗点。

6月1日17时，青川县城下起大雨。此时，青川县乔庄镇林立镇镇长心急火燎地来到应急连驻地，还没站稳就一把拉住南部县人武部郭部长的手，急促地说："郭部长，乔庄小学的帐篷全完了，老师和孩子们都在雨中……""快，去保护老师和孩子！"不到20分钟，应急分队全体官兵就飞奔到了两公里远的乔庄镇小学。只见几名老师和孩子抱成一团，在一张破碎的篷布下躲雨，队员们顶着狂风支撑起一座又一座即将倒塌的帐篷。此时，风越来越大，雨越来越紧，伴随着"呜……呜……"的声响，又一阵狂风打来，一座帐篷钢架终于经不住大风的淫威，坍塌下来，队员杜柏松来不及躲闪，钢管砸在了小腿上，铁丝将他的小腿撕了一条大口，鲜血直往外冒。"同志过来，我给你包扎一下。"在一旁照顾孩子的周老师说。杜柏松痛苦的脸上挤出点笑容说："不用啦，这不算啥！"又起身投入到战斗中。经过3个多小时的奋战，16顶帐篷终于搭建完成。

巴中民兵情系灾区

5月13日，巴中军分区接到省军区的命令后迅速集结应急民兵500名，第一时间赶到青川，在木鱼、红光、凉水、竹园展开抢险救灾工作。

在军分区司令员王春、政委管严的带领下，民兵们从废墟中抢救出8名幸存者，挖掘遗体143具，转运重伤员156人，转移受灾群众5000人；挖出黄金14公斤、首饰243件、现金及存折56.72万元，挖出粮食2.3万余斤、腊肉8000余斤；帮助凉水卫生院抢运药品和医疗器械80余万元；帮助群众从危房中抢运家电1000余件，搬运衣物、棉被等生活用品价值300余万元，排除危房70余间；搬卸救援物资1200余吨，协助当地政府发放救灾物资600余吨；帮助受灾农户搭建帐篷800余顶，修建厕所21个，疏通道路13处，修水渠3000米，收割庄稼250亩。

南江县应急民兵班在木鱼镇挖出黄金11公斤、首饰12件，当事人当场拿出1000元现金表示感谢，民兵们说，你们遭遇重大灾难，我们来帮助抢救财产是应该的。所有参战的巴中市民兵都做到了拾金不昧、秋毫无犯。

河口村村民李坤光误将消毒液当做矿泉水饮用，平昌县民兵应急连立即将老人送到了竹园镇医院，随队医生立即对其进行了抢救，使老人脱离了危险。巴中市4个民兵应急连分别在其指挥部所在地设立了一个医疗点，无偿治疗伤病人员1300余人。

应急民兵中有31个个体老板，他们放弃了赚钱的机会，主动请缨参加抢险救灾。平昌县应急民兵班一个体老板，放弃了几百万元的生意订单和工程，该班班长罗兰科个人出资6万余元购买了抢险救灾运输车。

巴中民兵英勇顽强，连续奋战，发挥了先锋模范作用，为青川抗震救灾作出了应有贡献。

武警广元市支队抗震救灾先进事迹

“5·12”特大地震发生后，武警四川总队广元市支队党委坚决落实党中央、国务院、中央军委和胡主席的决策指示，按照武警党委、四川省省委、省政府和总队党委的部署要求，第一反应、第一速度、第一时间投入抗震救灾战斗。支队共出动兵力 25480 人次，营救被困群众 175 人，装卸救灾物资 77260 吨，清运建筑垃圾 59600 余吨，护送救灾款 4100 余万元，转运受伤群众 1464 人。青川县中队被武警总部表彰为“抗震救灾先进单位”，中队党支部被武警总部、四川省省委表彰为“抗震救灾先进党组织”，社会各界向支队赠送锦旗 56 面，寄发感谢信 86 封，15 名个人荣立三等功，4 名同志火线入党，54 名青年火线入团。

营救幸存群众，奋勇争先。灾情就是命令，时间就是生命。地震发生以后，处在重灾区的青川县中队，组织官兵成功避险后 5 分钟就投入战斗，中队长陈波率 20 名战士第一时间赶到县城灾情最严重的山珍市场实施救援，共救出幸存群众 32 人；16 时 10 分，他们又徒步行进 15 公里奔赴木鱼中学实施救援，在余震不断的情况下，临危不惧，没有专业施救工具，就用手刨、绳拉、肩扛，搬开倒塌物，有的官兵手被划出血口顾不上包扎，有的中暑晕倒爬起来喝上一瓶藿香正气水又接着干，有的不顾再次崩塌的危险钻入废墟进行抢救，一直连续战斗 30 多个小时，官兵未进一粒米，未喝一口水，未合一下眼，极度疲惫，但为了争时间、抢速度、最大限度地挽救生命，大家始终抱定“生命至上，救人第一”的信念，不分昼夜与时间赛跑，与死神搏斗，创造了一个个生命奇迹！救出幸存学生 56 人，搬运尸体 114 具。5 月 12 日 20 时 30 分，根据总队命令，支队组织 200 名官兵赴北川抢险，星夜兼程 6 小时，行程 276 公里，次日凌晨 2 时到达北川，成为第一支到达的外援抢险分队，参战官兵不顾长途跋涉的疲惫当即投入战斗，在工具紧缺的情况下，大家用手抠、肩扛，从废墟中奋力营救幸存群众 34 人，转运伤员 40 人，搬运尸体 110 具。尤其是一中队指导员卜海涛在救援时，不顾余震频发，手刨断砖头，肩顶预制板，只身入废墟，奋战 3 小时，救出幸存学生 12 人，被

《人民武警报》等多家媒体报道宣扬。13日，根据广元市委、市政府的命令，支队154名官兵在交通中断的情况下克服重重困难，水陆并进赶赴青川县木鱼镇抢险，100名官兵于当日11时20分到达木鱼中学，成为现场第一支救援部队。随后不顾疲劳转战乔庄、沙州、骑马等四个乡镇担负抢险任务，营救出被困群众53人。战斗中，王伟、曹建飞、王佳道等战士，置生死于度外，三次钻进废墟，连续奋战4小时，用手刨出砖头、碎石、尘土3吨多，指甲抠翻了，双膝磨破了，却没有一人肯停下来，将被埋50小时30分钟的初一女生何翠清成功营救。

转运救灾物资，不辞劳苦。抗震救灾中，支队官兵始终想群众之所想，急群众之所急，帮群众之所需。灾区群众缺水断粮，居无定所，生活极其困难，为了争时间、抢速度尽快把群众所需的救灾物资运到灾区解燃眉之急，支队派出200名官兵分别进驻广元市王家营救助物资捐赠站和青川县竹园镇救助物资转运站担负物资转运、守卫任务，连续奋战两个多月，共装卸救灾物资55800余吨。战斗中，官兵们严阵以待，作风英勇顽强，经常是刚躺下就起床，刚端碗又集合，刚拧干的衣服又湿透，刚长出的新皮肤又磨破，很多官兵烂裆、患皮肤病和感冒中暑，但始终保持高昂的斗志。5月29日，在青川县竹园镇救灾物资储运站担负装卸任务的18名入党积极分子自发组成突击队，从14时10分一直奋战到次日凌晨4时50分，装卸大米、面粉450吨，许多同志肩膀磨破了，腿跑肿了，手臂酸肿得连衣扣都解不开，却没有一人肯停下来。此外，青川县城、木鱼、沙州抢险分队、基指人员和各县区中队官兵也担负了驻地救灾物资的紧急转运、守护任务，共装卸救灾物资21460余吨。

维护灾区稳定，赤胆忠诚。抗震救灾中，支队官兵始终把维护灾区的稳定作为义不容辞的责任。5月12日，地震发生后仅20分钟，支队就在广元城区派出了巡逻组，各县、区中队和抢险分队也分别在驻地展开武装巡逻，共制止不法分子盗窃和群众争抢救灾物资事件12起，抓获盗窃嫌疑人1人，缴获被盗袜子1000双，较好地稳定了社会面上秩序。5月14日以来，驻青川县城抢险分队每天派出20名兵力对城区各金融网点昼夜守卫，在救济金、保险金发放现场也派出了官兵维护秩序；震灾期间，支队先后12次派出320余名官兵协助川北和广元监狱干警完成了1775名犯人的转监任务。两次派出100余名官兵担负广元市“六一”文艺活动和心连心艺术团在乔庄演出时的现场安全保卫任务。先后转运受伤群众1464人，转移沙州镇青坪村、田坪村受灾群众1284人，帮助沙州信用社从危房中转移现金120万元。同时，各抢险分队还在青川乔庄、木鱼、沙州等乡镇，为受灾群众搭建帐篷983顶，清理垃圾32100多吨，修整道路4.5公里，为灾民安置点安装水管9000余米，慰问灾民241户，送慰问品价值1.5万元，义务看病643人次，发放药品价值8000余元，义务理发1050人；支队官兵先后8次担负救灾款、保险金护送任务，总值4100余万元。5月17日至19日，青川县城和木鱼抢险分队先后派出官兵130人次，排除危残建筑43处，疏散群众2500余人。

5月18日，支队5名官兵、携带冲锋舟2艘前往青川县关庄镇护送国家专家组视察堰塞湖灾情。5月20日晚，突降暴雨，青川县狮子梁山体断裂带隐患严重，抢险分队6名官兵冒雨上山，连夜观察警戒，为指挥部及时、正确决策提供了第一手资料。同时，5月15日至6月27日，支队先后11次派出官兵300余名，圆满完成了温家宝总理、政协主席贾庆林、副总理回良玉等国家领导人到青川灾区视察的警卫任务和副总理张德江、中央委员康日新等国家领导人到821厂视察时的现场安全保卫任务。忠实履行使命，无私奉献。抗震救灾期间，支队官兵自觉服从大局，舍小家顾大家，用实际行动谱写了一曲曲感天动地的奉献之歌。

支队长廖兴国，妻子刚从成都到支队来探亲，灾情发生后，在人民利益与亲情之间，他深知作为一名军人应该如何抉择，对妻子的生活简单安排了一下，便亲自带领官兵赴北川救灾。副支队长李仁琨、副政委张廷义自觉把人民群众的生命安全看得高于一切，处处身先士卒，率先垂范，在家庭不同程度受灾的情况下，毅然带领官兵火速赶赴青川，面临山体滑坡、泥石流、滚石的致命威胁，无畏无惧，既当指挥员，又当战斗员，带头发扬不怕疲劳，不怕艰险，连续作战的优良作风，一直坚守在抗震救灾第一线。一中队副中队长肖基煊，在母亲身患肺癌已至晚期、与女友三次推迟婚期的情况下，以强烈的使命感，舍弃“小家”、搁置“小爱”，始终带领官兵坚持战斗在救灾一线，坚持每次任务第一个请缨。二中队中队长何贵陪家属到上海治病，闻讯广元发生地震后当即乘飞机返回了中队，八中队中队长成钦方在总队乐山医院住院主动提前归队参战，二中队士官冯力等8名同志正在休假，得知灾情后，立即归队参加援救工作。在这次抗震救灾中，共有8名官兵主动放弃休假，15名战士毅然放弃了报考士官学校和警校招生考试前的复习机会，坚持留守灾区抗震救灾，4名转业干部、29名退伍老兵主动归建参加抗震救灾战斗，60余名干部家属也主动与官兵一同上阵，95名官兵家庭受灾严重，但大家都能以大局为重，不为家事分心走神。同时，支队官兵主动向灾区捐款8万余元，281名党员自觉缴纳特殊党费47578元，以实际行动彰显了军人的忠诚。

5月30日

◆中央军委委员、国务委员兼国防部长梁光烈上将一行到青川。

◆国家公安部常务副部长杨焕宁一行到青川视察灾情，指导抗震救灾工作。

◆成都军区政治部副主任朱新民视察青川抗震救灾工作。

5月31日

◆众泰集团通过省政协、慈善总会向青川捐赠20辆众泰越野小车。

◆全国政协主席贾庆林到沙州镇视察灾情，指导抗震救灾工作。全国政协副主席杜青林，四川省委书记刘奇葆、政协主席陶武先等陪同视察。

向抗震救灾的人民子弟兵、援建单位、社会各界致敬
志成城 迎难而上
亲人解放军
你们辛苦了
祝一路平安!!

全县团员青年向抗震救灾勇士致

辛苦了！长大
我也要当兵

废墟上崛起的生命线

——广元市交通局青川抗震救灾恢复重建纪实

◎刘思树

公路扭成麻花，桥梁塌成豆腐块，车辆砸成酥饼，隧道成了破了皮的火腿肠……上帝在青川做了一份拙劣的交通小吃。在那盼望生命线通行的分分秒秒里，呼唤生命的人才懂得那是怎样的惊心动魄。

——题记

5月13日10时30分，距“5·12”汶川特大地震发生20个小时，青川首条76公里生命线恢复通行。5月13日凌晨7时，首批武警战士和医务救援人员从白龙湖盐井溪码头乘船行41公里进入青川沙州、木鱼镇。5月18日，国道212线白水大桥临时加固施工完成，全段68公里公路恢复通行。6月8日，省道105线井田坝大桥应急过渡码头抢修完工，灾区重建家园物资恢复运输。到目前为止，青川所有的公路除马公乡还是在堰塞湖形成的悬崖陡壁上新开的毛路外，其他公路均基本恢复通行。

抢夺生命线　党员在前

5月12日晚上9时10分，广元市委、市政府抗震救灾指挥部下达青川告急、交通突击队火速开进的命令。一支集结着局领导、工程技术人员、机械操作人员、特殊工种专业人员、交通路政管制人员的广元市交通党员突击队向青川进发了。

14时28分，山摇地动，人们失魂落魄地从办公室冲出，通讯、电力中断。大桥怎么样？公路怎么样？道班房和工人们怎么样？人民群众怎么样？14点38分，广元市交通局局长李秀洪与局领导班子汇集在满地破碎砖瓦的机关办公大楼下决定着对策。市交通局作出了迅速组建抢险突击队的决定。副局长王国培、直属机关党委书记韩顺东受领了这个后来才知道是与死神抢夺生命的艰巨任务。调度工程机械、联系爆破炸药、集结爆破专业人员，工作紧张有序地开展起来。15 时 30 分，正在竹园执行路政巡查任务的 3 名青川交通路政职工，立刻在竹园就地找到两台装载机开始了抢通公路的第一铲。几乎是在同一时间，身处青川县城乔庄的青川县交通局长尹晓华，迅速组织机械 3 台、职工 30 多人从乔庄开道，为迎接救援大部队的到来开辟通道。

正当交通路政巡查人员陈桂林、赵国玺、帅正康在七佛面对横挡在公路上硕大的石头、塌方岩石束手无策时，市交通局党员突击队赶到了。布置抢险队形，设置排障警戒观察员，指挥车辆安全避让，发电机、推土机、装载机、爆破队快速展开，突击队立即对造成通往青川乔庄公路断道的几万方垮岩进行全面攻击。

等待救援的医护人员、民兵预备役人员紧紧地跟着突击队，抢险人员不断传接从灾区抬出的伤员。面对困留在七佛公路上的广元市驰援青川的车队人马，担任前沿抢通指挥长的王国培和突击队员们心急如焚，一再督促加大爆破力度。其实，谁都知道，在被震松散的山岩下实施爆破作业就已经是冒险了，随时可能有一轮轮山岩铺天盖地地袭来，将抢险队伍连人带机械埋葬于垮岩之中。不冒更大的风险就没有更大的突破，这是他们的誓言。他们一边派出观察山岩来势的岗哨，一边极速地向垮岩塌方攻击。公路一米一米地向前延伸，轰轰炮声与不断徐徐下滑的岩石，再夹杂着不时的余震考验着这群与死神抢夺生命的交通人。

13 日上午 9 时 30 分，市交通抢险突击队昼夜“啃”下七佛这段 10 多公里十分复杂又万分艰巨的铁骨头后，紧接着又一路向着凉水歼灭攻击。从前方不断传来消息，竹园通，黄坪通，马鹿通，酒家垭通，七佛通，凉水通，全线通了！20 小时，距“5·12”地震发生的那一瞬间刚好 20 小时，即 13 日 10 时 30 分，广元市交通突击队与青川交通突击队在凉水胜利会师，标志着广元通往重灾区青川县城乔庄镇公路全线抢通。没有欢呼，没有歇口气喝口水，市、县交通抢险党员突击队一路拓展着路面，护送着救援车队加速向灾区驶进。

坚守生命线“四线”布阵

青川南通道线。从绵广高速公路至金子山收费站进入青川竹园至乔庄公路，全程 76 公里。5 月 13 日抢通后，所有通往重灾区青川的运输通行任务就落在了南线通道上，车流量从过去每天 200 多辆猛增到灾后的 10000 多辆，而且大多数是重要抢险物资、大型机械设备及大批救援部队官兵。广元市交通局在马鹿成立前线指挥部确保公路的日夜通行，抽调工程技术人员60多人，抽调各施工单位工程人员30多人，紧急调集大型挖掘机、装载机、推土机等大型工程机械11台，采取人停机不歇的方式24小时分段值守清除路障。50多名路政人员对危险路段进行交通管制，千方百计确保日均万辆抗震救灾车辆进出青川的安全通行。25日下午4时21分，青川发生6.4级余震，七岔口、酒家垭两处大滑坡断道，沿路近3000辆车被困。40余名公路抢险人员和2台大型工程抢险机械全力抢修，由于滚落在公路上的岩石巨大，加之伴随着沥沥小雨，只能实行单车放行。针对该路段处于岩石来袭高危区，决定先将危险路段的堵塞车辆放行然后彻底封闭道路。晚上11：00时，济南军区40辆满载向剑阁转移的灾区群众的车队被堵塞在七佛至凉水路段，指挥部立即派出冯传斌等抢险人员对道路进行引导，由于道路复杂，要人工一台一台带过，值班人员将运载受灾群众的车队安全转移通过返回住地，已是凌晨1时多。

青川北通道线。5月14日晚上10时30分，从国道212线查灾回来的广元市交通局路政处长李辛发出沙哑的嗓音吃力地汇报着灾情。他是走了很多的路才查看完全程的。国道212线经三堆、金洞至沙州全程68公里，是通往沙州的陆上唯一通道。连路垮塌严重，连路白水、洛阳河、龙洞河、干溪河四座大桥已成危桥，井天坝大桥整体坍塌，灾民捅上公路搭建防震棚，道路通行严重瘫痪。市交通局成立了以直属机关党委书记韩顺东为指挥长的北线前沿指挥部，组织公路局、路政、海事和5个工程施工队伍160余人进行全线抢险。5月18日，赵长军副局长调集浙江省交通厅抗震救灾突击队，派遣4位桥梁专家和32名桥梁专业技术人员，出动施工人员100多人次，通过昼夜抢修，15吨以下车辆恢复通行。6月8日，井田坝大桥恢复重建过度方案，经十多天的抢修抢建，完成便道公路5公里，到位30吨车渡船二艘投入使用，木鱼、沙州灾后重建物资的顺利运输问题得到解决。

水上运输线。从宝轮进入国道212线，白龙湖盐井溪码头乘船至沙州全程41公里。南线压力大，北线不能通行，对重灾区沙州、木鱼的救援运输只能依靠白龙湖盐井溪码头水上这一条线。担任抗震救灾水上交通运输指挥部指挥长的市交通局副局长王强，连夜坐镇白龙湖盐井溪码头，对运力、安全器具紧急调用。5月13日凌晨7时，进入木鱼镇的第一批武警救援官兵从水上开进。5月15日，国务院温家宝总理乘船到达灾区看望木鱼灾民。就是这条震不垮的水上运输线，仅5月17日就运送返乡旅客1800多人次，航行50班次，投入冲锋舟5艘，运送伤员和抢险救灾人员120多人。到目前为止，全市交通水路累计投放船舶 2239 艘次，运送旅客和抢运伤员 4.48 万人次，运送抢险救灾人员 6327 人次，运送救灾物资 800 多吨。

道路运输线。6 月 16 日，从浙江省宁波发往我市的 110 套救灾板房到达广元火车南站，市交通运管部门立即调集社会大型货车 131 台，按照市委、市政府抗震救灾指挥部的安排，迅速将这批物资运往青川。灾情发生，必然有大量的抢险救灾人员、物资和机械设备运送。市交通局党组成立了以副局长张益民为指挥长的道路运输指挥部，广泛征集各方运力，动员全市货运、客运公司、社会个体运输车辆，积极投入到抗震救灾第一线。5 月 12 日下午 4 时就接到紧急调用大型旅游客车运送武警救援突击队官兵赶赴汶川救灾前线的命令。紧接着运送救援人员、运送伤员、运送救援物资、运送返乡民工、学生等任务一个紧接着一个。全市交通系统干部职工视灾情为命令，一手抓抗震救灾的车辆调度，一手抓救援人员和救灾物资的安全运输，24 小时高速调运，每天都额外准备着四五十台车辆应对突发任务的运输。广大社会车辆的车主也积极与抗震救灾车辆调度处联系，主动承担起运送人员、物资的任务，有效地补充了灾区运力。到目前为止，全市交通道路运送旅客 31.2 万人次、抢险救灾人员 5896 人次、救灾物资 4.7 万吨，有力地配合了抗震救灾工作的开展。

驰援生命线　天下有情

6 月 4 日上午 8 时，浙江省交通厅副厅长、省公路局局长李良福在广元为浙江交通驻广元指挥部揭牌。这是全国交通系统首家在四川震区设立的前方指挥部。这也意味着浙江交通抗震救灾、帮助灾区重建工作转入了援建阶段。浙江省交通厅在我市灾情刚则发生后就极为关注。已先后派出 5 批专家组和桥梁抢险队，带着 20 万元的救灾慰问捐款赶来。抢通宝罗公路、加固维修了沙州大桥，完成青川、剑阁、利州 160 多座桥梁检测、建档。同时明确指挥部援建工程项目经费将由浙江交通部门全额支付。

5 月 16 日，“5·12”的余震使山河还在摇摆，房屋还在徐徐倒塌，山体还在滑坡，我市交通抢险人员、机械异常紧缺，中国河南一拖集团党委副书记刘永乐，带着捐献的价值 280 万元的挖掘机、推土机等工程机械和 10 多名专业技术人员，经过 2 天的长途跋涉，赶赴青川木鱼镇坚持 8 个昼夜，投入公路抢通之中。

5 月 26 日，陕西交通突击队一行 105 人，在队长刘孟林的带领下，携带抢险救灾工程机械30多台驻扎在青川。截至6月11日，抢通公路28公里，清除塌方、落石10多万立方米，排险爆破353处，应急修补公路和加固桥梁26处，保证了所负责区域13条路线270公里抗震救灾道路的及时通行。6月12日，陕西省交通厅厅长曹森一行10人，深入青川灾区慰问看望突击队员，向广元市交通系统捐赠皮卡车两台，并代表中华全国总工会向陕西省交通厅抢通保通突击队授予“工人先锋号”红旗。

灾情发生后，湖南省交通厅、江苏省交通厅、甘肃省文县交通局、四川省交通厅公路局、广安市交通局、宜宾市交通局、广陕高速公路指挥部、中铁十六局四公司、广巴高速公路指挥部、四川路桥总公司、广元路桥总公司、四川省交通厅内河设计院、四川省公路设计院等兄弟省市交通部门，纷纷派出专家和技术人员，捐赠工程设备，组成抢险突击队伍，投入到广元市的交通抗震救灾之中。

力挺生命线　爱在身边

交通突击队每打通一段路，就有受灾的群众拥向前来探问。他们说轰然倒塌的房屋让人绝望，轰轰的炮声又带来了希望，政府伟大，共产党伟大呀！在震后与外界隔绝的日子里，他们只知道自己奋斗一辈子的房屋垮塌了，还不知外面发生了什么事，他们担忧的是远方亲人的安危。市路政处路政科长马晓东每每想起那一个个凄惨的场景，这位坚强的男儿汉禁不住也眼眶发红了。

广运集团公司的驾驶员李尚国，12日晚运送民兵奔赴青川灾区。由于一路塌方、滑坡不断，到达乔庄已是13日早上7点到了。面对一片废墟惨景，立即与民兵们一道投入救灾抢险。驾驶员曾德春连续8天开着自己的客车，穿梭在余震不断山岩随时会倾泻而下的公路上，援助交通警察对竹园至乔庄公路施行交通管制。

王国培，广元市交通局副局长、公路局长，对秀美的家乡青川有着太多的情感，面对满目疮痍的青川，心情无比沉重。5月14日，他正组织抢险突击队在酒家垭排险，突然余震来了，山岩狂奔着，尘土弥漫着山间，王国培这个土生土长的青川交通人不禁脸色也变了。然而，他带领的突击队员们没有选择退缩，而是让在场的同志把抢险人员的名单记录下来，让大家有什么话写在纸条上带回家去，又继续投入到抢通公路的工作之中。

李秀洪，广元市交通局党组书记、局长。这个在交通战线奋斗了30多年的老兵，在灾情来临时虽然胸有成竹、运筹帷幄、指挥有力、请示汇报及时，然而这样大的灾难毕竟平生是第一次经历。道桥专业出身的他是一个很较真的人，道路抢通了多少，险情是否排除，爆破是否安全，在悬崖上抢修便道余震来了怎样避险，前来救援的交通队伍是否安全，灾后重建方案确定是否周到，他都要亲眼见后、思考后才放心。5月25日早上8时，国道212线金洞太阳湾发生大面积山体滑坡，造成交通重新中断，李秀洪第一时间赶到现场指挥抢险。“5·12”灾情发生后，李秀洪连续几天没有合眼，别人坐在车上可以闭一会眼睛，可他闭不上，沿路每一个危险点，每一段塌方，每一段沉降，每一处安全设施的现状、后果都挂在他的心上。他每天都要深入到几条线上检查指导安排，及时协调解决面临的问题。一些必要的会议只能安排在晚上11时以后召开，凌晨两三点钟交流、安排工作是常事。

交通职工都坚守在一线，没有时间顾及到家里人怎么避震防险。此时丈夫（妻子）出征了，家属们把担心和忧虑强压在内心深处，他们有的护着老人，有的带着孩子，涌入陌生的防震大篷车队伍，企图寻找一个栖身之地躲过令人恐怖的余震。他们不但没有埋怨担任交通抢险的爱人在生死关头丢下自己不管，而且把对前方亲人的忧虑、理解、关爱化作一套套干净的衣服，化做一包包城里的卤肉和干粮托人带去，寄托着他们对亲人的挂念。有一位妻子还给前方的丈夫带去了腊肉，可她哪里知道在抢险抢通的前方是没有条件生火煮腊肉的呀！

处于二线指挥机关的领导和干部职工们，面对灾难，他们打破行业、职责界限，全员调动，系统安排，哪里要人就立即抽调，哪个岗位要人就立即到位，24小时值守在临时指挥部。5月13日，就筹备了5吨多的食物和饮水，看望了损失惨重的青川交通干部职工。5月17日，紧急筹措1车食物和饮水，看望挂联帮扶村青川县沙州镇幸福村村民。这些在第一时间运去的食物，让青川交通干部职工和帮扶村的村民非常感动，增强了灾民们抗灾自救的信心。

在保证一线抢险的同时，广元市交通局各单位广大干部职工踊跃向灾区捐款捐物。在一线的局领导和职工，纷纷通过返回的工作人员和委托亲朋好友将捐款送到单位，有的离退休老同志主动找到负责捐赠工作的人员献上自己的一份爱心。全市交通系统共为灾区捐款达174050元，食品和饮用水价值23530元。灾后重建任务艰巨而繁重，有这样一条条坚强的硬汉，在废墟中崛起的新的生命线一定坚挺闪亮。

广元公安抗震救灾纪实

◎白珠成　马志中　王自然

突如其来　特大地震瞬间爆发

5月12日14时28分，四川广元——一个舒缓恬静的小城。一些人还未从酣甜的午睡中醒来，一些人正步履匆匆走在上班的路上，一些人已经开始了下午的工作，一切都像往常一样，平静而自然。然而就在此刻，一场突如其来的巨大灾难瞬间爆发！顷刻间地动山摇，一幢幢高楼被夷为平地，一座座城镇变为废墟，一条条鲜活的生命瞬间被废墟掩埋、吞噬……

地震了！惊恐的人们在大街上慌乱逃窜，原本有序的车流瞬间乱成一团。房屋倒塌声、玻璃破碎声、汽车喇叭声以及人们的惊叫声、哭喊声……交相混杂，此起彼伏，惊恐的气氛充斥着整个城市！

这场地震是新中国成立以来最严重的地震灾害。震中在四川汶川县，震级8.0级，随后又发生4级以上余震160多次。广元是这次大地震的重灾区之一。截至5月23日18：30，广元市因地震灾害死亡人数达4592人，失踪231人，受伤24687人，重伤2210人。废墟中救出3274人，临时安置113.2万人，30余万人无家可归。青川县关庄镇5个社260户700余人因山体滑坡被全部掩埋，一辆经过该路段载有20余人的中巴车同时被埋。该县山珍市场和木鱼中学一幢住宿楼整体坍塌，400多人被掩埋。

灾情就是命令　抢险救援迅速展开

灾情就是命令，时间就是生命。正在市委开会的广元市公安局局长余建等3位局领导和其他6位党委成员火速赶回，迅速成立了抗震救灾指挥部，下设10个工作组和青川、竹园两个前沿指挥所，第一时间紧急启动地震灾害应急抢险预案，冷静应对，沉着指挥，各项抗震救灾工作紧张有序地展开。接下来的一周内，先后5次召开党委会和部门负责人会研究部署抗震救灾工作。党委书记、局长余建始终战斗在最前线，先后4次深入重灾区青川指导抢险救援工作。其余局领导身先士卒，既当指挥员又当战斗员，发挥了很好的示范作用。各级党组织和党员民警勇于承担最艰巨的任务，发挥了战斗堡垒和先锋模范作用。

哪里有危难，哪里就有公安民警！没有通知，没有命令，没有犹豫。全市2300多名公安民警在通讯中断、自家不同程度受灾、家人生死不明的情况下，义无反顾地冒着频繁的余震，第一时间从家里、从路上、从各个方向赶往工作岗位。正在休假的民警来了，退居二线的老领导来了……他们不约而同地冲上街头，疏散群众、疏导交通、维护秩序、抢救伤员……与灾难、与死神展开了一场惊心动魄的生死较量！

地震发生时，正在所里上班的青川县公安局乔庄派出所民警迅速反应，紧急撤离派出所。就在他们刚刚冲出大门的一刹那，身后的大楼轰然坍塌。哪怕晚一秒钟，也会造成重大人员伤亡！看着数十年苦心积累的家业毁于一旦，死里逃生的民警们无不饱含热泪、痛彻心扉，有的甚至失声痛哭。当得知县城区山珍市场垮塌，数百名群众被埋时，满身尘土的派出所长用颤抖的声音异常坚定地吼出一句话："同志们，走，救人!"顾不上打听家人是死是活，顾不上安顿妻儿老小，民警们擦干眼泪，立即组织搜救，当天他们就从废墟中抢救出12名被掩埋的群众。

青川木鱼初级中学一幢三层学生宿舍楼在地震中倒塌，400多名学生被埋，情况十万火急。接到群众报警，青川县公安局副局长王兴德立即带领120余名公安民警和消防、武警官兵用最快的速度赶到现场紧急救援。没有专业的救援工具，他们就用手刨、用肩扛，不少民警双手和肩膀血肉模糊，可谁也不肯停留半刻。为使一个被掩埋的学生避免二次伤害，救援民警用了7个小时，硬是用手一块一块地把碎水泥块清理干净，安全救出了被困学生。他们心中只有一个信念，多争取一秒钟，被埋学生就多一分生存的机会！截至14日下午5时专业抢险队伍到来前，他们已经成功救出了92名学生。

市公安局治安支队副支队长吴建武、民警胡丁等4人到青川县公安局检查"三基"工作突遇地震，一满身是血的青年倒在路边痛苦地呻吟，民警立即驾驶警车将其送进医院，这也是地震发生后，青川县医院收治的第一位伤者。在返回广元途中，他们一边走一边组织救援，先后护送两批救援人员进入青川，先后救出27名受伤被困群众，140公里的路程整整走了43个小时，两天两夜没有合过眼、没有吃过饭。14 日凌晨 3∶30，当他们赶回市公安局汇报青川灾情时，已经累得筋疲力尽。

类似的故事太多太多，一个个鲜活生命的延续，一个个劫后余生的奇迹，无不凝聚着广大公安民警和消防、武警官兵的汗水、鲜血和奉献、牺牲，在抢险救灾中全市公安机关先后有 57 名民警光荣负伤。

日以继夜　竭力维护社会秩序

灾情发生后，广元固定、移动通讯全部中断，交通瘫痪，停电、停水、停气，群众惊恐不安，全城一片混乱。尽快恢复社会秩序是当务之急！全市公安机关紧急行动。

通讯部门紧急启动应急通讯预案，在无基地台和转信台的情况下，采用山顶接力呼叫方式迅速组建了城区 350 兆常规应急无线指挥系统。在通讯中断、110 接警指挥系统完全瘫痪的情况下，临时抢通了两部 110 接警电话和两部指挥调度电话，及时接受群众报警求助，保持上下左右通讯联络。地震灾害发生后，市公安局指挥中心接警量陡增，日均接警量 1.2 万余起，达到平常的 3 倍，其中 90%以上是咨询求助电话。

交警部门在城区交通基本瘫痪的情况下，全员紧急上路，冒着频繁的余震和被汽车撞伤的危险，不断穿梭于拥挤的车流，全力疏导交通秩序，处理交通事故，抢救受伤人员，拖移故障车辆。同时立即派出警力在绵广高速公路两个出口实行临时交通管制，指挥车辆绕行，减轻城区交通压力，减缓拥堵状况。

市公安局机关迅速集结全部警力，在疏散安抚群众、抢救伤员、救助被困人员、处置紧急险情的同时，采用车巡和步巡相结合的方式，对整个城区实行不间断巡逻巡查，夜晚所有警车全部开启警灯，在主要街道、广场周边、滨河路、背街小巷、城郊结合部实行密集巡逻，全天候昼夜 24 小时见警察、见警车、见警灯。对群众聚集较多的场所和救灾物资发放点，逐一落实了定点执勤、流动巡逻和全天候守护措施，严密防范严厉打击寻衅滋事、哄抢财物、敲诈勒索、盗窃、抢夺、抢劫、散布谣言等违法犯罪案件。及时印发《关于维护地震灾害期间社会治安秩序的通告》广泛张贴，采用宣传车、手持扩音器、车载喇叭等方式沿街开展宣传，通知群众疏散，宣传避震防灾、自防自救常识，有效地防范控制了火灾、交通、挤压、踩踏等次生灾害事故的发生。

社区民警和巡逻民警第一时间深入群众，广泛收集社会各界对灾情的反映，听取群众对政府及公安机关抗震救灾工作的意见建议，耐心细致做宣传解释和疏导工作，及时澄清各类谣言。组织民警到各临时疏散安置点看望慰问群众，送去方便食品、饮料、衣物等生活必需品，稳定民众情绪。5月19至21日，组织开展了为期3天的"守护平安"专项行动，进一步加大了巡逻巡查和社会面的防范控制力度，全力维护社会平安稳定。

全市各级公安机关对党政机关、医院、学校、金库、监所、民爆仓库、金融网点、档案机要、桥梁涵洞、水库大坝等重点要害部位和水、电、气、油等涉及国计民生的部门，逐一进行检查，落实了守护人员和防控措施。积极配合物、工商等部门对哄抬物价、倒买倒卖、囤积居奇的不法商贩进行及时查处，并予以公开曝光，稳定市场经营秩序。

地震灾害发生至今，广元市刑事、治安案件均减少了六成以上，全市社会稳定，治安秩序良好，群众情绪稳定。

在这次地震中，广元公安机关共有17名民警丧失了亲人，有576名民警因家中房屋倒塌或严重受损无家可归。他们默默承受着丧失亲人和家园被毁的巨大痛苦和心理压力，舍小家顾大家，忘我工作，连续奋战在抗震救灾第一线，不分白天黑夜，没有休息调整，饿了啃口干粮，渴了喝口矿泉水，困了原地打个盹，相当部分民警至今没有和家人见过一次面，没有回过一趟家。地震发生后，民警董平坚决申请到重灾区青川参加抢险救灾，三天后才知道母亲在地震中受伤，跟随他生活的侄女在地震中死亡。民警冯雪的奶奶不幸遇难，却强忍悲痛坚守岗位。民警范俭的小孩出生才一天，就和战友一道赶赴抗震救灾最前线。这样的事例还有很多，在非常时期和关键时刻，人民警察用实际行动谱写了一曲曲无私无畏、敬业奉献、忠诚勇敢的动人乐章！

艰苦奋战　力保"生命线"畅通

地震造成交通、通讯中断，青川县在长达近20个小时里与外界失去了一切联系。从5月12日15时起，市公安局先后派出3组人马前往青川了解情况、抢险救援。随后又先后派出6组公安民警，冒着强烈的余震和路基塌陷、泥石流、滑坡、掉石等巨大危险，连夜护送雷管、炸药和工程抢修人员、工程抢修机械进入青川抢修道路，13日上午10时30分终于打通了进入青川的唯一一条公路。这是一条名副其实的"生命线"，来自全国各地的抢险救援车辆、人员、物资和药品都必须从这条道路通过，平均每天进出车次在4000辆以上，最高峰时日均近万辆。

为确保“生命线”畅通，市公安局在发生地震的第二天就在竹园设立了抗震救灾前沿指挥所，几位局领导轮流驻扎，亲自坐镇指挥，亲自疏导交通。从交警、刑警、巡警、治安等警种和有关县区抽调250余名公安民警，昼夜奋战在竹园至乔庄120多公里的战线上，不间断开展巡逻巡查、抢修维护、指挥疏导工作。同时，主动与交通部门加强协作，印发了《关于对剑青公路竹园至乔庄段实行交通管制的通告》，引导车辆有序通行。同时，在进出广元的主要道路，特别是川陕交界的棋盘关加派警力，确保了道路的安全畅通。

剑青公路因路面损毁未完全修复，泥石流、滑坡、掉石等险情时有发生，车辆堵塞情况十分严重。执勤民警每天要在长达120多公里的战线上来回奔波，平均每人每天步行将近100公里，几乎每个民警脚上都磨出了血泡。加之，灾区断水断粮，最初几天，执勤民警在工作非常辛苦的情况下，每人每天仅靠两瓶矿泉水解渴，一包方便面充饥，晚上只能在路边露宿，不少民警因此感冒、中暑、受伤，仍然带伤带病坚持工作。5月17日剑阁县公安局援助青川抢险救灾服务队工作人员何杰，在该路段指挥交通时被汽车撞伤，现正在医院救治。交警支队副支队长田文指挥交通喊哑了嗓音几乎讲不出话来，同时因长时间走路，双脚磨出血泡、肿胀变形，仍然坚守岗位。

在“5·12”特大地震灾害中，广元公安机关遭受了重大损失，10%左右的机关办公楼、住宿楼和基层派出所、交警中队办公房垮塌，50%左右的办公、住宿楼成为危房，大批办案、办公设备装备损坏，初步统计直接经济损失达3.18亿元。大灾面前，广元公安机关和广大公安民警顾全大局，充分发扬特别能吃苦，特别能战斗，特别能奉献的精神，勇敢地承担了最艰巨的任务，始终战斗在最艰险的地方，赢得了广大人民群众和各级领导的充分肯定和高度赞扬。一些群众自发给执勤民警送水送饭和防暑降温药品，一些出租车司机自发免费运送执勤公安民警，一些警察家属给市公安局领导发短信表示坚决支持民警抗震救灾。市委罗强书记、马华市长，省公安厅曾省权厅长等领导亲切看望慰问执勤民警，寄予殷切希望。5月15日上午，国务委员、公安部部长孟建柱在陪同温家宝总理视察指导青川抗震救灾工作时，亲切接见了广元市公安局局长余建同志，关切地询问广元公安民警和民警家属有无伤亡。孟部长满怀深情地对余建同志讲，“目前，抢险救援工作正处在关键时期，公安机关一定要全力以赴，把灾区人民的利益放在第一位，英勇顽强，不怕牺牲，尽最大可能挽救更多的灾区人民的生命。这几天你们顽强战斗，十分辛苦，请一定要保重身体，并请转达部党委对广元全体公安民警和民警家属的诚挚慰问”。

青川县人民银行抗震救灾纪实

眼前的一切是那么熟悉，又是那么的震撼。2008年5月12日以后，这样的画面每天都在撞击着国人的眼球。

青川，“5·12”大地震中受灾最重的“三川”之一。人民银行青川支行所在的街道已经因为四周全是危楼而被部队封锁了。透过已经被夷为废墟的一片楼房远远望去，支行办公楼仍然屹立着。

在一片菜地，曲曲折折地绕过一座座帐篷终于找到了人民银行青川支行的“帐篷办公室”。

听说北京的记者来了，一群人民银行的职工、家属和退休人员聚拢过来。他们向记者描述了许多“5·12”之后人们通过镜头无法看到的东西。

5月12日14时28分，强烈的震动和房屋倒塌发出的轰鸣声把巨大的恐惧抛向了人们。不到一分钟的时间，一些员工还没有跑出办公楼，紧临青川支行的青川中医院宿舍楼已经塌向青川支行的院内。院子里一片灰尘，眼前的东西已经看不清了，巨大的恐惧让人失去了判断力，人们漫无方向地四处奔跑。

支行保卫处副处长陈卫贤是一位退伍军人，地震发生时，他正好站在楼下的院子里。眼看着中医院宿舍楼正在向支行的院子里倾斜，但从支行办公楼里跑出来的许多人还在往中医院宿舍楼即将垮塌下来的方向跑。陈卫贤很着急，一边喊着不让人们向那里跑，一边将已经跑过去的人推向安全的地方。几十秒的时间，中医院宿舍楼轰然倒下，破碎的玻璃、瓷砖雨点般倾泻下来，而院子里青川支行的员工无一受伤。

第一波震动过去了，支行的办公楼已经摇摇欲坠。清点了人员，没有伤亡，青川支行行长陈小宁的心放下了。金库怎么办？陈小宁不敢让员工冒险。于是，取出备用枪支，一支由支行所有在场的男职工组成的“金库卫队”组成了。

外出的员工陆续回到了行里，一些支行职工家属和退休职工也聚集到了支行。按照分工，职工家属和退休职工被安置到安全的地方，四位支行女职工在一辆大轿车内照料这些人。所有男职工负责保护金库。

紧临支行有一家小商店，商店小得连名字也没有。平时，支行的员工经常到商店买东西，和店主很熟。此时，商店的门开着，店主已经不知道在哪里。看着不断增加的哄抢队伍，职工们把商店也保护起来。

首先是渴。恐惧、焦虑和街道上浓得像雾一样的灰尘让守卫金库的职工口干舌燥，相对安全的地方还有女职工和家属、退休职工，清点了一下，加起来要解决 71 人的吃喝。守卫金库的职工旁边就有一个小卖部，门开着，主人没在，但没有一个人去拿里面的东西。

下午 18 时，也许是小卖部的主人想看看小卖部的情况。看到被保护完好的小卖部，他给支行职工搬出了啤酒、矿泉水和方便面。给小卖部主人留下一张欠条，把这些东西分发给职工。东西不够，支行的炊事员陈再富进入随时会倒塌的办公楼，从食堂里拿出一些中午剩下的馒头分给保护金库的职工。第一顿饭就这么解决了，以后还不知道怎么样。

13 日凌晨 5 时，天边露出微微的晨曦。一个声音在青川支行门口响起："有人民银行的人吗？"是人民银行广元中心支行行长赵明光的声音。

"人行的人都在！"人们一跃而起，聚集到赵明光的身边，眼中充满了泪水。

"是男子汉就不要哭！"赵明光指着青川支行行长陈小宁说。

上级行领导到来的消息迅速传开，支行的女职工、退休职工和家属都来了。人们仿佛在绝望中看到了希望。从赵明光平淡的叙述中人们知道，地震发生后，中心支行一直与青川支行联系不上，晚上 9 时，赵明光驱车赶往青川。车开到一个叫七佛乡的地方，路断了。赵明光又徒步赶到青川。虽然赵明光的叙述简单得只有几句话，但多少年来不知道走过多少次从广元到青川这条崎岖山路的人们都知道这条路的危险和艰辛。

陪着支行的员工坐在四面是楼房的狭窄街道上，赵明光不断地给附近支行领导打电话。也许是对赵明光的厚爱，时断时续的电话信号给了赵明光一个机会，他联系到了附近受灾不是很严重的人民银行剑阁支行。中午 12 点，在救灾物资还没有进入青川的时候，剑阁支行把大量的矿泉水、方便面运进了青川。下午 6 时，中心支行副行长杨武生带领一支救援队沿着另外一条水路，徒步四十多公里赶到青川，带来了手电、蜡烛、药品和两万元救灾款。与此同时，由 5 名武装警察押运的财政拨款的救灾现金也运抵青川，为青川县金融系统恢复营业和抗震救灾提供了急需的资金支持。

"我们没有通过救灾系统要过一点物资，还帮助政府用人民银行系统为我们运来的物资救济了一些困难群众。"青川支行的员工们自豪地对记者说。

"你们怕过吗？"

"怕，但我们相信组织！"青川支行的员工更加自豪地对记者说。

浙江牵手青川

援建青川是一副重担，浙江省经济实力强，应该把这副担子挑好，把青川的恢复重建工作搞好，青川人民感谢你们，不会忘记你们，我也谢谢你们！

国务院总理温家宝
八月三十一日

我们在一起

汶川地震灾后恢复重建对口支援方案

1. 山东省——四川省北川县
2. 广东省——四川省汶川县
3. 浙江省——四川省青川县
4. 江苏省——四川省绵竹市
5. 北京市——四川省什邡市
6. 上海市——四川省都江堰市
7. 河北省——四川省平武县
8. 辽宁省——四川省安县
9. 河南省——四川省江油市
10. 福建省——四川省彭州市
11. 山西省——四川省茂县
12. 湖南省——四川省理县
13. 吉林省——四川省黑水县
14. 安徽省——四川省松潘县
15. 江西省——四川省小金县
16. 湖北省——四川省汉源县
17. 重庆市——四川省崇州市
18. 黑龙江省——四川省剑阁县
19. 广东省（主要由深圳市）——甘肃省受灾严重地区
20. 天津市——陕西省受灾严重地区

青川，一个令浙江牵挂的名字

◎徐　凯　孙琪　陈悟宪

早在12年前就已“牵手”，如今，经过灾难的洗礼，这两只手握得更紧——

“奋战一千天，共建新青川，全面出色完成援建任务。”9月16日，秋后的一场大雨中，浙江省支援青川灾后恢复重建指挥部发出号令，全省11个市及29个县（市）的100多位将士誓师。

这是一次特殊的誓师大会，值此青川全面进入灾后恢复重建的关键时刻，浙江省各级援川指挥部人员全部到位后首次聚会；

这是一次充满感情的誓师大会，“开弓没有回头箭！”在浙江援建指挥部指挥长谈月明的郑重宣誓下，青川灾后重建进入全面加速阶段；

这更是一次发起“全面总攻”的誓师大会，“我们的援建前期项目规划已基本做完，这是正式实施的‘冲锋号’”，援建者顾承甫如此理解大会精神。

青川，一个许多浙江人曾经熟悉的名字；青川，一个许多浙江人如今牵挂的名字。浙江与青川，早在12年前就已“牵手”，如今，经过灾难的洗礼，这两只手握得更紧……

将青川当成浙江的一个县来建

踏访广元四县三区，昔日的“穷兄弟”如今面貌已大为改观。“要不是浙江省的对口帮扶，我们很多地方可能仍在受穷。”当地干部群众说。

早在1996年，党中央作出了发达地区对口帮扶贫困地区的决定。浙江对口帮扶支援广元市，其中，青川由浙江省物产集团、省科技厅及绍兴市负责帮扶，如今已有12年。

然而，让浙江“老对口”们没想到的是，12年后，广元青川会有一天让他们如此牵挂！

“5·12”特大地震后，青川县成为极重灾区。全县灾害损失达500.8亿元。再加之青川作为川北山区贫困县，经济基础薄弱，重建任务异常艰巨。在浙江省的主动请缨下，5 月 22 日，党中央、国务院决定，由浙江省对口支援青川县。肩挑重任，6 月 19 日，浙江省委书记、省人大常委会主任赵洪祝就冒着余震，带队深入青川。此后，浙江省政府领导也陆续到青川调研，把援建青川灾后重建放在了浙江全省下半年工作的首位，“将青川当成浙江自己的一个县来建!”

不久，对口支援青川县灾后重建指挥部成立并挂牌，按照“一市、县（市、区）帮一受灾乡镇”的原则，浙江省 11 个市及 29 个经济发达县（市、区）对口支援青川县 36 个乡镇，各单位精兵干将第一时间奔赴青川各乡镇，带队建板房，修道路。在 5000 万浙江儿女看来，情牵 12 载，这次走近青川，融入青川，建设青川，他们义不容辞。

“浙江速度”扩展到每个方面

天空碧蓝如洗，白色的板房整齐并列，孩子们追逐嬉戏……9 月 18 日，记者在青川县乔庄镇上坪集中安置区看到，在这个全县最大的安置区里，近 1 万户受灾群众生活逐渐步入正轨。

稳定的安置，源于浙江援建队伍的快速行动。7 月初，7900 多个援建工人陆续到位，他们克服时间紧、任务重、运输难等难题，在广元市 4 县 3 区 477 个援建点累计建成板房 54590 套，提前 5 天完成板房建设任务。

不仅是建板房，“浙江速度”扩展到了每个方面。8月12日，青川县城通往外界的唯一通道——剑（剑阁）青（青川）公路的关键工程酒家垭隧道复工，此前，56名浙江规划师进驻青川，为农民自建农房的地理环境进行前期打探。

在青川，浙江人用自己独有的响亮口号作为行动标杆：晴天抢着干、雨天瞧着干、晚上挑灯干、双休日加班干、合理安排科学干！

更加艰巨的任务已经铺开，浙江援建青川的目标任务为“1348”：不低于浙江省上年地方财政收入的1%安排实物工作量（预计为60亿元），支援期限为3年，调动人力、物力、财力、智力等4种力量，突出帮助搞好规划，恢复建设城乡住房、公共服务设施和基础设施，开展人才培训、科技支持等8个方面。

浙江人性格细腻，脑筋活泛，在援建青川地震灾后重建的实施方案中，总能看到一个个巧妙而独特的点子，他们将任务细化分解，再逐个攻破。

农房重建“661工程”，通过援助6亿元建设资金的落实，帮扶6万户农房实现重建，并组织100名援建技术人员蹲点指导。

在青川，与活动板房建设一样如火如荼的，是农民的自建房热潮。首批援建项目计划，浙江省就分别安排6亿元和2亿元资金，用于农民住房补助和城镇灾后安居房建设。

而在乔庄镇，青川灾后首批启动的永久性住房建设项目东山安居小区已经开建，由浙江省援建的该小区工程占地57亩，总投资1.1亿元，可安置受灾群众3000人。

与此同时，木鱼镇河堤工程、东山小区河堤工程也相继拉开序幕。

从提供就业到产业扶持

中秋刚过，青川县黄坪乡村民杨继富就和几个同乡一道出发去浙江嘉兴了，他们将在当地的一家食品工厂打工。在此之前，已有五六百个青川人奔赴浙江就业。

就业是民生之本。9月5日，“浙江—青川劳务信息平台建立暨对口现场劳务招聘会”举行，引来7000多位灾区待业人员。49家浙江知名企业精心准备了6400多个岗位，为青川人民架起了一座就业之桥。

指挥长谈月明给记者算了一笔账：如果有1000人实现就业，按每人每年收入1万元计算，就能为青川每年带来至少1000万元的收入！

从提供就业岗位，到产业扶持，浙江援建工作中的另一个重要任务是：抓好青川特色农业和旅游产业的恢复重建，着力把“输血”与“造血”结合，把当前与长远结合。

8月以来，“全国浙商参与灾后重建青川行”考察团来到这里，20个项目达成合作意向，其中已签订意向性协议的有6个，总投资额4.105亿元。9月初，青川县的22种特色农产品（药材）出现在杭州大中型超市的柜台上，柜台上方都有这样一幅标语：多买一份青川山珍，就是给灾区人民多一份爱！

为帮助恢复重建青川商贸业，浙江省经委与青川签订了《关于商贸对口援建灾后重建合作协议》，为青川农产品和药材进入浙江市场开辟“绿色通道”。

在《浙江援助青川地震灾后产业恢复重建方案》中，还提出了“建设一个工业园区，培育两个特色基地、构建三个绿色通道、重建四个市场服务体系”的基本思路。通过建立“广元青川—川浙合作产业园”，积极引进浙江企业入园，加强浙江与广元的产业对接。

中秋节这天，浙江援建指挥部的全体成员，来到青川县黄坪乡枣树村参加义务劳动，以这种特殊形式把浙江人的真心寄给家乡亲人，展现给灾区人民。前方搞援建，后方献爱心。冬天就要到了，时下的浙江，又一个捐赠活动正在发起：1＋衣＝爱！

6月1日

◆市委副书记吴得民在木鱼视察工作。

6月2日

◆省人大常委会党组书记、副主任甘道明深入青川竹园、关庄、红光等乡镇察看灾情。

◆省政协副主席晏永和到青川检查指导抗震救灾工作。

◆成都军区副政委段录定代表成都军区向青川地震灾区捐款1500万元。

◆任命徐电峰、张骏、李昱隆、王金川、陈刚、谢卫东、何念昭、邓太平为青川县人民政府副县长。

浙江省委书记赵洪祝视察青川

◎金　波

6月19日上午，赵洪祝等在四川省青川县金坪乡看望慰问在灾区开展卫生防疫工作的金华市防疫人员。黄曙林　摄

赵洪祝要求统筹安排推进对口支援工作。按照中央提出的原则和要求，突出住宅、学校、医院、广电、道路等公共服务设施、城乡基础设施建设，采取统分结合的支援方式，坚持政府推动与市场运作相结合的支援途径。要立足三年期限，着眼长远发展，区分轻重缓急，积极有序进行；要着眼于从根本上解决问题，扎实推进对口支援各项工作，力求每项工作都有实际成效，每个项目都能解决问题，为实实在在地帮助青川灾后恢复重建，作出我们应有的贡献。

关山千里，地动山摇，却隔不住、震不裂浙川两地人民的深情厚谊。省委书记、省人大常委会主任赵洪祝冒着余震多发的危险，率领省对口支援工作组来到我省对口支援的重灾区广元市青川县实地考察，深入山区看望慰问灾区群众和我省派赴当地的援助人员。赵洪祝强调，我们要大力弘扬“一方有难、八方支援”的优良传统，与青川人民一起心手相连共渡难关。根据抗震救灾工作的新情况和中央提出的新要求，以中央下发的《汶川地震灾后恢复重建对口支援方案》为依据，明确职责，落实任务，全面推进对口支援青川县恢复重建的各项工作，努力取得实效。

四川省省委副书记、省长蒋巨峰，四川省政协副主席晏永和等陪同考察慰问，省委常委、常务副省长陈敏尔等一同前往。

雾笼峻岭，山道蜿蜒。在广元至青川的公路上，沿途都能见到山体滑坡、塌方的痕迹，房子般大小的落石还躺在公路一旁……汶川特大地震给青川县造成极其严重的灾害，全县死亡4695人，失踪124人，青川县城及多个乡镇基本变成废墟，全县90%以上房屋发生坍塌。

赵洪祝一行首先来到青川县竹园镇的受灾群众临时安置点。这里安置着从该县受灾最重的三个乡转移下来的4000余群众。68岁的马福文老太太与一大家子12口人住在第五号帐篷内，他们在前进乡的房屋全都在地震中毁坏了。赵洪祝走进帐篷，拉住马老太太的手，安慰她说：“你们受苦了！我代表浙江省委、省政府和浙江人民来看望你们。我们要在党中央、国务院的正确领道下，同你们一起共渡难关，尽全力帮助你们重建家园……”在安置点的帐篷小学内，传来孩子们的阵阵歌声。赵洪祝来到教室向老师了解情况。当他得知10岁的王开停小朋友的父母、祖父母和妹妹都在地震中丧生，眼眶红了起来。他抚摩着孩子的头，动情地说，“今后学校就是你的家，你的老师和许许多多浙江的叔叔阿姨就是你的亲人”。

我省先期赶赴青川县的公安特警、卫生防疫、建筑、教育和交通等援助人员已有数千人之多，他们都在各自的岗位克服艰难困苦，夜以继日地工作，努力为受灾群众多作贡献。赵洪祝十分关心他们的工作和生活情况，代表省委、省政府看望了部分援助人员，并送上慰问品。

剑青公路是抗震救灾物资运输必经之路。在马鹿乡，50名来自杭州市公安局特警支队的干警正为维护这条公路的正常秩序而忙碌。赵洪祝等来到这里，与干警们一一握手致意，听取了带队负责人的情况汇报。他还特意登上炊事车查看伙食。赵洪祝嘱咐道：“支援抗震救灾，使命光荣，任务繁重。一定要保证大家能吃饱吃好，保持充沛的体力投入紧张的工作中去。”

在黄坪乡，来自金华市的卫生防疫人员已在这里为灾后无大疫而工作10多天了。赵洪祝在与队员们交谈时，一眼看到来自东阳市卫生监督站的队员岑凯石脖子上一道道暗红色刮痧印，关切地问道：“是中暑了吗？要注意身体啊！”小岑回答说：“不要紧！”赵洪祝对队员们说：“灾后防疫工作很重要，大家的工作十分辛苦，一定要发扬不怕苦、不怕累的精神，全力做好工作，为青川的恢复重建再立新功。”

青川县城乔庄镇上坪，红旗高高飘扬，7家绍兴的特级建筑企业正在为灾区群众早日搬进活动板房而奋战。赵洪祝顾不得道路泥泞，一步一滑地查看建设情况。他对现场的工人们说：“这次我们专程来到青川，一是为了认真落实中央精神，尽快全面启动对口支援工作；二是来看望慰问在青川帮助当地群众重建家园的浙江同志。我们相信，有党中央、国务院的正确领导，有四川省省委、省政府和广大青川干部群众的顽强拼搏，有浙江人民作为坚强后盾，重建美好新青川的目标一定能早日实现。希望大家保质、保量、按期完成活动板房的建设任务，给青川人民和浙江人民交上一份满意的答卷。”话音刚落，“坚决完成省委、省政府交给的任务，一定让受灾群众住得放心、安心、高兴！”的口号声立即回响在工地上。

在上坪的一间儿童心理辅导室内，来自杭州职业技术学院的老师何霞红在为十多个孩子教画画。赵洪祝放轻脚步走进教室，与何老师握手，他说：“灾区孩子的心理恢复，对他们健康成长非常关键。你的担子不轻啊！一定要好好为孩子创造一个良好的成长环境。”随后，他还看望了浙江支教团的其他成员。

在酒家垭险段，来自浙江交通系统的抢险队伍正在展开施工。赵洪祝对施工人员说，抗震救灾，交通是先行官。保证通往灾区的“生命线”畅通，为安置受灾群众和恢复重建工作创造条件，意义十分重大。大家一定要一丝不苟地工作，保畅通、保安全、保重建。施工人员纷纷表示，决不辜负省委、省政府和两地人民的期望。

在广元市，赵洪祝等还查看了体育馆、油橄榄基地活动板房的建设及受灾群众安置情况。

在与广元市、青川县党委、政府主要负责人座谈对口支援有关事项时，赵洪祝听取了广元市委书记罗强、青川县委书记李浩生的情况介绍。赵洪祝说，“这次踏上广元市和青川县的土地，我们的心情非常沉重、也非常感动。广元市是浙江对口帮扶地区，在长期的对口帮扶中，浙江省与广元市建立了良好的工作关系，浙江人民与广元人民结下了深厚情谊。一场特大地震给广元人民造成了严重的生命和财产损失。灾难面前，英勇的广元人民没有屈服，没有向灾难低头。在党中央、国务院和四川省省委、省政府的坚强领导下，广元及青川人民万众一心、众志成城，取得了抗震救灾重大阶段性胜利。你们这种自强不息、不畏艰险的精神，深深感动着浙江人民”。

赵洪祝指出，“支援四川灾区抗震救灾，浙江义不容辞、责无旁贷。当前，抗震救灾斗争开始由应急抢险过渡为以安置受灾群众和恢复重建为主的常态长期工作，对我们下一步开展对口支援工作提出了新的要求。我们要深入贯彻落实中央精神，坚决完成中央交给浙江的任务，扎实做好灾后恢复重建对口支援工作。要尽早摸清青川县的详细情况，尽快做好规划设计工作，以便于更好地开展后续工作。要搞好与青川县以及四川省、广元市各方面的工作衔接，努力争取工作主动”。

赵洪祝要求，要统筹安排推进对口支援工作。按照中央提出的原则和要求，突出住宅、学校、医院、广电、道路等公共服务设施、城乡基础设施建设，采取统分结合的支援方式，坚持政府推动与市场运作相结合的支援途径。要立足三年期限，着眼长远发展，区分轻重缓急，积极有序进行；要着眼于从根本上解决问题，扎实推进对口支援各项工作，力求每项工作都有实际成效，每个项目都能解决问题，为实实在在地帮助青川灾后恢复重建，作出我们应有的贡献。

结束在青川的考察、慰问行程返回广元后，赵洪祝又连夜召开工作组会议，深入分析、研究考察对接得来的最新情况，以期更好地推进对口支援工作。

6月3日

◆国家人力资源和社会保障部就业司司长余发明、医保司司长姚宏、社保中心副主任聂明到青川视察灾情。

◆四川省高级人民法院院长刘玉顺到青川视察灾情。

◆国家防总常务副主任张志彤到石板沟堰塞湖察看灾情，指导排险工作。

◆国土资源部副部长、中国地质调查局局长汪民到青川视察灾情。

浙江省省长吕祖善视察青川

◎邱　锐

一

2008年8月21日，在四川省省长蒋巨峰，副省长黄小祥、李成云，省政协副主席晏永和，广元市委书记罗强，市长马华等省、市领导的陪同下，浙江省省长吕祖善、副省长郑继伟率发改委、教育厅、建设厅、卫生厅、经贸委、财政厅、交通厅等省级部门有关负责人一行深入青川县视察灾后重建工作。

汽车在通往县城的酒家垭盘山公路上盘旋。全长2282米的酒家垭隧道是青川县实施的重点交通建设项目，大地震给项目造成了巨大损失。8月12日，酒家垭隧道修复项目正式复工，成为四川灾区交通恢复重建的第一个重点项目，也是浙江对口援建青川的第一个重点项目，隧道将于年内打通，2009年5月投入运行。吕祖善一行来到施工现场，与工程技术人员一一握手，向他们表示亲切的慰问，并赠送了慰问品。“你们在崇山峻岭中奋战了四年，为打通青川交通生命线作出了积极贡献，你们辛苦了！大地震给工程造成了极大破坏，施工难度大、困难多，你们冒着余震不断的危险仍然奋战在工程一线，我代表浙江省委省政府向大家表示真诚的感谢！”吕祖善深情地说：“在浙江人民的援助下，我相信你们一定能克服困难，保证质量，确保安全，早日打通隧道，向青川人民交一份满意的答卷。”

乔庄镇上坪居民集中安置点，浙江援建的一排排板房格外醒目。吕祖善慰问了战斗在抗震救灾一线的浙江医疗卫生援建队、温州特警、宁波交警。“你们为支援青川抗震救灾和灾后重建作出了积极贡献，不负全省人民的重托，我代表省委省政府向你们致以崇高的敬意！”吕祖善说，“全面完成青川灾后重建的援建任务艰巨、时间紧、工作难度大，希望你们艰苦奋斗，顽强拼搏，继续为建设美好新青川不懈奋斗！”吕祖善一行还看望慰问了设在县人武部的浙江援建青川指挥部全体人员，希望他们克难奋进，保重身体，为援建青川忘我工作。

细雨如织，吕祖善一行深入上坪板房区慰问受灾群众。在受灾户李彦萍开设的小商店里，吕祖善与李彦萍拉起了家常。“你家原来的房屋呢?”“地震中全塌了。”“有没有人员伤亡?”“没有。”“你怎么想到在这里开店?”“我原来就在县城开店。现在重操就业，挣了钱再盖新房。”“生意怎么样?”“还不错。这里人多，货物需求量大。”“在哪里进货?”“广元。”“我们准备在青川建立商品配送中心，方便你们进货，好不好?”“太好了。谢谢你们。以后我进货就不用跑那么远了。”吕祖善轻轻地抚摸着李彦萍的小孩陈果的头亲切地说：“在哪里上学?”“就在板房教室里，离家很近。”吕祖善还看望慰问了经销茶叶的党员缪元喜，他表示，浙江省将在茶叶加工、营销上支持青川做强做大茶叶产业。他还给退休职工李仕德送去了慰问品，鼓励他努力克服暂时的困难。“浙江人民会向青川灾区人民伸出无私援助的手，帮助你们渡过难关，重建家园。”吕祖善满怀深情地鼓舞板房区的受灾群众。

在乔庄镇中脊上，吕祖善一行参加了青川灾后重建东山安居小区奠基仪式。东山安居小区由浙江省援建，工程占地 57 亩，建筑面积 5.5 万平方米，可安置受灾群众 3000 人，总投资 1.1 亿元。罗强在奠基仪式上指出，东山安居小区是青川灾后首批启动的永久性住房建设项目，对于安置受灾群众、加快推进灾后恢复重建具有重要意义，我们相信，在浙江援建方的大力支持下，东山安居小区一定会成为全市灾后永久性住房建设的示范工程，一定会成为浙广人民深情厚谊的见证和标志。礼炮齐鸣，鼓乐声声，浙江、四川两省领导共同为工程培土奠基。

午后，在凉水镇凉华村，吕祖善、蒋巨峰一行查看了村民冯家友自建的过渡房。冯家友利用石板砖、石棉瓦等建筑材料搭建了 3 间过渡房，只花了 2600 元，卧室、厨房、厕所齐全，实用又划算。吕祖善问：“如果建 3 间房得花多少钱?”“大概要花 5 万元。”冯家友说：“我打算今年努力挣钱，明年建楼房。”得知凉水镇 2077 户受灾群众全部住进了自建过渡房，已有 500 余户启动了永久性住房建设时，吕祖善非常高兴，他表示，浙江省将在青川农村永久性住房建设上给予大力支持，改善农民生活条件。

吕祖善、蒋巨峰一行前往红光乡东河口查看了地震灾害现场，深深缅怀死难者。

在竹园镇堰塘梁上，吕祖善、蒋巨峰一行详细查看了竹园镇城镇建设规划。

在位于利州区盘龙镇协和村的广元青川——川浙合作产业园，吕祖善询问了园区建设面积、拆迁情况，他表示，将加大园区基础设施建设投入，积极引进浙江企业入园，推动广元工业经济发展。

二

在青川县板房会议室里，吕祖善、蒋巨峰一行听取了广元市、青川县抗震救灾和灾后重建工作汇报。

罗强说，“5·12”特大地震及频繁发生的强烈余震给我市特别是青川县造成了前所未有的巨大损失。一百天来，在党中央、国务院和四川省省委、省政府的坚强领导下，在全国人民特别是浙江人民的大力支持下，全市上下万众一心，众志成城，紧急动员，全力抗灾，夺取了抗震救灾斗争的重大阶段性胜利，谱写了惊天动地、气壮山河的英雄凯歌。一百天来，在浙江省委、省政府的统一指挥下，浙江各级各部门以前所未有的速度、雷厉风行的作风、事不过夜的效率，组织机械、人力、物力全力支援青川，使我们打赢了抢险救人、过渡安置攻坚战，并正全力以赴推进灾后恢复重建工作。截至目前，浙江省捐赠和援建资金到账两亿元，捐赠物资折资两亿元。在此，我代表市四大班子和全市人民，向吕省长、蒋省长及各位领导，向浙江人民表示最衷心的感谢和最崇高的敬意。

吕祖善充分肯定了四川省广元市抗震救灾工作取得的成效，他说：“广元市特别是青川县遭受重大损毁，一百天内基础设施基本恢复，群众基本生活得到保障，社会稳定，短时间能够发生这样巨大的变化，在世界上都是一个奇迹。特别是看到灾区各级干部日夜奋战在抗震救灾和灾后重建一线，广大受灾群众奋力抗灾自救，我们深受鼓舞，深受感动。你们英勇不屈的抗震精神鼓舞了全国人民和浙江人民。”

吕祖善指出，浙江省委省政府高度重视援建工作，省委书记赵洪祝亲自到青川视察，省政府也多次专题研究对口援建工作，以谈月明为指挥长的浙江援建青川指挥部积极行动，第一批16个对口援建项目已经启动了4个，年内力争启动第二批10个援建项目。

吕祖善强调，当前最重要的是加快建设与群众生产生活关系最密切的项目，浙江援建方将着力抓好四件大事：一是加快城乡永久性住房建设步伐，积极支持困难群众建房；二是加快以学校、医院为主的公共服务设施建设，争取明年9月1日前，每个村都有一所标准学校和医院；三是大力支持交通、水利等基础设施恢复重建；四是积极推进产业发展，要充分发挥广元资源优势，积极招商引资，引入浙江企业入驻川浙合作产业园，加强合作，扩大产能，发展壮大工业经济。

吕祖善指出，援建青川是我们浙江应尽的义务，我们将把援建青川作为自己的事情来抓，我们把最优秀的干部派到了青川，浙江和广元人民将携手共建，一定会把青川建设得更美好。

蒋巨峰在讲话中指出，刚才吕省长充满深情的讲话，表达了浙江省委省政府和浙江人民对广元对青川的深情厚谊，我代表四川省、广元市、青川县各级党委政府对浙江省的无私援建表示崇高的敬意和真诚的感谢。蒋巨峰就如何进一步抓好灾后重建工作作出了部署：一是进一步优化、细化、完善灾后重建方案，本着“安全、经济、实用”的原则，加快城乡永久性住房建设；二是积极做好恢复重建项目实施的准备工作，只争朝夕，加快建设；三是全力配合浙江援建方。在项目协调上要注重实际效果，紧扣灾后重建的主题，科学安排项目实施。在项目资金协调上要抓好项目的互动，做好工作，确保资金跟着项目走。在后勤保障上，要主动搞好协调服务，服务要到位；四是要组织教育群众自力更生，重建家园。

罗强说，吕省长、蒋省长对广元灾后重建作出了具体部署，具有极强的针对性、指导性、可操作性，全市上下将认真学习贯彻，狠抓落实。他表示：“有省委省政府的大力支持，有浙江省的无私援助，我们将团结带领全市人民，全力以赴打好恢复重建攻坚战，努力建设美好新广元。”

6月4日

◆10：00八一电影制片厂摄制组到木鱼、乔庄等地拍摄抗震救灾有关资料。

◆卫生部疾控处处长夏刚一行在青川视察灾情。

◆四川大学党委书记杨泉明、副校长李光宪一行到青川视察地震灾情。

◆国家税务总局副局长王力到青川视察灾情。

◆中宣部新闻局处长陈发宝、四川省宣传部机关党委专职副书记郭中朝带队到青川开展全县各级党组织、党员干部抗震救灾专题采访报道。

浙江省支援青川县抗震救灾综述

◎黄　宏　廖小清

浙江，位于东海之滨；青川县，位于四川、甘肃和陕西三省交界处。发生在5月12日的汶川特大地震，将浙江和青川紧紧联系在一起。

“因为我们是一家人。”此时，浙江人和青川灾区群众一起呼吸；此刻，浙江人的心和青川灾区群众的心一起跳动。

我们是一家人　我们心心相印

青川，一个绝大多数浙江人曾经陌生的名字。

青川，一个绝大多数浙江人如今熟悉的名字。

浙江对口支援青川。青川是这次地震的重灾区之一。昔日的青山绿水，已是满目疮痍，遍地废墟，人员伤亡惨重……无情的天灾，激发了浙江人的无限爱心。

“谢谢浙江的同志。”激动的声音之后，则是青川县负责统计的同志报出的一个个数据：2.4万顶来自浙江的帐篷运到了，12万多灾区群众有了安身之处；9.5万床被子运到了，几万户灾区家庭多了一分温暖；1000多件药品运到了，更多的伤病员可以更快得到医治……

捐款、捐物、献血……每一顶帐篷、每一床被子都饱含着浙江人民的深情厚谊。

人们不会忘记，在长兴县夹浦镇，一位群众捐赠了100条被子，并且坚决不留名。他说，希望灾区人民能够早日渡过难关，留不留名字实在无所谓。

人们不会忘记，在杭州、苍南的大街上，志愿者们背着捐款箱，向来往的行人募捐。白发苍苍的老人、稚气未脱的少年、怀抱幼子的少妇……纷纷慷慨解囊。

人们不会忘记，因为通过账号捐款的市民过多，在宁波的一些银行柜台前，一度排起了长队……

一方有难，八方支援。一场场募捐活动在开展，一次次捐款倡议在网上发布，一双双援助之手向青川伸出。

浙江人的爱，绵绵不绝：我省民政、慈善部门已向广元运出了棉被49.9万床，到达33.6万床；衣物325.2万件，到达267.4万件；运出帐篷54843顶，到达48294顶……这些援助物资中，更多的将被分发到广元市青川县受灾群众手中。

浙江人的爱，无穷无尽。当青川来的218名中职学生来到浙江时，这种爱更令人感动。

浙江省援建青川灾后恢复重建指挥部指挥长谈月明和青川县委书记李浩生策划建设方案　柳桂华　摄

6月12日上午，当青川县高级职业中学的40位同学踏进杭州市旅游职业学校的大门时，他们的心定了。因为他们看到的是笑容、鲜花；全新的棉被、席子、枕头、蚊帐；教导他们的是最优秀的老师……在杭州、宁波和温州，灾区学生们同样安心，同样幸福。

因为我们是一家人，所以我们心心相印。

我们是一家人　我们共同战斗

青川，一个充满伤心和痛苦的地方。

青川，一个充满坚强和信念的地方。

现在，一个个青川人为战胜灾害在战斗；一个个浙江人与他们并肩战斗。

浙江省450名医疗卫生防疫人员先后奔赴青川，分布在18个乡镇，和当地群众吃在一起，睡在一起。睡的是又热又闷的帐篷，同样承受着狂风和暴雨。

100多名交通抢修队员分成三组，在一线昼夜奋战：省交工集团支队正在抢通宝罗公路；宁波支队负责212国道的保通任务；桥梁检测支队则已经完成85座桥梁检测任务，完成129座桥梁的检测和计算工作。

200多名公安特警队员正在广元至青川一线日夜巡逻，维护社会治安，保障灾区群众安全……

因为亲人在受苦，所以我们要和他们同甘苦。方建义，桥梁检测支队小组长，每天和队员们一起，起早摸黑，风餐露宿，工作超过16小时。余震不断，他们毫不畏惧；自然环境恶劣，他们从不在乎。中暑了，吃点药，喝口水，又冲上去。受伤了，简单包扎一下继续工作。陈波，公安特警队队员，当得知一辆装满赈灾物资的货车在凉水镇附近侧翻时但又没完全翻时，他冒着狂风、暴雨、闪电和余震，一直和司机合作，保持车辆平衡，整整坚持了17小时，直到救援人员赶来……

和救援人员一样，尽管余震不断，一个个浙江人却义无反顾地踏上青川的土地，他们有一个共同的名字——“志愿者”。

搬运物资、搭建帐篷、陪护病人……

从5月16日开始，温州永嘉人谷岳潘就一直在青川灾区。向灾区群众分发食物，帮助搞好卫生防疫……只要灾区需要，谷岳潘什么都干，他说：“我要和灾区人民一起渡过难关。”

因为我们是一家人，所以我们共同战斗。

我们是一家人　我们共创未来

青川，现在仍满是废墟和瓦砾。

青川，未来将充满希望和美好。

一个名词——“浙江速度”被一再提及。

在青川县城，空旷地带随处可见的彩条布大棚迅速减少，白墙蓝顶的活动板房正在迅速增加。这些变化源自于浙江来的援建大军。

材料源源不断地从浙江运过来，4100多名工人从浙江各地赶来……“浙江军团”正在青川县全面拉开战线，以“浙江速度”力争在最短时间内帮助地震灾区群众建起过渡安置房。

伤痛尚未平息，重建已经展开。在青川县城、木鱼镇等地，青川人和浙江来的救援人员一起鉴定危房，共同清理废墟。浙江派出的数千台机械在为青川的重建出力。在姚渡镇，卫生防疫组专门派4位会插秧的队员帮助村民徐祥邦插秧。

在青川，远不止一个“浙江速度”：“帐篷银行”、“帐篷小卖部”、“帐篷学校”……随着浙江物资源源不断地到来，当地的一家家机构正在迅速展开为民服务，一个个好消息也在传来：学校将在8月初复课，工业企业也在准备开工生产。

浙江给青川的援助，不仅在于“输血”，还在于帮助“造血”。

6月11日，浙江省公安厅交付了对口支援青川县公安局的首批总价值230余万元的物资，直接援助资金160万元，一批先进警用设备被引入了青川。

我省医疗救援队也在努力，试图留下一支“不走的防疫队”。在黄坪乡、清溪镇、姚渡镇……医疗防疫队员们在进行卫生防疫工作之余，还对当地村民展开培训，编写卫生防疫知识顺口溜，尽可能传播知识。

将来，或许会有更多的浙江援建队去青川，更多的知识技能将在那里传播，青川未来必定会更美好。

因为我们是一家人，所以我们共创未来。

6月5日

◆中央军委委员、中国人民解放军总政治部主任李继耐上将在青川视察工作。

◆国家气象局副局长宇如聪到青川视察灾情，指导抗震救灾工作。

◆省政协副主席解洪、黄润秋带队到青川调研县城选址及规划相关工作。

6月6日

◆中共中央政治局常委、国务院副总理李克强到姚渡镇视察抗震救灾工作。

◆交通部副部长冯正霖一行检查指导抗震救灾工作。

◆省委常委、省总工会主席李登菊视察卫生防疫、工会等工作。

◆卫生部疾控局副局长马秀珍一行到我县视察灾情和抗震救灾工作。

◆河北省副省长宋恩华一行到青川视察灾情。

华西都市报记者专访马华市长

◎杨　东　简文敏　陈　诚

他，在地震极重灾区青川木鱼中学哭泣的画面，被央视记者拍摄，后被网友制成视频在互联网上广为流传，让他从此有了“性情市长”的称号。

他，就是四川省广元市市长马华。昨天，他笑容满面地来到第十一届全国人大二次会议四川代表团驻地。从哭到笑，这位白马藏族、能歌善舞的“性情市长”将怎样出现在全国人民代表大会这个大舞台上呢？

代表灾区群众感恩

门铃响后良久，四川代表团驻地1214房间的门才缓缓打开，刚刚从广元赶来的马华，一脸倦容地出现在记者面前。洁白的衬衫，整洁的西装，这与网络上流传的浑身泥土、泣不成声的形象已判若两人。“刚刚才躺下午休，你就来了。”没有寒暄，马华“性情市长”的风格展露无遗。

“来北京之前，我和市委书记罗强特别去了青川县黄坪乡枣树村，听取灾区群众意见。”马华说，这个村就是总理到过的村，村里悬挂起了“出自己的力，流自己的汗，自己的事情自己干！”“有手有脚有条命，天大的困难能战胜！”的标语。在这里，总理逐一询问村民们永久性住房建设情况，关心每家每户生活……深深感动着青川的群众。“临行前，村民们再三嘱托，一定要代表他们来感恩。”马华的感恩之语既来自内心，也受灾区群众的重托。如果总理到了四川团，他就会代表灾区群众邀请总理再到灾区。

800亿的“涅槃重生”

“在抗震救灾期间，大家都在关注我的哭；在灾后重建时期，我想让大家看到我的笑。”言谈中马华的语气充满激情，从哭到笑是信心的展示，这预示广元灾区的“涅槃重生”。

广元纳入中央重建规划的资金需求有1397亿，随着各级财政的投入，这些钱将在广元形成700亿至800亿的固定资产投入。“这笔投入已超过广元建市23年来固定资产投入的600亿总和。”马华透露，遭受大地震重创的基础设施建设已全面铺开，宝成铁路、兰渝铁路、成都至西安客运专线；广元至陕西、广元至甘肃、广元至巴中高速公路都已经动工。建成后，广元将成为连接西南、西北的重要交通枢纽城市。按照新广元的规划，将在2015年达到60万人口、60平方公里的规模。

全国各地“讨”项目

“我的信心还来源于广元的一些新项目。”马华告诉记者，这些每个高达10亿、几十亿的项目都是他和书记罗强，在地震后跑遍全国“讨要”来的。“当时我们做好规划上北京、下广州、到东北、去浙江，到处找项目。”去年7月一个月时间，他就跑了十多个中央企业、国家部委，“讨要”到几个几十亿的项目。产能达50万至80万吨的海螺水泥、中国铝业投资的12万至25万吨电解铝项目、110万千瓦的亭子口水电站、4×30万千瓦的坑口火电站、长虹与某军工企业重组的年产值达30亿的机械电子项目等项目均已动工。在马华看来，这些项目不仅是他的底气，也是广元社会经济发展，人民脱贫致富的关键。

灾后重建缺专业人才

“很多人都在问我，灾区现在最缺的是什么?”马华表示，广元是革命老区，有着自力更生的优良传统。在灾后重建的关键时刻，现在最缺的就是建材，主要是砖。广元只有30亿匹砖的产能，建永久性住房却需要40亿匹砖。其次就是配套资金，众多的项目投入后，地方政府也要投入相当规模的配套资金，广元一直靠财政转移支付，一时要拿出这么多资金，是有难度的。另外缺的则是懂项目、会申报项目、搞项目的技术人才，以及对资金监管的审计人才。

唐山市市委书记赵勇给广元市市委书记罗强的一封信

罗强同志：

你在抗震救灾的前线，辛苦了！

5月12日，惊悉四川省汶川一带发生罕见的强烈地震，对灾区人民的情况十分关切。这几天来，曾经遭受过大地震灾害的唐山人民感同身受，时刻关注着灾区人民，并以实际行动支援灾区抗震救灾。市委、市政府迅速成立了援助地震灾区抗震救灾领导小组，全力组织支援抗震救灾工作。连日来，唐山广大干部群众不忘当年全国人民支援唐山抗震救灾的深情厚谊，踊跃奔赴灾区志愿抢险、服务，或以捐款、捐物、献血、介绍抗震救灾经验等各种形式支援灾区。截至目前，我市已向灾区捐款5000余万元，捐物价值1000余万元，派出了200多人的医疗队、抢险队、专家组和心理咨询专家志愿服务队，另有200多名群众自发赶赴灾区抢险救灾。

我市还成立了由当年指挥过抗震救灾的老领导、老专家组成的专家咨询委员会，根据灾区情况及时会商应对措施，供中央和灾区指挥抗震救灾决策参考。

这次罕见的灾情，牵动了每一名唐山老百姓的心。在党中央、国务院的坚强领导下，我们将倾尽所能，全力支持你们一起夺取抗震救灾的全面胜利！

祝灾区人民早日夺取抗震救灾的全面胜利！

中共河北省委常委、唐山市市委书记：赵勇

2008年5月16日

唐山兄妹　大爱无疆

◎李荣昌　李先钺

5月13日晚，刚小产5天，待在家中静养的41岁的唐山人王爱玲，忽然从电视上看到“5·12”汶川特大地震的惨状，禁不住悲泪横流……

首次入川

5月14日上午，王爱玲急忙与唐山市红十字会联系，申请去四川当志愿者。

5月17日上午，她得到回音，有三车货急需运往四川灾区，还需要两辆大车，20日出发。

王爱玲握着电话听筒，十分兴奋地说：“我家有两台，是新车，可以立即去!”

21日，王爱玲同丈夫刘宝贵商量后，就和四哥王增庆、表姐阚翠花3人聘请了4个驾驶员（每个司机每月4000元报酬），满载两大车方便面、矿泉水、棉被、药品、50部联想手机等价值200多万元的救灾物资，与红十字会的车一道连夜兼

程，直奔四川灾区。

王爱玲一行从广元奔往青川乔庄。一路上，山险坡陡路弯，余震频发，悬石不断飞落，每辆载重 24 吨的大车，随时都有车翻人亡的危险。

走到一个山道上，路边一个八九岁的小男孩，只穿着小裤衩，举起写着"谢谢你们"的小纸牌，口中直喊："叔叔阿姨，谢谢你们!"

王爱玲一行全部落下眼泪，他们把自己随身携带的食品被褥等价值 1000 多元钱的东西，全部捐给了路边小朋友的家人。

23 日下午 2 点过，3 辆大车安全抵达了青川县物资接收处，因为前来救援的车多货多，直到晚上 9 点过，货才卸完。

而此时她们早已又渴又饿，考虑到灾情严重，大家决定忍饥挨饿，等到明天再说。

路边一个 61 岁的沙州移民老太婆董金兰，问明这一行人的情况后，马上给他们煮了一锅汤，劝大家喝下去。

王增庆带着几个司机，到车上去过夜。王爱玲、阚翠花和唐山市红十字会一名工作人员只好坐在路边，等待黎明的到来。晚上 11 点过，20 多岁的唐晓燕，抱着几个月大的小孩，来到王爱玲 3 人面前，轻声地询问："你们是哪的?"

“唐山来的。”王爱玲站起来回应。

“那，你们到我家去休息吧!”

“不用了，我们在这里坐一会儿就行啦。”王爱玲心想，这种时候，怎么能去打扰受灾群众呢？何况还是一位婴儿的母亲？

没过多久，唐晓燕抱着孩子又来邀请他们，王爱玲又亲切地回绝了。唐晓燕抱着孩子第三次来时坚决地说：“你们都穿着短袖子，肯定要冷感冒。你们不去，我就不走了!”

没办法，王爱玲3个人只好跟着唐晓燕，走进了唐晓燕那8平方米的帐篷里，唐晓燕安排他们赶快休息，自己就抱上孩子，走出了帐篷。

3个又累又疲惫的人，倒上床就睡了过去。还没做完一个梦，就被婴儿的啼哭声惊醒，王爱玲看看手机上的时间，已经睡过了3个多钟头。

王爱玲寻着婴孩的哭声，掀开帐篷，唐晓燕竟抱着孩子坐在黑暗清冷的帐篷外，泪水禁不住掉下来。

王爱玲他们被青川人的真情所感动，决定留下来!

第二天，他们找到副县长杜非，希望用这两辆大车义务救灾。

杜非兴奋得近乎狂喜，马上安排他们去山珍市场，同部队官兵一起，清运废墟垃圾。

夜幕又冰冷地降落，几个人的住处仍是个问题，好心的董金兰，给他们抬来一个柜子，用塑料布，为他们搭了一个简易的窝棚。

25日，北京《西部时报》几个记者，找政府解决了一顶36平方米的玉兰色大帐篷，交给王爱玲他们。周围的老百姓不请自来，搬来木板，抱来被子，帮助王爱玲他们搭建好帐篷，他们这才有了一个“家”。

王增庆带上两辆大车清运废墟。王爱玲、阚翠花姊妹走村串户，为孤寡老人特困户发放爱心资助现款1.1万多元，还买上食品，背上背篓，到山上去慰问无家可归、缺吃少喝的受灾群众。

5月25日下午4点21分，突发6.4级余震，他们正在作业的车，被楼上飞落下的水泥砖块，砸坏了一辆大车的倒车镜和玻璃。

“6·1”儿童节当天，王爱玲一行人买回书包、文具，赠送给了回龙小学校，同孩子们过了灾后第一个丰盛的儿童节。

由于没做更多充分的准备，清运完5万多吨废墟残渣后，一辆车坏了一个大轮胎，车斗也出了故障。王爱玲三兄妹决定回一趟唐山，修好车，再来青川。

第二天下午2点过，三兄妹准备启程，没想到远近涌来上千群众。一位中年妇女抱着王爱玲，泪流满面地说：“你们走了，我们咋办呀？”

当时的场景，连见过不少大场面的四川电视台记者张超，也被感动得热泪横流。

往事回眸

32年前，突如其来的唐山大地震，一瞬间，把12岁的王爱玲和她的4个哥哥还有父亲，全部埋在废墟里，只有赶去上夜班的母亲躲过灾难。

5个人被埋了一天一夜后，终于被子弟兵救出，他们从此对这个世界满怀一颗感恩的心。

王爱玲丈夫刘宝贵，唐山大地震痛失5个亲人。

阚翠花那刚病愈出院90多岁的父亲，听说女儿要去四川灾区，立即说：“快去！过去是解放军和全国人民救了我们，你不用担心我！”

王爱玲5兄妹、自己的丈夫和表姐，都遭受过大灾难的袭击，痛彻心扉，这次义无反顾，不图名，不图利，他们只图用自己感恩的心，为灾区老百姓切切实实做一点事情。

5月30日，中央军委委员、国务委员兼国防部长梁光烈上将，到青川县城东桥宾馆废墟清理现场，接见王爱玲时问她：“你们为什么从唐山到这儿来？”

王爱玲朴实地回答：“我们是来报恩的！32年前，是党和人民，是人民解放军，给了我们第二次生命，我们只是尽我们一点力，为灾区人民做点力所能及的事情。”

再来青川

王爱玲三兄妹回到唐山，抓紧修车，再同其他几个亲人一联络，大家决定，全力以赴再到青川帮助那里善良而无家可归的人们。

6月23日上午10点，“唐山志愿者王爱玲抗震救灾爱心车队”，18个人，8辆大卡车，再次抵达青川。他们迅速把随车从唐山买来的大米、菜油、方便面等3万多元的食物，按1户1桶油、1箱方便面、一袋20斤重的优质大米，分赠给了周围近300户受灾群众。

随即又迅速投入到清运废墟的战斗中，由于车身庞大，进城入市只能在晚上。他们还同部队官兵一起，参与平整搭建活动板房的场地。

我们算了一笔账，王爱玲和她的车队，不算捐赠给老百姓的款物，一辆车路上单边油钱4300多元；每天在青川投入运转，8辆车需耗油钱2500元；车都是他们以前贷款买来，每辆车每月要给银行归还贷款11300多元，需两年还清。

8台车，17个人，在青川连续奋战100天，为青川抗震救灾和灾后重建无偿耗资100余万元，她们把无疆大爱撒遍青川，口碑树在人民心中。

她对我们说："我们虽然只是普通老百姓，也没多少钱。但是，我们要用我们的良心，尽我们的力量，帮助灾区人民，直到8月底清理完城里的废墟，看着老百姓都住进了过渡板房，我们才回唐山去。"

6月7日

◆巴基斯坦物资捐赠代表团来青川。

◆11：00国家公安部消防局副局长许兆亭少将到青川视察棚户消防安全工作。

6月8日

◆省政府灾情核查组王琪处长一行到我县视察灾情及乡镇重建规划工作。

◆13：10浙江省教育厅副厅长张绪培到青川视察灾情。

6月9日

◆绍兴市市长钱建明一行察看灾情。

◆武警总部司令员吴双战上将在乔庄慰问武警队伍。

◆副省长黄小祥视察灾情及商业金融网点恢复情况。

◆省政协常务副主席晏永和到红光东河口视察灾情。

◆中纪委纠风室主任赵惠令，省纪委副书记任俊军、纠风室主任罗文德等领导督导救灾物资发放管理工作。

6月10日

◆举行青川职高2010级赴浙江就读交接典礼。

◆宋庆龄基金会一行到青川视察灾情，商洽学校援建项目工作。

6月11日

◆10：00最高人民法院财务装备局钟局长到青川察看灾情。

◆国家档案局副局长李和平视察灾。

◆国家"5·12"汶川大地震震后重建专家组欧进萍、周福霖院士一行到青川视察灾情。

感动青川的陌生人

◎高利锋

5月21日，青川县茅坝乡。

茅坝乡党委书记赵仕亮焦急等待着6顶大帐篷和1210床棉被的到来。在他的周围，是一群同样满眼期盼的受灾群众。

17时，一辆挂着“冀”字牌照的出租车，引导着两辆卡车出现在崎岖山路上。

赵仕亮紧握着从出租车里出来的一位汉子的手，“你是茅坝的恩人啊！你可帮了大忙啦!”

这位汉子，就是省会“学雷锋车队”队长贾德利。

“温总理地震后马上赶赴灾区的电视新闻，让我感动不已。”53岁的贾德利说，看到那个画面，曾有过救援唐山大地震经历的他再也坐不住了。

14日凌晨，贾德利与朋友谷岳潘带上一车救灾物资，星夜驰骋，27小时飞奔1400公里赶到青川县。

在此之前的13日，他和谷岳潘为灾区捐了款后，又花8000元购买了八宝粥、消毒液、方便面、矿泉水、藿香正气水等物资，并购买了灾区交通图，连夜把救灾物品搬运上车。

先是在青川县木鱼镇参与了废墟救人，后又到凉水镇随军队开展卫生防疫和消毒工作。18日下午，贾德利和谷岳潘在运送消毒药剂途经青川县茅坝乡时，偶遇正为乡亲们筹集“救命粮”的茅坝乡党委书记赵仕亮和乡长贾红梅。“我们茅坝乡共1276户，4700多人，全乡的房子90%以上都塌了，老百姓无家可归，急需食品和饮用水。”

“这样的干部真是让我们感动，得帮帮他们。”贾德利说，恰好就在此时，石家庄的志愿者马玉伯给贾德利发来短信，询问灾区都需要什么样的帮助。他把茅坝乡的情况跟小马一说，几小时后便接到了小马的电话，说是已联系到成都的志愿者，还有许多网友正在为茅坝乡捐赠款物。

事情的发展让贾德利也感到吃惊：仅仅一天，这些志愿者就筹集到15450元钱和一万箱方便面、一万袋饼干及矿泉水、消毒液等物资共计14

吨。20日上午，两辆货车便将这些物资运抵茅坝乡，当地群众沸腾了。

接连几天，贾德利的手机成了热线电话，一批批帐篷、棉被、瓶装水、消毒液等物资运到了茅坝。

夜里枕着矿泉水瓶子入睡

就在贾德利抵达青川的那一天，廊坊文安县的杨俊强也开始准备奔赴灾区。

38岁的杨俊强是文安县最活跃网站“大众论坛”的一个网友，现实生活中，他在县城经营一家五金批发公司。5月16日，他决定去灾区当志愿者，抱着试试看的心态在“大众论坛”上发了个帖子，希望能找几个伙伴。

“没想到，不到10个小时就有50多个人报名参加。”该论坛的管理员靳永青说，17日下午，他们就一起召集报名的网友在文安宾馆见了面。经过他俩的“面试”，最后定了8个人。其中，有医生、护士，也有退伍军人、村干部、老司机，年龄最大的41岁，最小的只有23岁。“这8个人都是有一定特长，而且身体素质较好的。”

18日一早，他们购置了1700袋方便面、20箱杀虫剂和2箱常用药品。中午装完车，9.5米长的大货车，满满一车，下午2时启程开往灾区。大货车上有两个他们的志愿者，还有5个专门找来的15年以上驾龄的司机；其他6个志愿者在19日上午乘飞机到达成都。

这支志愿者队伍到成都后，一下飞机就开始到当地的灾区群众安置点装卸物资，整整忙了一天。第二天凌晨，与赶来的物资车汇合，一起进驻到江油市太平镇。

太平镇不是重灾区，但很多北川的受灾群众都安置在这里，当地政府管理压力很大，很多工作都依靠志愿者来完成。他们被安排到太平镇的一个村子，负责统计受灾人数、伤员人数和供应食品、车辆消毒等工作。

他们第一天就被这个村子的受灾群众给惊呆了：看到有人来送食品，这个村子的1500多人蜂拥而至，一阵骚动。“我们是志愿者，大家不要冲动，粮食供应很充足。”杨俊强开始发挥他的领导才能，整个村子渐渐恢复平静。

经过他们8个志愿者的努力，这个村子的受灾人数、伤员人数统计和供应食品、车辆消毒等工作开展得井井有条。为此，当地政府还拨给他们30名来自全国各地的大学生志愿者，由他们调配。

志愿者们夜里都是枕着矿泉水瓶子入睡，一天仅休息两三个小时。他们的努力，赢得了当地群众的尊重。有次他们在成都市装卸物资忙到夜里十点多，没地方吃饭，只有一家大饭店还营业，他们就餐后，经理一看他们套袖上的志愿者标志，说啥都不让他们付钱。“我们是来给你们帮忙的，不是来添麻烦的，不给你钱我们对不起你们四川人。”志愿者还没说完，饭店经理一句话把他们挡住了：“要了你的钱，我对不起全国人民！”

奔波五昼夜　就为让孩子有笑脸

残垣断壁、满目疮痍的灾区，时刻都在震撼着志愿者的心，而那些痛失亲人的儿童可怜求救的眼神，更是让他们心如刀绞。

“看到电视画面中孩子挣扎的身影，废墟里一排排整整齐齐的小书包，我的心都快碎了。”觉得捐款不能让自己心里平静下来，5 月 19 日，省会湾里庙商场经营童装批发的常颜政两口子，专门开车携带物资去了趟四川。孩子们收到物资时的笑脸，让他们欣慰，但很多孩子不能上学的处境又让他们揪心。

21 日夜里，他们返回石家庄。22 日，一上班，他们便将去灾区后遇到的情况向商户们详细地述说了一番。孩子们不能上学的遭遇，牵动了众多商户的心！于是，大家纷纷找到商场总经理靳军反映这个情况，希望商场能够组织大家为灾区儿童捐赠些学习和生活用品。从上午 10 时开始，仅用了不到一个小时时间，全商场 200 多商户就自发捐赠了价值 30 多万元的书包、奶瓶、小毛巾被、童装等儿童用品，并且所捐赠物品全部是没有打开包装的新物品。

这些商户们唯恐铁路托运在“六一”前运不到灾区儿童手中，立即决定自己组织一个车队送过去。很快，两辆面包、一辆皮卡和一辆天籁轿车组成的车队就装满了物资。除了大家捐赠的儿童用品，他们还买了两篮子风油精和一些食品。

“我们商场众多商户、员工的心从来没有这样齐过，仅用了几个小时大家就自发地将所捐赠的 8000 套儿童用品装车完毕。”刚从灾区返回的刘继军感慨道。

车队从 23 日 11 时出发，一路马不停蹄，11 个前去送货的商户代表谁也没有吃过一口饭。期间穿越了 100 多个山洞，由于震灾，一些路段需要绕道而行，直到 5 月 24 日中午 12 时他们才到达四川广元。

当地民政局工作人员看到他们，非常感动，迅速组织志愿者卸货。随后他们还去了绵阳九洲体育馆，看到被蚊子叮咬起红包的孩子，赶紧将带来的风油精和车上装的食品全部搬了出来。

“我们在前往震灾区运送儿童用品的5天时间里，没有吃过一顿饱饭，没有睡过一个好觉，但看到灾区儿童收到所赠物品那个高兴劲儿，就忘记了疲劳。”27日上午，刚从震灾区返回商场的湾里庙童装批发市场员工王伟利说。

每个安置点都有河北志愿者

在5月31日的电话中，贾德利连续两次让记者“等20分钟再打过来”。原来，省文明委送来的233套桌椅上午已经送达，他要负责协调和发放。“广安的一个市民听说此事后，又专门购买了500套桌椅，怕‘六一’之前送不到，他已经租了大货车往这边赶了，”贾德利说，“咱们赶紧说几句，我待会儿还得到路口去迎接他。”

就在贾德利在青川为发放救灾物资忙得不亦乐乎时，距离震中更近的张东良，却因为物资不足而在德阳一脸沮丧。

张东良是邯郸橄榄绿青年志愿者服务团的负责人，他在电话里说，一些偏远的村落，由于交通瘫痪，政府部门的物资很难及时送达。“还有很多地方需要志愿者、食品和帐篷，但我们的第一批物资已经发完了。”

这个志愿者组织震后第三天即开始行动，制作了一辆宣传车，一路经陕西、甘肃、四川等各受灾区进行沿途宣传；同时还组织了17人的团队，携带一卡车救灾物资于5月23日赶往四川绵阳。先后在绵阳和德阳装卸物资、清理废墟，并冒着6.4级的余震在绵阳市安县秀水镇小学的废墟中抢出成捆的新书。在返回绵阳的路上，他们把一名大腿骨折的6岁小孩紧急送到了医院。

“看到很多比较偏远的村落，人们仍然没有充足的粮食，没有帐篷，我们的心情非常沉重。”张东良说，从绵阳赶到德阳后，他们见到了一些孩子，他们在地震中死里逃生，但是由于交通的问题，没有办法及时转移，不得不留守在重灾区。因为物资还没有办法顺利运进来，为了生存和生活，这些孩子不得不在废墟中捡东西，让人心酸。

赶来支援灾区的河北民间志愿者中，还有很多让人感动的人和事：衡水市枣强县芍药村书记王文忠发起的“爱心救援队”，成员既有14名村民，还有闻讯加入的8名中国人民大学的大学生，最终组成23人爱心救援队，5月14日晚上从北京乘飞机赶到成都；秦皇岛市昌黎县27岁的孙伟伟，怕父母不同意，14日一大早，便以急用钱的借口，从大姑家借了6000块钱作为路费，赶赴灾区；在汉旺镇救灾现场，一个来自保定的六旬老人手持铁锨奋力清理废墟，头戴的橘红色安全帽上赫然写着“党员志愿者”……

与此同时，邢台、沧州、张家口、承德等几乎河北省所有的地市都有志愿者，带着燕赵儿女最朴素、最挚诚的深情，在第一时间，以最快速度，奔赴抗震救灾第一线。

"目前无法统计到底有多少志愿者参与到抗震救灾的行动中，但可以肯定的是，几乎每一个灾民安置点，都有河北民间志愿者的身影。"共青团四川省委有关工作人员在电话中说，在生命破碎的巨大伤痛中，人道大爱的彰显，让人感动。

6月12日

◆国家民政部救灾司司长王振跃到青川视察灾情。

◆卫生部应急办主任陈贤义、卫生部新闻办主任、新闻发言人毛群安、国家疾控局局长余竞进、卫生部卫生监督局副局长王雪凝一行到青川指导灾后卫生防疫工作。

◆中纪委驻交通运输部纪检组组长杨利民一行到青川察看灾情。

6月13日

◆省人大常委会人事代表工作委员会副主任弓继柏一行到青川视察灾情。

◆国家安监总局王副局长、省安监局局长林书成一行到青川视察灾情。

◆中国人民解放军总后勤部副部长王谦中将到青川视察。

◆省商务厅厅长谢开华带领省厅外贸处、厅服务中心的相关领导到青川灾后重建情况。

◆全国政协委员、九三学社中央副主席邵鸿一行到青川视察灾情。

◆《今日青川》发刊。

◆唐山集川药业总经理刘亚辉代表公司向青川灾区捐赠价值100万元的药品，县政协主席党兴谷向王爱玲、卢胥梅等4名唐山市志愿者颁发首批青川"荣誉市民"证书。

6月14日

◆国家公安部消防局纪委书记陈家强一行在我县视察灾情。

6月15日

◆省长蒋巨峰到广元指导抗震救灾工作。

6月16日

◆省民政厅副巡视员程永信在沙州视察灾情。

6月17日

◆省驻广工作组副组长晏永和一行到青川调研指导抗震救灾工作。

◆成都军区副司令员、联指副指挥长范晓光到青川看望慰问部队官兵。

用大爱践行西部计划的誓言

◎李　华

青川，大学生志愿服务西部计划项目实施地。5年来已有百余名西部计划志愿者先后服务于青川。2007年7月，来自全国各地的31名志愿者开始了他们的服务生涯。在“5·12”汶川特大地震面前，他们与第二故乡共同经受了千年不遇特大自然灾害的考验，用他们的大爱践行了西部计划的神圣誓言。

危难时刻　践行志愿者精神

5月12日下午，服务于县纪委的志愿者于雷，正为全市残疾人先进模范事迹报告会做会务服务。地震发生时，他毅然奔向残疾人休息的青川宾馆，将一名双腿严重伤残的残疾人从三楼背到楼下空地，并组织其他人员向宽敞的地方转移，当发现一名惊慌跳下二楼致使腿部严重摔伤的中年妇女时，他又立即背到青川中学找医务人员救治。随后，受县纪委领导安排，他来回跑遍全城，为受灾群众落实帐篷、抢救伤员、安抚学生、寻找食品药品等，夜以继日奋斗在抗震救灾的行列。

服务于县委办的2007届志愿者班长唐艳军也在当天经历了一场生死考验。震后的第一时间，他陪同县委常委、办公室主任王生跃，怀揣第一封“鸡毛信”直奔广元。一路上余震不断、滚石乱飞，路塌了，他们翻过乱石坡；桥断了，他们趟过黑泥河，终于费尽千辛万苦赶上前面的队员。为了汇报沿途灾情，唐艳军领命独自返回。危险时隐时现，孤独、害怕可想而知。当看到数百名惊慌失措的受灾群众时，他高喊：“我是志愿者，我是县委办的，请大家赶快撤离到宽阔地带。”并组织受灾群众向乡场镇转移。途中，他还将一名受伤老干部安全送到附近医疗救助点救治，把五名从绵阳来青川的游客安全带回青川。

正是这危难关头的一声呼喊、一个行动，向第二故乡、向祖国和人民喊响了“到西部去，到基层去，到祖国和人民最需要的地方去”这一神圣誓言。广元市监察局杨正平副局长在了解于雷等志愿者的事迹后，赞扬说：“心怀大爱赴一线，抗震救灾践诺言；哪里危险哪有他，闪光青春留深山。”

立足岗位　把服务坚持到底

震后第一天，如何联系、安抚、组织好志愿者，成为一大难题。服务于团县委的志愿者李暑妹受团县委安排，多渠道收集、汇总志愿者情况，积极安抚志愿者，妥善安置了城区志愿者的吃、住问题，并参与组织部分城区志愿者参加为武警官兵送水、为临时居民安置点群众送饭等活动，组建起了一支西部计划志愿者抗震救灾突击队。人齐了，心稳了，31 名西部计划志愿者共同喊出了“立足岗位，把服务坚持到底”的口号。据不完全统计，截至 7 月底，这支队伍共开展了转移受伤群众、为武警官兵义务理发、免费搬运救灾物资等活动 200 余次，在青川竖立起了一面高高飘扬的旗帜。

服务于县广播电视局的志愿者刘德周，担任该局的摄影记者。在木鱼中学，看到哀嚎的学生家长和不幸遇难的学生尸体，他扛着摄像机，眼睛都哭红了，但为了保证及时向上向外报送灾情，他咬紧牙关坚持着。近两个月来，他与单位同事白天摄像，晚上写稿、编辑，一直工作在一线；金子山乡政府志愿者李中均、前进乡政府志愿者蒲恩闯、白家乡志愿者张小弟等配合乡党委、政府转移受灾群众，分发救灾物资，统筹协调各项灾后重建工作，起草各种文件等；开发性金融合作办公室陶晓琼，参与负责滨河广场临时居民安置点的管理，参与统计、整理和上报灾后重建项目等规划表册。31 名志愿者在各自的岗位上不分昼夜地忙碌。

一名志愿者在总结里说：简易的彩条布下，我们一如既往地办公作业；在热如蒸笼的帐篷里，我们依然快乐生活。青春的风采、亮丽的形象，也许就体现在这个特殊的日子，体现在这群西部计划志愿者的身上。

陕西志愿者联盟

◎梁敏超

为了播撒大爱，他们从陕西一路走来，相聚到青川。

我们在桥楼乡河西村见到了陕西志愿者联盟的朋友们。之所以叫志愿者联盟，是因为他们来自陕西不同的地方，却因为共同的理想走到了一起。在他们中，最小的只有19岁，最大的已经68岁。

作为一个退伍老兵的王宏强，陕西志愿者联盟的组织者。7月20日，这已经是他第五次来到灾区了。这次他不仅把榆林横山县的村干部带到了极重灾区青川，还带上了还在读高中的19岁的儿子。

曹如有，68岁，中国共产党老党员，当了32年的村委会主任，现仍担任着村委会主任。地震后，他用实际行动履行着一名普通党员的职责，在68岁之际，来到了极重灾区。他说，在看到电视上关于地震的消息后，就萌生了来灾区的念头，哪怕来了只能为这里的人搬一块砖头，也不会后悔这个选择。他又说，他是一名共产党员，哪里需要，就要到哪里去，要懂得吃苦在先，享受在后。

今年9月，村委会就要换届了。他说，那时候他会考虑享受天伦之乐。对于来灾区，家人都非常的支持。虽然68岁了，但曹如有身体硬朗得很，搬起砖头来一点也不逊色于年轻人。

和曹如有一起来的还有同村的两位村干部，会计曹宏成，村支部书记刚退伍的军人儿子艾先楼。从同一村子里走出来的三个共产党员，用实际行动在灾区默默的实践着共产党员的先进性。

志愿者联盟的朋友们，还出钱出力为桥楼乡盖了两个木房，供村民们平时休息，以及小孩子遮阳挡雨玩乐。

清理废墟、打扫卫生、盖房建屋、记录灾区的动态等工作，志愿者联盟的朋友们一直忙碌着。他们自己搭帐篷，自己烧饭做菜，不给村民带一点麻烦。他们说，等过段时间，他们还打算为村子打口井，解决这里用水紧张的问题。

我们祝愿陕西的志愿者朋友们好人一生平安！

不去青川会后悔一辈子

——浙志愿者辞职奔赴灾区

在青川，随时随地都可以看到志愿者的身影，他们每一个人都有一个动人的故事。这些故事带给我们的不仅仅是感动，还有很多人生的思考……

在记者随车盘旋在盘山公路上时，想到如果他在，他总会提前赶到塌方区的公路边，抬头注视着山坡，替我们监视着有没有巨石滚落，一边挥手指挥着车辆。

地震发生后他辞掉了原来的工作，第一时间奔赴灾区。他说："工作可以再找，但是不去的话我会后悔一辈子!"他并不跟随别的组织和单位，凭借"我们是一家人，我要去帮我的家人"的信念，只身来到灾区，哪里有需要他就在哪里；他在自己重病的父亲和灾区同胞的需要中毅然决定选择了后者。他叫王旭东，浙江富阳人，这里的年轻志愿者称他为王大哥。

"累不累，看看我们王志愿!"王旭东穿一身迷彩装，脸已晒得很黑了。他胸前佩戴的徽章写着这样的几个字："听党指挥，服务人民，英勇奋战。"5月18日，他赶到成都，在机场就当上了救灾物资的搬运工。那两天里他只站在墙根睡了一两个小时。

到了青川后，王旭东被这里的灾情触动了，他觉得自己能做的就是尽自己最大的努力，来帮助这里的人们重建家园。他先后跟随温州医疗队进行灾区疫情排查，参与成都军区官兵的人员物资抢救和灾区家园重修。无论是在哪个地方干活，他总是挑最累最苦的活干，他对部队的战士们说："你们做什么我就做什么，千万不能因为我是志愿者就和你们待遇不一样!"有一次他在和战士一起抢修时头部受了重伤，但是送到医院作了一下简单包扎他就坚持出院了。部队的营长在领导视察时是这样介绍王旭东的："累不累，看看我们王志愿者!"

他是孩子们的好朋友，而王旭东同样很喜欢孩子。当他发现楼桥小学的部分同学存在一定的灾后心理障碍时，他找到了从事心理疏导服务的志愿者，为这些孩子做团体的辅导和咨询；他收集了很多灾后受创的孩子的资料；他拿着铁锹帮助青溪初中的板房教室清理淤泥；他把自己的联系方式给了所有的孩子，告诉他们："有事给我打电话，想要什么我给你带来。"他还和学校里的孩子们搞过一次联欢会，在联欢会上他唱了一首歌："手牵着手，不分你我，昂首向前走，让世界知道我们都是中国人。"他说，这是他最想和孩子们说的话！

赴川后王旭东回过一次家，村上所有人都为他而骄傲，全村的人都出来迎接他这个抗震勇士。王旭东7岁的儿子可以骄傲地对同学们说："我爸爸是灾区的志愿者，我爸爸是大英雄！"在青川还有许许多多来自浙江的志愿者，记者记下来的是极少数，他们是曾经报道过的大北（本名魏钧），来自仙居的李舒欣，来自温州的周选慈……

6月19日

◆中共浙江省委书记赵洪祝，省委常委、常务副省长陈尔敏到青川视察。

◆浙江省教育厅厅长刘希平与青川商洽教育恢复重建事宜。

6月20日

◆中宣部、文化部、广电总局、总政治部、中国文联抗震救灾"心连心"艺术团赴四川灾区慰问演出第一小分队到青川上坪慰问演出，戴玉强、谭晶、王宏伟、刘劲等著名歌唱家、演员参加演出。

6月21日

◆省民政厅张副厅长到关庄视察灾情。

6月22日

◆中日"四川汶川地震"灾害修复考察团到达青川查勘并指导抗震救灾工作。

6月24日

◆浙江省杭州市市委常委、副市长沈坚一行到青川察看灾情。

6月25日

◆县委书记李浩生、县长陈正永在成都参加新闻发布会。

6月26日

◆国家税务局局长肖捷、副局长解学智一行到青川指导抗震救灾工作，省国税局局长张崇明等陪同。

◆青川遭受大风冰雹袭击，持续时间约半小时。

洋学生情驻黄坪小学

◎生　伟

7月10日，黄坪小学迎来了一群特殊的人：美丽的德国姑娘Lucy（中文名白贵兰）携金发碧眼的美国小伙James（中文名川建明）、George（中文名红火）以及中国成都志愿者王庆一行5人，受“四川地震救援队”组织者、爱尔兰人Peter委派，为黄坪小学学生送来各类学习用具和体育用品以及心理辅导书。随后，James和George留下来与孩子们一道开展丰富多彩的活动，让地震后的黄坪小学重又响起欢乐的笑声。

几位外国友人得以与黄坪小学结缘，还真有些意外。7月初的一天早晨，黄坪小学党老师在北井坝加油站遇到为青川捐赠物资的成都爱心人士李军，通过交谈，李军得知党是教师，就问他们学校的损失情况，需要些什么帮助。党老师告诉李军，地震中学生们的书包、文具、体育用品等损失很大。两天后，李军从成都打来电话，他说他把黄坪小学的求援信息告诉了一个叫做“四川地震救援”的志愿者组织，请党老师告诉他们学校校长的电话号码，该组织要立即与校方具体商谈援助事宜。7月10日，这个由外国友人组织、聚集了很多外国留学生的爱心团队，把他们捐款购买的近200个书包、200个文具盒、削笔刀、橡皮擦、上千支铅笔、300册心理辅导书和50副羽毛球拍、200多个毽子、30根跳绳、40根橡皮筋以及足球、排球各一个运抵黄坪小学。

停留一天之后，Lucy和王庆因事返回了成都，James和George留下与孩子们共度两个礼拜。在此期间，他们每天同孩子们做有趣的游戏，教说简单的英语、教唱简单的英文歌曲，并对孩子们进行专业的心理辅导。在该校刚刚建成的板房教学区，记者亲身感受了两位洋青年与黄坪小学孩子们妙趣横生、其乐融融的活动场景。

James和George告诉记者，他们非常热爱中国，在获知四川发生特大地震，并从电视上看到中国人民众志成城抗震救灾的情景时，他们的心灵受到了震撼，便通过网上报名加入了“四川地震救援”组织，想尽力为遭受苦难的中国人民做点什么。“我们还在继续募集资金，再买300多个书包，让这里的孩子们每人拥有一个新书包。”James用比较标准的汉语认真地说。

青川十五日

——蚌埠医学院附一院医疗队赴川救灾纪实

“5·12”四川汶川大地震震惊了中国，震惊了世界。当人们在震惊中醒来时，立刻想到的是灾区的同胞，是在废墟和瓦砾中的一双双求助的目光和伸出的手臂。在巨大的灾难面前，蚌埠医学院党委迅速组织了一支由9名业务骨干组成的蚌医一附院抗震救灾医疗队，按照省政府的统一安排，于5月15日急赴四川省青川县地震灾区。此后的15个日日夜夜，医疗队满载着对灾区人民的深情厚谊，冒着生命危险，连续转战在余震不断的青川县城、凉水镇、黄坪乡、曲河乡、青溪镇……

回忆起在青川的十五个昼夜，医疗队队长崔虎同志和他的队友们时而坚毅地咬紧了嘴唇，时而眼中噙满了泪水。

5月15日　生死时速

15日下午1时，飞机在成都降落后，医疗队员背着医疗器械和药品立刻乘车赶往重灾区青川县。盘山公路在山腰间延伸，“蜀道难，难于上青天”，一边是峡谷深涧，一边是巨石突兀。汽车在极为狭窄的山路上急驰，由于余震不断，不时有土块和巨石从山上滚落下来，毁坏的汽车随处可见，触目惊心。天色越来越暗，黑夜来临了，山路上尘土飞扬，即使打开汽车前大灯，依然能见度只有几米。一路上，队员和司机听着不时传来山体滑坡的“轰隆”声都闭口不言，崔虎队长回忆说：当时，大家都知道随时可能遇到危险，大家更知道，道路的前方是千百条孱弱的生命在等着我们。汽车在浓浓的夜幕里穿行，它是在抗拒着死的威胁，满载着生的希望，在与时间赛跑，与死神斗争。5月16日凌晨1时，医疗队到达瓦砾横呈的青川县城。

5月16日　路边诊所

16日下午5时，医疗队的一支小分队按照指挥部的指令从青川县城赶到凉水镇，凉水镇到处是残垣断壁，镇卫生院伤亡严重，房屋倒塌大半，剩下的也摇摇欲坠。当地灾民听说医疗队来了，从四面八方不断地涌来，医疗队员立刻从废墟中扒出两张桌子，摆在路边，铺上器械，开始紧急救治。医疗队员、骨科副主任张长春说：有发烧的、有腹泻的、有砸伤的、有刺伤的，还有被疯狗咬伤的，也记不清救治了多少人。路边诊所就像一盏灯，它给灾区的病人带来的生命的亮光。入夜的时候，疲惫的队员才轮流吃到了他们一天来的第二顿饭：一瓶矿泉水和一包方便面。

5月17日　危急关头

17日深夜3时，凉水镇小分队突然接到电话，被告知上游的堰塞湖随时有溃坝险情。有些人开始连夜撤离了，可是有许多病人躺在医疗队的临时防震棚里输液观察，还有三位伤势严重的病人亟待救治，这时又有一位50多岁的老人因为突发余震从二楼摔下。队员们说：我们走了，病人怎么办？在这危急时刻，我们医生不能丢下病人。崔虎队长紧急召集大家，立刻作出决定：坚持到天亮，如果大水真的溃坝，就带着病人和伤员一起向山上的高地走。事后，小分队得知，当夜凉水镇发生了山体滑坡，听说有人埋在了下面，由于通讯中断，留在总部工作的医疗队队员们悲痛难忍，泪流满面。

5月20日　两片肥肉

在青川的前六天，医疗队员分成几路，在小镇的废墟旁，在山上的灾民家，巡诊救助，日夜不停。男女队员们没人刷过牙，没人洗过脸，困了就和衣而睡，饿了就啃方便面，队员们的身体状况日渐衰弱。安徽省卫生厅要求各医疗队想方设法改善伙食，补充能量。医疗队员、脑外科主任苏贺先说：我和队长跑了3公里，买了一块纯肥肉的腊肉，找几块石头垒了一个土灶。那天晚上，9位队员每人分到两片煮熟的肥肉，他们笑了，认为这是进驻灾区六天来最奢侈的一顿晚宴了。同样，也在那天晚上，两位队员的妻子听到两片肥肉的事儿，在蚌埠的家中，哭了。

5月22日　申请入党

5月22日，连续奋战七天的医疗队接到紧急通知，96名在曲河乡抗震救灾的解放军官兵感染了全身性荨麻疹。曲河乡也是重灾区，道路损毁严重，加上余震不断，行车极其危险。崔虎队长说：我和副队长是党员，我们去；骨科副主任官建中说：我是最年轻的党员，我去。在大家争执不下的时候，队员、麻醉科主任陈兰仁大声地说：今天我不是党员，明天我就申请入党，就让我和小关去吧。后来，已经申请入党的陈兰仁同志告诉我，作为民主党派的成员，在青川的十五天，他真真切切地了解了共产党，认识了共产党，他真真切切地感受到共产党员在灾难面前永不屈服、冒死前行的精神气概，他们就像一面面旗帜战斗在抗震救灾的最前列。

5月23日　妈妈的手

5月23日是医疗队员、主管护师赵云的儿子10周岁生日，作为母亲，远在青川的赵云更多牵挂的是在地震中失去孩子的母亲和失去母亲的孩子。在青溪镇巡诊期间，赵云把一个名叫桂花的小女孩带在身边，中午休息时给她洗澡，梳好看的小辫子，傍晚给她买点好吃的，夜里带着她睡在身边。孩子很乖，赵云总是拉着她的手，生怕丢了似的。赵云说：网上有首诗歌，叫《孩子，快抓紧妈妈的手》，我每次想完整地读一遍，可是每次都流着泪，总也读不完……

5月27日　医疗队转战青溪镇

5月29日　医疗队离开青川

6月27日

◆民政部柳永发专员到关庄镇指导抗震救灾工作。

◆浙江省卫生厅副厅长王国敬率领浙江对口支援青川灾区卫生重建医疗队伍与江西、宁夏、合肥等省、市卫生应急医疗队进行交接，标志着浙江省卫生帮扶青川工作全面启动。

6月28日

◆副省长黄彦蓉到竹园镇视察活动板房建设情况。

6月29日

◆水利部副部长矫勇到青川考察。

6月30日

◆省政协环资委刘主任、省地矿局张局长一行视察马鹿中学灾情。

7月2日

◆省抗震救灾资金物资监督检查驻广元工作组组长毛云辉一行到我县检查指导救灾资金物资监管工作。

◆浙江省公安厅副厅长凌秋来一行到青川视察灾情和活动板房建设情况，看望慰问杭州特警。

◆石坝至马公通车，标志着全县因“5·12”特大地震灾害造成不通公路的乡镇全部恢复通车。

志愿者在青川

首都志愿者救援队誓师出征青川县　5月19日下午2时28分，由26名首都医疗志愿者组成的救援队，在北京奥组委志愿者部大厦前，通过默哀的形式誓师出征，赶赴地震灾区四川省广元市青川县。

天津万里送药志愿者　地震发生后，天津辛口镇的几名农民自发组成一支救灾车队，在最短的时间内筹集了价值50多万元的药品，火速上路。距离地震发生仅仅过去48个小时。这支车队因此成为天津最早赶赴灾区的民间救灾队。我们应该记住他们：高瑞琪、杨绍利、王同军、韩玉俊、吕纪双、王鹏、薛春生。在进青川途中被困的最后67公里耗去了他们72小时。

江西志愿者赴青川　团省委发出招募抗震救灾志愿者消息后，得到全省700余名热血青年的响应。经过挑选的30名精干力量组成了江西省青年志愿者抗震救灾服务队，赶赴四川省广元市青川县开展抗震救灾工作。

河南志愿者驱车赴青川　地震发生后第二天，大连几个人将开发区几家爱心企业捐赠的价值几十万元的救灾物资送到前线。经过河南濮阳市一家饭店就餐结账时，六七名女服务员知道他们准备灾区后，深为感动便悄悄商量一起凑钱把饭费给结了。到青川的时候已是晚上8点半多，一下车看到现场满目疮痍的废墟，几个人不由自主地都哭了！青川县县委书记和县长看到他们后，一一和他们拥抱一起，场景十分动人。

山西志愿者赴川7昼夜　在运城市区开一家保洁公司端木樱芳和杨平、侯金亮、崔海荣一起，组成4人志愿者小分队，自驾车奔赴青川县。从17日下午到24日晚，端木樱芳4人共在重灾区青川县和路上待了7天7夜。他们走村串户，将药品送到了937名灾民手中。

鞍山志愿者心理援助　由市心理咨询师协会组织的18人志愿者团队于17日开始在青川县凉水乡小学、关庄乡中学、苏河乡小学、蒿溪回民乡民族学校、乐安寺乡学校、前进乡小学和房石镇九年制学校进行心理援助。志愿者们吃住都很困难，但他们认为为灾区人民提供最需要的心理援助，无怨无悔。

蓬莱女只身入川　蓬莱市大柳行镇普通村民姜学叶在地震发生后，与丈夫商量后，从家中拿出 1 万元捐给灾区，接着又只身前往重灾区青川做志愿者。在青川，红十字会派给她一辆小货车往下面的乡镇送食品、物资，常常半夜才能返回，晚上就住在帐篷里。

60 **岁的志愿者**　由甘肃省青城县 60 岁的农民陈万仁发起组织的一支 5 人志愿者团队，在地震发生后，立即启程星夜奔赴灾区，在部队还未到达之前，他们就已先期而至并全力投入抗震救灾，日夜装卸救灾物资。他们为抗震救灾带来了不竭的动力，让灾区人民更有决心和信心重建美好家园。

小小志愿者　地震之后，青川中学南校区的中学生曾旗组织成立了临时团支部，做起志愿活动的组织协调工作。他们原本想参与救伤员，但因年龄小，经验不足，刚开始的时候，他们就给供电局打扫卫生、搬材料、搬临时搭建的板房砖块，去社区帮忙发粮等。志愿者支部的小志愿者还是《今日青川》的义务发送员。每隔三四天，小志愿者就结队到县委领走北井坝的刊物，然后分发到各个点，每次都要跑六七个点分发。这群年轻的志愿者，最小的只有 12 岁，最大的也只有 20 多岁。

邂逅夫妻兵　54 岁的徐丽芳是八达集团青川活动板房建设现场的指挥长杨正义的妻子，地震后主动要求到青川义务为员工们做饭。徐丽芳还自己出钱购买了大批的火腿、鱼干、香肠，数量很多的耐藏蔬菜，整整装了一卡车运到青川。建设队伍刚到青川时，很难买到菜，徐丽芳买的菜派了大用场。

宝鸡“独行侠”　灾情发生后，29 岁的宝鸡的志愿者张志强请了 5 天假，独自一人骑着摩托车，骑着摩托车翻山越岭 700 公里到达青川木鱼中学加入现场的救护队，帮助救援。

唐山兄妹黄晓云、黄晓燕　5 月 21 日，唐山市古冶区的个体运输户黄晓峰兄妹人开着自己家的两辆自卸车装载着唐山市红十字会运往灾区的物资，还装有黄晓峰赴灾区人员价值 3000 余元的食品饼干、面包、方便面、火腿肠、矿泉水等不畏路途艰险，来到了千里之外的青川县。在青川很短的时间里，他们慰问灾民，直接资助了四十多名在小学生救助款达五万多元。

浙、辽、川抗震救灾大学生志愿者团队到青川　7 月 15 日下午，来自浙江、辽宁、四川三个省份共 76 名志愿者到达青川，进行为期至少一年的志愿服务。在 76 名志愿者队伍中，有 7 名研究生，67 名本科应届毕业生，其中有 30 名来自对口援助青川的浙江省。他们中很多人放弃了原有的工作和出国机会，做好了吃苦的思想准备，选择了和青川人民一起同甘苦，渡难关。目前 76 名志愿者已经被分派到青川县各个乡镇进行服务，他们将满怀热忱、激情和奉献精神，用一到两年的时间为青川极重灾区服务，与受灾群众一起重建美好家园。

帐篷小学

青川和全国人民心连心

“5·12”特大地震发生后，全国人民在党中央、国务院的坚强领导下，万众一心，众志成城，展开了波澜壮阔、感天动地地抗震救灾斗争。13亿中华儿女心连心，同呼吸，共命运，军民携手，并肩作战，取得了一个又一个伟大的胜利。为讴歌灾区人民自强不息的精神和人民解放军、武警消防官兵听党指挥，服务人民，英勇善战的优良传统。总政歌舞团组织了由著名演员和歌唱家组成的慰问演出小分队分赴四川灾区慰问演出，把快乐带到灾区，让爱心在灾区传递，鼓励灾区群众坚定信心，重建家园。

这次来广元慰问演出的谭晶、戴玉强、尹卓林、刘劲、王宏伟等都是大家喜欢的演员。连续四场的演出，他们没有叫累，始终以饱满的精神状态、用最甜美的歌声表达对灾区人民群众和全体人民子弟兵的敬意。在电视剧《周恩来在重庆》中扮演周恩来的演员——刘劲用他苍劲有力的声音告诉受灾的父老乡亲：“你们不孤单，因为有13亿人民在你们身边。我们血脉相连，共同组成一个强大的中国，一个压不垮的中国。”

震不垮的广元人

◎孔祥武

汶川特大地震波及革命老区四川广元市，该市的青川县更是重灾区。“广元是红军战斗过的红土地，再大的困难都难不倒英勇的广元人！”广元市委书记罗强的话掷地有声。紧要关头，广元市6000个党组织、12万名共产党员、300万群众万众一心、不屈不挠、友爱互助，奋力抗震救灾。

特大地震摧不垮强有力的组织动员能力

5月12日，震灾发生后，广元市委、市政府主要领导第一时间赶到市地震局，站在院坝里召开了紧急会议。会议决定，立即向四川省省委、省政府报告灾情，迅速启动抗震救灾预案，成立了市委书记罗强任组长、市长马华任副组长的抗震救灾指挥部，市主要领导及市政府所有组成人员分赴7个县区，指导、协助当地党委展开抗震救灾。

交通中断、通信中断、电力中断……位于龙门山脉脚下的青川县没有了消息，25万百姓生死不明。

时间一秒一秒地流逝……下午5点至晚上，广元市委先后指派市长马华等4名市领导兵分三路，乘车、坐船、徒步星夜奔赴重灾区青川县。5月14日一大早，两天两夜没有合眼的市委书记罗强又立即奔赴青川县受灾最重的沙州镇、木鱼镇、乔庄镇、红光乡等第一线指挥抗震救灾。

为了确保抢救更多的伤者，广元市委火速动员。全市的民兵预备役、公安、武警、救援抢险队伍被整合起来投入青川灾区一线；市、县区各大医院被组织起来；4700多名志愿者由共青团广元市委组织，参与到行动中；水、电、通信等部门各司其职，全力抢修。短短几个小时，除青川县城外，市城区和其余县城区相继恢复了供电、通信和供水。

一个党组织就是一个堡垒

哪里最危险，哪里就有党组织的身影。

学生宿舍楼全面坍塌，852 名学生除 459 人逃离外，其余 393 人全部被掩埋废墟中……青川县木鱼镇初级中学在这次震灾中损失严重。木鱼镇党委及木鱼村党支部迅速组成 6 个党员义务队，立即投入抢险救人。附近骑马、板桥等乡镇党委、村党支部派来的 200 余名党员干部赶来了；解放军战士和武警官兵赶来了；专业救援队赶来了……

一个个生还者被及时转移救治；286 名遇难学生的善后处理进展顺利……

地震把青川县乐安寺乡震成了一片废墟，所辖 5 个村 95%的房屋受损。为了更好地开展工作，乡党委、政府迅速在办公楼前，用彩条布搭建了临时办公地，临时搭建的简易防震棚上，“中国共产党青川县乐安寺乡委员会”和“青川县乐安寺乡人民政府”的牌子格外醒目。许多村民说：“看到乡党委和乡政府的牌子，我们就有了‘主心骨’。”

大地震夺去了红光乡东河口村党支部书记、村委会主任的生命，“我是党员，跟我来！”在紧急关头，退休乡党委书记王天才挺身而出，在火线上成立了全市第一个抗震救灾临时党支部。临时党支部振臂一呼，让群众看到了希望。村支部副书记何清宝的 5 位亲人不幸遇难，但他强忍悲痛，忍着头部、腰部、脊椎多处受伤的钻心疼痛，冒着余震，想方设法成功救出 200 余名被困的村民和学生。

在抗震救灾过程中，广元市成立了 252 个临时党支部、2 个临时党小组，其中青川 86 个。这批临时党组织在抗震救灾一线发挥着十分重要的作用。

一个党员就是一面旗帜

在这场与时间赛跑的战斗中，广元各级党员干部不怕牺牲，不畏艰险，不怕疲劳，不分昼夜，奋力战斗在抗震救灾的第一线。他们用鲜血和忠诚让鲜红的党旗在废墟上高高飘扬。

被誉为“临时指挥”的周万贵，是青川县木鱼镇党委委员、人大主席团专职副主席。地震发生时，镇党委主要领导全部到县上开会去了，怎么办？有着 27 年党龄的周万贵迅速组织镇机关党员干部、派出所民警及社区群众赶赴出事地点，四天四夜没有合眼……当武警官兵、消防队员赶到时，他已成功组织营救学生30余名；木鱼镇卫生院党员张生金在抬着伤员转移中，不慎双脚踩在了一个火堆里，他便踩着两团火继续奔跑，直到把伤员送到安全地。

大禹治水是三过家门而不入，而青川县委常委、人武部部长袁仕聪三次经过侄女被埋的废墟，三次听到求救的声音，却饱含眼泪毅然选择了执行上级命令，去爆破堵塞了乔庄河的滑坡山体，去山珍市场指挥抢救50余名被埋的群众。他的侄女终因失血过多失去了年轻的生命。

广元全市党员还以“特殊党费”的形式支援灾区，仅一天时间，1500余名党员交纳“特殊党费”14万多元。青川县茶坝乡党委书记张元军把国家给遇难者的5000元抚慰金以妻子的名义捐了出去，以告慰遇难的妻子。

一个人就是一座铁塔

灾难面前，心手相连，友爱互助，大爱无边。5月12日23时整，广元市元坝区柳桥乡政府院内人群集结声不断。“柳桥乡柳桥村支部书记杨明清前来报到，我村已到11人。”“柳桥乡分水村支部书记向波前来报到，我村已到12人。”……青川县急需增援，元坝区政府接到命令后，立即组织人员火速来到柳桥乡，抽调民兵赴青川县抗震救灾，30个名额，却到位了41人，整个人员集结仅花了半小时。

5月12日地震灾害发生后，受伤群众众多，中心血站告急！广元市中心血站紧急在人群聚集地采血。5月12日近23时，在利州广场献血点，利州区煤管局杨建超要献血却未带身份证，不符合献血条件，他立即打出租车回家拿身份证，献血400毫升。

为了尽快恢复生产生活秩序，广元加快基础设施重建步伐。市交通局开辟了南线金（子山）乔（庄）路，北线三（堆）沙（州）路和白龙湖水路至重灾区沙州—木鱼水上运输的交通生命线，抽调工程技术人员60多人、施工单位工程人员30多人进行24小时抢险保通。众志成城，在最短时间抢通“生命线”。

别开生面的“帐篷两会”

◎程子龙　裘立华　仇　琳

6月25日，一场大地震使许多灾区人民不得不过起了帐篷生活，在四川灾区广元市，由于地震而推迟了40多天的地方“两会”终于召开了，与往年不同的是，这次特殊时期的“两会”是在特殊的地点帐篷里面召开的。

记者在广元市武警某部的一块空地上看到，上百根钢管支起了一个长约60米、宽40米的特大帐篷，里面摆了几百个简易塑料椅，连会议主席台也是临时支起的大帐篷。25日，334名广元市人大代表在闷热的帐篷里参加了广元市第五届人民代表大会第五次会议。

广元市委宣传部副部长高富强告诉记者，广元市的“两会”原本定于5月14日召开，由于抗震救灾，不得不推迟40多天。另外由于地震，广元市的大礼堂受到重创，成为危房不能使用，所以“两会”只能在临时搭建的大帐篷里召开。

由于抗震救灾任务繁重，广元市“两会”仅筹备了4天时间，原本计划5天的“两会”日程也临时缩减为两天半。在“两会”上，政协委员和人大代表都收到“安全提示”，提示内容包括余震来临如何疏散等。

记者注意到，抗震救灾、重建家园成为广元市“两会”的重要内容，在全部25页的《政府工作报告》中，抗震救灾重建家园内容的部分就占了13页之多。广元市人大代表、市长马华说：“虽然目前抗震救灾形势依然十分严峻，但广元人会在党中央的带领下，在全国人民的支持下，发扬不屈不挠、自强不息的抗震救灾精神，为重建美好家园而奋斗。”

24日，中国人民政治协商会议第五届四川省广元市委员会第四次会议也在帐篷中召开，异地安置青川县重灾区群众、合理规划重建家园等内容成为一些政协委员的重要提案。

震后两月　悲情马公

◎熊芙蓉

7月12日，地震刚刚过去两个月，记者随成都理工大学地质专家组再次进入青川县马公乡。

窝前大滑坡：静静述说地震惨烈

如果不是地震，这里一定是旅者的人间乐土，然而今天它却成为百姓的生存险境。

汽车翻过白朝垭口，即到马公乡设立在帐篷的临时办公地点，救灾抢险部队也驻扎在此，这是马公目前最热闹的地方，有五六个村民在这里领取救灾物资，也是记者在马公看到的人最多的地方。部队已经接到命令，13日撤出。

马公乡政府一片废墟，门前朝阳河哗哗的水声显得格外清晰。

部队的开路任务是打通至马公乡政府门前，所以人们一般只行进到此。带路的该乡党委副书记白培凡说他们最大的地质灾害区是朝阳村窝前社，距离乡政府还有3公里路，而且中途有几处滑坡堵住道路，车不能去。

徒步穿越滑坡体到达窝前社，顺着朝阳河前行，谷地渐开，很有一种村庄的温馨，小河两边的农户中却很少有人影晃动，他们大多已经外迁。

滑坡体前，是两辆朝里开的拖拉机停留在此。登上滑坡体最高处，才看清道路被埋，一个小堰塞湖的水面已挨近矿斗，另一段的公路延伸到堰塞湖水下，想必地震当天，那两辆拖拉机是来运矿的。

最高处是祭奠的香蜡纸烛痕迹。窝前社多人被掩埋其中。据说，外地有两位卖马的，乡林业站站长刘定华和朝阳村村主任在此搞林权制度改革调查，也不幸遇难。在这片巨大的堆积体上，已经很难找到村庄的痕迹，偶尔见到一只手套和几张光碟，想必是岩崩时强大的气流掀起。

裴向军教授一行通过近3小时全程穿越考察，得出结论：青川县马公乡窝前村地质滑坡体为广元市目前发现的最大地质滑坡体，堆积土石方约为

1500 万立方米，总体积比红光乡东河口滑坡体多出三分之一。该地质滑坡体为高速岩崩，瞬间碎石流沿沟道呈“之”字形运行，能量巨大，滑坡体长达 2.1 千米，很奇特，为其他地方所罕见。

六旬孤老人：默默独守空房

相距滑坡体百米处，是朝阳村红麻岩社。趟过小河，在一家农户中看到一位老人的身影在晃动，于是便上前询问当天情况。这位老人叫舒德仁，今年 62 岁，在“5·12”当天的那一瞬间失去了两位亲人。那天，他和老伴何国珍一起出门拔草，中途他说去看看饲养蜜蜂的蜂巢，于是老伴一个人前去。一时间，天摇地动，一股风像射箭一样袭来，他被震滚在路上，看到公路犹如软带，波浪起伏，顷刻间，“轰隆隆”巨响，黑烟四起，土石方就堆到了他面前。此时，他明白老伴已经被埋。

山河在瞬间改变，他已经弄不清老伴所埋方位，更无力寻找。惊慌失措的他来不及哭泣，赶紧回家打听儿子的消息。儿子何文林，今年已经 30 岁，与相处 13 年的女朋友准备今年结婚，在年初花 20 万买了一辆大东风，每天给一个锰矿有限公司拉矿。估计行程应该到了石坝乡的董家附近，老汉心里不禁一紧，他很熟悉这一路的山形地理和岩层结构，他想这么大的地震，窝前这么牢实的山都崩塌了，董家那地方也不会好到哪里去，他在心里默念：但愿儿子已经走过董家或还不到董家，躲过这一劫。到夜晚，儿子该回家的时间到了，儿子没有回来，经打听，说马公到石坝一路到处都是滑坡崩塌，他绝望了。果然，他儿子恰好被埋在董家。正摆到此处，另一位老人来到此处，原来这位老人的孙子和孙媳就是那辆坏在董家的车主，当天就是因为这辆车出了故障堵住了两个方向的 13 辆车，致使发生惨剧……

老人说地震后的一个月中，他没有做过饭。被邻居亲戚叫到家里，他也吃不下，半个月没吃到半斤粮。

一家三口，如今就剩老汉一人，他的这套房子是去年将就原来的老木架，花两万多重新装修过的，看起来很好，所以他不想外迁，他说他对周围的地形进行了观察，不会危及他家的生存。我们向他讲清了必须搬迁的道理，老人依然是一脸的茫然。

“末代乡官”：望马公人重获新生

马公位于青川县西南，为江油、平武、青川三县结合部，平均海拔1300米，面积63.69平方公里，辖朝阳、先锋、锅坛、三台4个行政村24个农业合作社，地震前为1900余人。1955年建乡，至今已有67年历史，1992年调整区、乡建制方案，设立马公乡办事处，归石坝乡管辖，1995年恢复建乡至今。

马公虽有丰富的矿产和林产资源，但由于是大山区，地理位置偏僻，交通、通讯滞后（目前尚未通电话），地震后道路被阻，部队虽然打通了道路，但随时都有再次滑坡的可能，特别是汛期到达时，地质隐患、交通隐患会层出不穷，而治理这些隐患和灾后重建的成本太大。

马公乡党委书记黄兴文自称“末代乡官”，他告诉记者，马公乡是一个人口相对较少的乡镇，但是在地震中死亡77人，死亡人数的比重很大，足以说明其生存条件恶劣。目前该乡镇已经迁走1255人，还剩500人，有100人确定已经投亲靠友，还有400余人的搬迁工作不好做，上级要求在7月15日汛期到达前全部迁走，他感到压力巨大。

他希望还不愿意搬迁的马公人对地震后的交通和地质隐患有较为明确的认识，尽早离开此地。也希望所有马公人民从此获得新生，找一个生存环境好的地方，子子孙孙平安发达。

7月3日

◆省委书记刘奇葆指导抗震救灾工作。

7月4日

◆国家发改委副秘书长杨伟民一行到青川视察灾情。

◆浙江省支援青川县灾后恢复重建指挥部正式挂牌。

◆共青团中央书记处书记卢雍政到青川。

7月5日

◆浙江省委组织部副部长庄跃成一行到青川就对口帮扶青川基层党组织建设进行了调研。

7月6日

◆全国人大常委、民盟中央副主席李重庵一行到青川视察灾情。

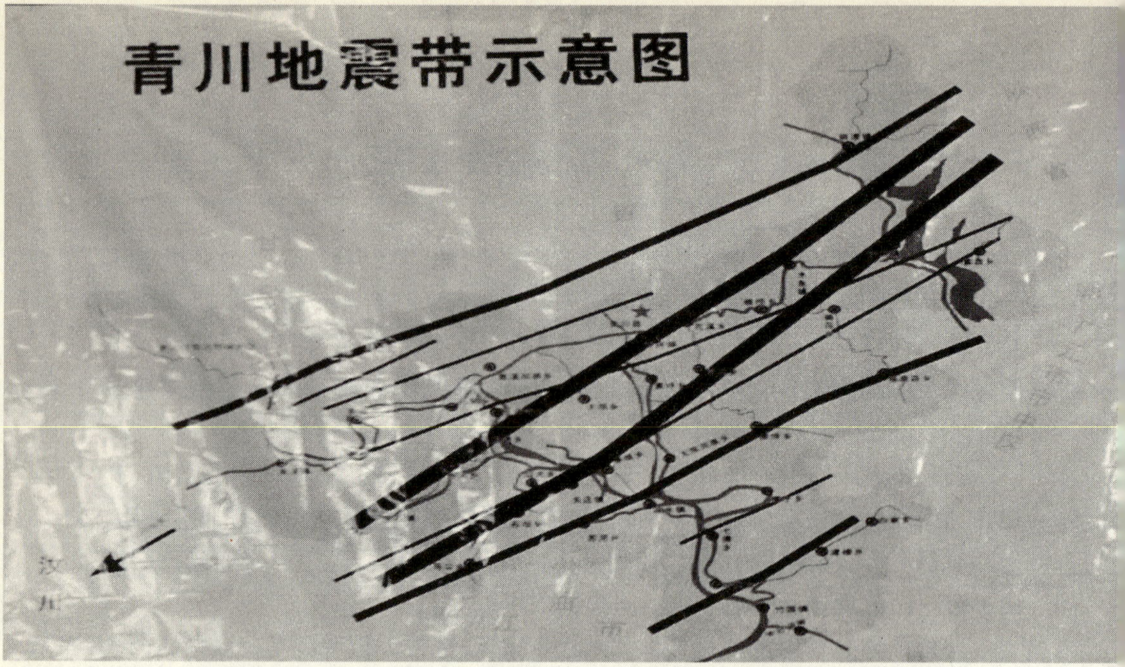

10 条“蓝丝带”交错捆绑青川 25 万青川人如坐火山

◎流海川

在青川县抗震救灾指挥部会议室，挂起的一张《青川地震示意图》格外引人注目。图上标注的 10 条粗壮蓝色带状的地质断裂带，交错重叠，贯穿整个青川全境，就像是一根根粗大有力的绑绳，结结实实套住青川；又似几条巨大的蟒蛇，死死缠住青川；更像是十把锋利的钢刀横亘在人们面前，让任何一个胆敢放言“挑战自然”的人，不仅对大自然敬畏三分，同时对未来在这片恶劣条件的土地上继续生活生存，产生了极大的恐惧和担忧。

正是在这样恶劣自然条件下，自“5·12”汶川大地震后，余震中心基本集中在青川。发生在 5 月 25 日最大的一次 6.4 级余震，和 7 月 24 日 12 小时内接连发生的 4 次大余震，更是让惊魂未定的青川人如临天敌，如坐针毡。余震带来的潜在危险和巨大威胁已严重困扰着青川人民的生命财产和生产生活安全，成为笼罩在青川 25 万人头上挥之不去的阴霾。

脆弱的生态偏偏“恋”上险恶的断裂带

青川县地处四川盆地北部边缘，属川、陕、甘三省交界地带，素有“鸡鸣三省”之称。全县面积3216平方公里，辖9镇27乡（含两个回族乡），总人口25万，是革命老区、盆周边远山区、少数民族聚居区。这里是印度板块和欧亚板块的碰撞交界处，是地质不稳的地震带高山区。以中山为主，褶皱密集，切割强烈，地表陡起陡落，海拔491－3837米。青川全县处于龙门山断裂地带，青川县城内就有三条区域性断裂通过。第一条是南部的都江堰－江油断裂（从县城乔庄的最南侧通过）。此次“5·12”大地震该断层没有活动迹象。第二条是本次地震的发震断裂，映秀－北川断裂。该断层在县城境内分为两支；南支断裂从大地里－新店子－大龙池－凉水－茶坝－三元－观音店－胜利－金洞（洞水）一带经过；北支断裂从朝阳（红庙子）－石坝－关庄－毛坝－大院一带经过，在观音店与南支断裂合并。“5·12”大地震过程中，这两支断裂均表现出活动，形成地表破裂和沿带建筑物的损毁及崩滑地质灾害的产生。第三条是从县城通过的平武－青川断裂，县城内从清溪－青川县城－板桥－上马－木鱼－沙州一带通过（距映秀－北川断裂仅10－15公里）。该断裂尽管不是“5·12”大地震的源发震断裂。但明显受映秀－北川断裂发震的影响和牵动。青川县的地质地貌条件使得境内地质灾害点分布多、分布面广、

发生频率高、危害范围大、潜在损失严重。青川山地占总面积的88.3%以上，沟谷深切，地层以前泥盆系和志留系为主，各系地层大致沿构造线方向条带式展布，岩性以千枚岩片岩砂岩灰岩为主，岩体风化破碎，随着人类工程经济活动的逐渐加剧，加之降雨的阵发性影响，地质灾害发育分布广泛，主要以滑坡和崩塌为主。另外，青川多矿，青川有各类矿点70多处，主要有沙金、岩金、银矿石、英石、重晶石、石灰石、蛇纹石、铝土矿、沥青矿、

锌、铜、硫、煤等。但是，由于采矿采石修建工厂，开挖爆破，陡坡垦殖等，严重破坏了境内原本脆弱的地质环境，滑坡崩塌泥石流等频繁发生。2005年6月29日，64小时的强降雨，百年一遇的雨量引发洪水滑坡泥石流等地质灾害群发；2006年8月28日，更强的洪水袭来，致使5万青川人受灾。在这样的地质断裂带上，就是不发生大地震，平时只要稍稍一下雨，半山河谷随处可见处于滚落动态的陈年巨石。同时，在小城镇建设中，由于人口的膨胀，不规范的建房坡脚的开挖，生态破坏严重，使山体总体失去平衡，在连续降雨的情况下，引致地质灾害发生。此外，还有大型水利工程建设影响了山体的局部稳定性，“5·12”汶川特大地震，严重波及青川，使青川地震烈度达到11度，是青川有史以来破坏性最强、波及范围最广、救灾难度最大的一次毁灭性灾难。这次地震后，青川形成了760余处地质灾害隐患，其中，县城周边的三座大山出现了裂缝，后山狮子梁最为严重，被一劈为二，裂缝长达1500多米，县城北面的山体比南面整体下滑1米多，青川县城街面出现明显下陷和裂缝，有大量的危石悬吊在半山坡。地震引发大量山体滑坡、泥石流，交通、通讯中断，救援力量一时上不去，受伤人员难以尽快运出。地震灾害还带来不少次生灾害风险，仅各类地质灾害就达26000余处，群众安置、疫病防治、恢复重建等工作任务十分艰巨。

“贪”上余震瘟床　生活梦恶夜长

“5·12”汶川大地震，使本来就多灾多难的青川25万人，骨肉分离，妻离子散。财产损失殆尽，“樯橹灰飞烟灭”；特别是自“5·12”汶川大地震以来，最大的余震发生在青川。5月25日16时21分，青川骑马乡又发生6.4级余震，是汶川大地震后，整个四川地震灾区最强的一次余震，使本来就多灾多难的青川灾区雪上加霜。7月24日凌晨1点到中午1点，短短12个小时内接连发生的4次大余震，把惊魂未定的青川人从困倦的睡梦中摇醒，也把他们稍稍安顿的生活又一次打乱。截至目前，青川全县遇难人数达4695人，失踪124人，受伤15453人。大部分乡镇场镇夷为平地，民房荡然无存，全县25万元人无家可归，受灾群众全部食宿野外。地震一度造成水、电、气、油、路、通讯等基础设施全面瘫痪。由于余震不断和连续大暴雨袭击，被抢通的道路、供电、通讯反复中断。地质灾害点1680余处，属地质灾害隐患点1041处。同时，由地震造成青川与外界隔绝30多小时，青川一度伦为孤岛。滑坡659处，崩塌195处，泥石流8处，特大型地质灾害点4处，大型地质灾害点33处。初步统计，因地质灾害造成的经济损失达50亿元，地质灾害灾情十分严重。全县36个乡镇不同程度的发生地质灾害，红光乡、石坝乡、马公乡等13个乡镇地质灾害发生尤为严重。红光乡东河口村4个社因两面山体崩塌，约260户700多人被山体全部掩埋到100米深处。红光乡东河口村、石板沟村碎屑流塌方3000万方以上，造成青竹江、红石河被堵，形成3个总库容为2000多万方的堰塞湖；石坝乡青龙村、八一村等村大部分被山体滑坡掩埋，800余名群众被深埋。经初步测算，整个灾害损失500.8亿元。地震发生后，地质灾害防治与地质环境保护国家重点实验室主任、成都理工大学教授黄润秋等多位地质专家先后分别来青川实地察看了狮子梁山体等县城周边地区的地质灾害险情。在县城附近的山体、丘陵上，随处可见坡体裂缝，宽的达七八十公分，深则数米。裂缝处由监测人员制作的简易测量工具显示，随着余震的持续，部分裂缝在进一步加宽，而且随着后面几次余震发生，裂缝被撕开的痕迹越来越明显，潜在的地质灾害，危险重重，人们对未来的生活充满极大的恐惧和担忧。

县城乔庄　大任难当

从《青川地震带示意图》可以明显看出，县城乔庄处于几条主断裂带的中心位置，全县任何一个方向的地震源都会明显波及乔庄。作为全县政治、经济、文化中心县城的乔庄很难承载县城重建任务。一是地质灾害给乔庄构成极大威胁。乔庄城镇规划面积2.03平方公里，实际建成面积1.58平方公里，县城区人口3万人。这次强烈地震导致县城乔庄部分街道下陷、裂口，城区周围的狮子梁、桅杆梁和东山山体崩裂，其中狮子梁变形带规模70万方，最宽裂缝带宽30米，下挫5米，呈西南走向，如遇暴雨和较强余震，县城将有大面积山体滑坡的危险，严重威胁县城3万人的生命安全。由此可见，地震断裂对县城的威胁巨大。二是青川县城乔庄处于“平武-青川”地震断裂带上，与北川在主震带上所处的构造位置非常相似。由于特殊的构造部位和发震机理，青川的余震极有可能持续较长时间。据1992年出版的《青川县志》记载：“青川地处龙门山地震带，县治地距南坪、松潘、茂汶、平武等地强震震中约100公里，兼之断裂带与之相连，故历次地震均受波及，时有损失。”从280年到1976年，有历史记载的地震达11次，最长间隔为250年，最短间隔为8年；在乔庄建立县城至1985年的30余年时间里，共发生地震18次。三是洪灾威胁大。乔庄是清江和白龙江两水汇合之处，洪水威胁特别大。青川县城地处乔庄河上游右岸，上游集雨面积73平方公里，日降雨量最高可达200毫米以上，河床坡度陡、流速快，冲击力强。史料记载，1964 年，乔庄地区日降雨达 208 毫米，冲毁县委实验田，19 人丧生。因地震造成乔庄河上游山体松动裂缝，若遇暴雨天气，将导致山体滑坡，形成堰塞湖，对县城的威胁更大。四是环境承载能力弱。县城乔庄群山环抱，地层岩性条件以古老的变质岩（砂板岩、片岩、千枚岩）及灰岩构成，岩体破碎，山体风化卸荷强烈，地质环境原本比较脆弱。加之需避让影响区面积，按照每 100 平方米容纳 1 人的建成区人口密度标准，0.78 平方公里土地面积，仅能容纳 1.2 万人，狭窄的县城空间不能满足城市建设发展和城镇化程加快的需要。五是人口难集聚。青川有 6.5 万人需县内异地安置，狭小的县城空间不仅不能安置更多的人，并且，县城本身还有近 2 万人需考虑异地安置。六是功能难集聚。乔庄地处群山腹地，山路崎岖，远离高速公路和铁路，出境公路极为困难，不具备辐射带动功能；七是产业难集聚。狭小的县城空间，导致工业弱、农业小、商贸差，既难以集聚传统产业，也难以承接沿海地区产业转移。八是交通信息闭塞从成都到竹园，再从竹园到乔庄要两个多小时，交通运输条件差，信息闭塞，这时地震发使得青川 30 多小时与外县失去联系，交通中断，无力自救，应急能力弱，生产运输成本高。九是居民认同度低。这次特大地震灾害，给县城居民带来了极大的不安全感。

由于特殊的构造部位和发震机理，青川的余震极有可能持续较长时间。除构造断裂带的威胁，专家还认为，大地震后，青川县城附近的地质环境已经恶化，尽管狮子梁山体的破坏以局部的崩塌落石为主，不会发生整体大规模滑坡地质灾害，且这些滑坡可以通过治理免除部分威胁，但长期来看，县城群众要承受周围山体地质灾害带来的巨大心理压力，容易产生其他社会问题。目前，青川县城 20%～30%的区域已经不适宜居住，属于地质灾害威胁区域。而青川县城总面积不过 3 平方公里。此外，县城 80%的建筑物已经损毁。黄润秋教授在接受记者采访时郑重其是地说。“青川县城应本着以搬为主的原则重新选址新建，务必避开当前所处的构造断裂带，以免因断裂带发震造成再次的危害。决不能再把城市建在活动断裂带通过的位置上，否则青川极有可能成为下一个北川。”

大灾中挺起不屈的脊梁

——青川干部群众抗震救灾纪实

◎孔祥武

5月12日14时28分，青川县委、县政府正准备在14时30分召开全县机关效能建设工作会。突然，地动山摇，房屋坍塌，通讯中断……

地震后仅仅5分钟，由县委书记、县人大常委会主任李浩生任指挥长，县长陈正永等领导为副指挥长的抗震救灾指挥部迅即成立……

靠前、靠前、再靠前

突如其来的灾难，给青川县带来巨大损失。全县死亡4661多人，失踪183人，受伤14745多人，受灾人数达25万人。全县85%的房屋垮塌，25万人无家可归。

越是危急时刻，越是危险地方，越需要领导干部靠前指挥！青川1万多名党员和两千多名干部不怕牺牲，不畏艰险，连夜奔赴救灾现场。

紧急部署后，县委书记李浩生不顾余震不断、房屋还在继续垮塌的危险，及时组织抢险队伍，全力施救。得知木鱼中学400多名学生被埋，他立即派出县长陈正永及3名常委赶赴木鱼，坐镇指挥。

以8名副县级领导干部为首的片区指挥长，迅速奔赴第一线，44名副县级干部全部分片到位，开展抗震救灾；交通秩序、社会治安等10个工作组迅速启动……

震后数小时内，抢修队，行动！救援队，抵达！军警，出发！物资，上路！青川赢得了宝贵的第一时间。

地震发生后，青川县木鱼镇党委委员周万贵没有丝毫犹豫，迅速组织群众赶赴出事地点抢救……当武警官兵赶到时，他已成功组织营救学生30余名。

木鱼镇卫生院党员张生金在抬着伤员转移中，不幸双脚踩在了一个火堆里，顿时燃烧起来，他踩着两团火继续奔跑，直到把伤员送到安全地带，这时才脱下烧焦的鞋子，结果双脚多处烧烂。

团结，团结，空前团结

无声的示范是最有力的动员。青川县广大干部群众挺起抗震救灾的脊梁，铸就抗震救灾的钢铁长城。

在这次抗击特大地震救援活动中，共有1.88万名解放军、消防、武警官兵、公安民警、特警进驻青川，打响了一场营救生命的特殊战争。

青川受灾群众则自发组织成立30多个互助队，形成了小灾帮大灾、轻灾帮重灾的良好局面。乔庄镇、木鱼镇、红光乡等乡镇村民自发组建了送水、送肉、送柴服务队，无偿将自己的土地奉献给驻军部队、机关办公、城镇居民临时驻地。木鱼镇木鱼村村民自发为抢救学生的官兵送去3000多斤黄瓜……

目前，青川县正积极组织力量恢复生产，进行灾后重建。有坚强的党组织，有优秀的党员干部，英雄的青川人民一定能建设更加美好的家园！

7月7日

◆浙江省司法厅常务副厅长季培军到青川察看灾情。

7月8日

◆浙江省人口计生委副主任胡玉玮到青川开展灾后恢复重建对口支援调研。

7月9日

◆浙江省慈善总会秘书长李刚，浙江省建设厅城市化办公室副主任一行到青川。

7月10日

◆国家审计署社会保障审计司司长王中信到青川了解救灾物资管理发放有关工作。

◆西安市公安局常务副书记刘怡一行专程赶赴青川。

7月11日

◆全国政协常委、九三学社中央副主席赖明，全国政协委员、九三学社秘书长徐国权一行到青川调研灾后重建受灾群众安置房建设、灾后生产自救、灾后重建规划等工作。

7月12日

◆中共中央组织部副部长李建华深入青川调研基层党建工作，看望慰问受灾党员、干部、群众。

◆国家发改委小城镇改革发展中心研究员何宇鹏赴青川调查。

左姐和她的拥军鞋垫

◎贾　琳

左姐名叫左姝阳，是青川县木鱼镇的一名普通妇女，丈夫在县城的供电所上班，夫妻俩有一个上初三的女儿。

地震前，左姐在木鱼街上开着一家建材店，生意挺不错，她照看着店子，照顾着女儿，生活安宁而又闲适。

地震那天，左姐在木鱼中学读书的女儿恰巧没去学校午休，躲过了那场有两百多个孩子殒命于学生宿舍的灭顶之灾。

地震后，因为有来自石家庄的好心人的帮助，左姐的孩子去了石家庄读书，在送孩子去读书的过程中，她每天都在感受着好心人的真情和全国人民对灾区人民的关怀，内向沉默的左姐慢慢地变得热情和开朗。

飞针走线为亲人纳鞋垫

送完孩子回木鱼后，左姐有了心事，总想为帮助过木鱼的亲人们做点什么事。

思来想去，左姐打算为驻守在木鱼的解放军们一人纳一双鞋垫，她把她的想法给隔壁的杨大姐说了，杨大姐认为这个想法很好，坚决支持。

说干就干，左姐在家人的帮助下，准备了纳鞋垫的布料和针线，设计了有青川木鱼“5·12”字样的鞋垫样子，最后在丈夫李哥的协助下，经过一番发动和组织，木鱼镇上知道这件事的妇女们都心甘情愿地干起了这事。大家在左姐那儿领了材料，只要有空，大家就会聚在木鱼镇上仅剩的几家临街门面前，顶着余震，冒着酷暑，一针针，一线线地纳着鞋垫……

因为部队撤离的日子提前了，左姐和姐妹们眼看着要为在木鱼驻防的三百多名官兵一人送一双鞋垫的计划完不成了，心里急得不行，便开始加班加点，不分白天黑夜地忙碌着，累得手指头肿了，手腕都抬不起了，也不肯停下来……

军令如山，部队说走就要走了，左姐和姐妹们只得万般无奈地停下手中的活，商议着让李哥在县城定做一面锦旗，决定在部队出发前，亲自把鞋垫给亲人解放军送去。

去部队那天，这件事在街上很快传开了，又有热心人拿来了锣鼓，大家捧着鞋垫，怀着深情，敲鼓打鼓地去了军营……

到了军营，战士们热情地迎接着热心的乡亲们，战士们看着一双双漂亮的鞋垫，心里乐开了花，一个劲地说那是他们收到的最珍贵的纪念品。平日里不爱说话的左姐也高兴地笑个不停，开心得像一个孩子……

大灾方显大爱，患难尤见真情，左姐和她的姐妹们，济南军区猛虎师神炮团第一营的官兵们，一定会永远记住这一双双饱含着军民鱼水浓浓情的拥军鞋垫，一定会永远记住这军民鱼水一家亲的深深情谊……

敲锣打鼓把鞋垫送亲人（贾琳）

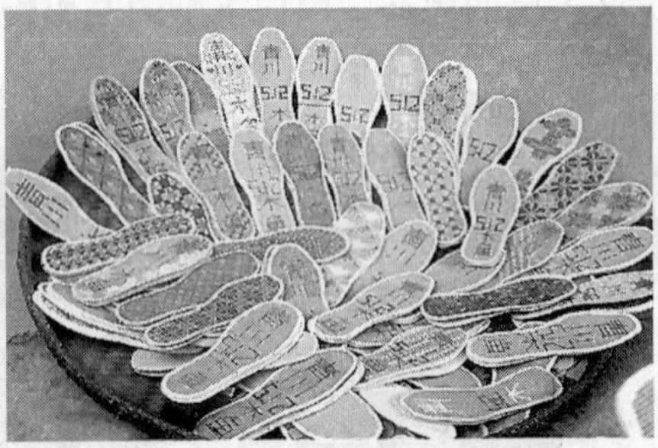

双双满含深情的拥军鞋垫

难忘青川人的乐观与豁达

◎秦 军

在青川采访，感受最深的不仅是青川的灾情，还有青川人的乐观与豁达。

每次路过县城，都会在路边帐篷区看到一些已恢复生产和经营的企业广告。

青川在这次地震中受灾极重，全县25万人，死亡4695人。仅在木鱼镇中学，就有286名学生死亡；在青川红光乡，两座大山垮塌后，一下把700多名村民埋到了100米深的地下。因为地震，全县几乎所有人都无家可归。

然而，青川人并没有沉溺在悲伤中……

采访中，记者曾到过瓦砾乡的一户农民家，这户农民的房子是当地最好的住宅，两楼一底，装修得非常漂亮，总共花了18万元，是男主人在广东打了10年工挣下的家产。然而，地震一来，房子被震得七零八落。

所有到过现场的人，无不为主人感到惋惜，没想到，男主人却乐呵呵地安慰大家："没事，只要人在，大不了再打10年工！"

如今，地震已过去了两个月，走在青川街头，随处都可以看到新开张的小吃店和杂货店。小吃店种类齐全，名字也丰富多彩，有"成都面王"、"碗碗乐"，还有"重庆火锅"、"串串香"，打印店、冲印店、手机零售店也陆续开张，在一间小院子里，甚至还开起了"闲来茶馆"。尽管身处重灾区，却能感受到当地人正在走出地震之初的那种沉重和伤痛。

《人民日报》一位记者在青川住了几天后，颇有感慨地说："青川人特别乐观，远远超出了我的想象。"来青川之前，他原以为灾区群众可能还会很压抑，没想到来到灾区后才发现，这里并不像他想象中的那样，人们大多谈笑风生，性格爽朗。

地震可以摧毁一座城市、摧毁一个家园，可以带走最挚爱的亲人，却永远无法摧毁一个民族的意志，无法带走我们的快乐。青川人在这场前所未有的灾难面前，展示了什么叫做乐观、坚强与豁达。

东阳沟里的“西洋镜”

◎边凌雪

一场地震，满目疮痍。青川，这个曾经无限美丽的地方，每次都没能逃脱噩梦一般的灾难。继前几年的洪灾、去年的雪灾，今年的“5·12”大地震再一次把它推向绝境。带着疼痛和牵挂，一支由护林人员、记者、作家、摄影家组成的考察队，于2008年6月26日傍晚抵达乔庄，计划第二天分成两个小分队向东阳沟自然保护区和毛寨自然保护区进发。

我被分到了第一小分队，目的地是东阳沟保护区。

东阳沟在哪里？那里有哪些珍稀动植物？它们的生存环境如何？这些谜团如同一个神奇而迷幻的“西洋镜”，充满着无尽的魔幻力。我们将一一叩问大山、叩问长河，叩问历史与未来。

东阳沟地处龙门山西北段摩天岭南麓，位于四川省青川县西北部，为一条长约45公里、宽13公里的条形地带。而我们在短短的一两天时间里所要探究的，仅仅是东阳保护区的西阳沟一段。西阳沟位于青川县城的西南方向，离青川三锅乡约10公里，是一个纯净的大氧吧。

西阳沟的清晨似乎来得格外早，除讲了一夜私语并拍岸而歌的西阳河水和啾啾鸟鸣，还伴有轰隆隆的声响作起床号。有经验的朋友立马判断：“要地震了!”果然，轰鸣还没有结束便是“腾”地一下，这就是具有青川特点的余震。余震已成为青川人不可或缺的生活习惯，就像洗脸刷牙，哪天不完成这项任务还不习惯。人们甚至可以根据动静的大小准确地判断出地震的级别。

28日凌晨，余震作为一枚声情并茂的礼炮，是我们抵达西阳沟后收到的第一份厚礼。早晨6点25分，我们沿西阳沟一路向西。向导是林场的袁师傅，他手持一把锋利的长镰刀，披荆斩棘，带我们行走在刚刚辟出来的带着泥巴和露水的小路上。

路上荆棘丛生，一会儿这个摔了跤，一会儿那个挂了彩。上午10点，阳光照到坑沟，我们已经攀到1700米的海拔高度。这里森林茂密，险象环生。除了随时可能滚落的飞石，还可能遭遇蚂蟥或者蛇蝎的侵袭。因此大家小心翼翼，生怕有个什么闪失。但不幸的是，蚂蟥还是钻进了若飞的脚脖子，做了个饱饱的吸血鬼。幸好事先我做了充分的准备应付探险。比如长袖、长裤、遮阳帽、防晒霜、一双稍大的胶鞋，以及一套防意外的应急药品。我要感谢这套齐全的装备，是它们伴随我安全地走完了这段不寻常的坎坷路途。

大个李是个认真细致的观察者。他在草丛间惊异地发现了“中国地图”后像孩子一样兴奋地大声叫嚷：“连台湾也看得清清楚楚！”大家赶紧凑过去，果然有一幅自然天成的白色微型中国地图，连台湾也看得清清楚楚。大家争相举起相机拍个不停。地图的材质是苔藓类生物，而有如此精妙手笔的作者必定是大自然。

还没从刚才的兴奋中回过神来，有人又无比惊喜地发现了野生动物的痕迹——那些新鲜的粪便和脚印。护林人员很肯定地告诉我们：大一些的脚印是扭角羚留下的；小脚印是崖羊（苏门羚），当地人把它叫做四不像。它们均是国家一级保护动物。队员们忘却了疲劳，完全沉浸在亢奋之中。不知谁大喊了一声“这是一根刺猪（刺猬）刺！”大伙又是一阵兴奋。我小心翼翼地捧着长刺，像捧着一件心爱的瓷器。原以为刺猬一定弱弱小小的，没料到它的一根刺居然可达15厘米。长刺尖利无比。可以想象这家伙是如何在森林中招摇过市而浑然不怕的可爱样子。把刺插进我浓密的长发做成一支发簪是若飞的创意，而作为唯一的女队员我完全有理由骄傲一次。

这次考察活动的主题为“大熊猫生存状况调查”，而熊猫一般生活在2000米及其以上的高度。向导很明确地告诉大家即使继续用他手中锋利的镰刀开路，即使继续坚持走下去，结果和现在还是一样。他说我们根本无法走到看似触手可及的山顶，或者说即便到了山顶看到的也和现在一样，大不了多发现几处脚印或几堆粪便。很失望，我不能和亲爱的熊猫亲密接触，但想想回去的时候终于可以慢慢欣赏沿途美景，心情又一下子快乐起来。

坑沟的半坡被称做大茅坡，方圆几十里独独有一户人家。这户人家的成员除了几箱蜜蜂、两只黑狗，再有就是一位寡居的叶姓大妈。大妈62岁，清瘦无比，有两个已成家的儿子。儿子们在山下成家立业，大妈独守家园。孤独的大妈纵然遭遇了大地震，还依然坚守着最后的寂寞不肯搬离。

大妈房前屋后有几棵茂盛的核桃树，上面结满了青青的果子。想必是老伴生前栽种的吧？若是恰逢收获季节，这美味的山核桃倒不失为一顿美餐，只是现在离8月还有那么一段时间。大个李不堪劳累，在大妈家讨得一钵土豆并劳烦大妈煮熟。吃罢热腾腾的土豆，大家众口一词：太好吃啦！临走大个李留下一百元，他说如同看望了自己同样62岁的母亲。

带着接连不断的兴奋和喜悦，大家一路谈笑风生，不觉已下到山谷。虽已时至正午，山谷仍一片阴凉。百合在山谷里悄然开放，于风中微微颔首、无声地迎送每一位客人的造访。它们无语无声，却让经过它身旁的人们为之赞叹！它们以最纯洁的颜色、最迷人的芬芳、最自然的姿势盛开在路旁、河畔、崖边。有一首叫做《野百合也有春天》的歌很好听，但歌词很值得商榷：“就算你留恋开放在水中娇艳的水仙，别忘了寂寞的山谷里野百合也有春天。”其实，百合属于夏天、属于最热烈的季节。它并非人们想象的那样独自芬芳，它们在山野里丛丛簇簇地竞相开放，每一枝都令人心动。一种赶着趟儿开放的鲜花是不曾寂寞的。我由此想到女人。只有热烈过的女人才懂得如何绽放，而又能把浪漫演绎得不露痕迹。

山谷如同一条深巷，远远地看见蝴蝶飞来。它们时而翩飞，时而停歇；时而双双对对，时而形单影只。白色的、黑色的、蓝色的、黄色的、红色的、紫色的……又没有哪一只蝴蝶是单色的，它们起码糅合了另外一只蝴蝶的颜色在自己美丽的翅膀上。绚丽的彩蝶，停在哪一枝头哪里就是一朵艳丽的鲜花。我问向导这条山谷叫什么谷？向导遗憾地告诉我它没有名字。我忽然来了灵感：蝴蝶谷。蝴蝶让山谷灵动起来，山谷让蝴蝶浪漫起来。西阳沟一路放歌，《化蝶》成为交响乐里永恒的乐章。

除了百合与蝴蝶，西阳沟的水是非写不可的。毫不夸张地说，西阳沟的水是世上最清冽最甘甜的水。由于处在保护区，上游是原始森林，水源不但没有任何污染还含有高倍的微量元素，比城市里所谓的矿泉水、纯净水好上数倍。在此告诉大家，我们进山的时候只带了水具而没有装水。为什么？因为西阳沟里的水随处可取，哪里都是一顿美饮。

站在沟边，可以清楚地看到鱼儿在水里嬉戏。这种鱼体型不大，顶多6、7厘米，无鳞，被称做“木叶鱼”。听说用它熬汤其味鲜香无比，如果再加上几匹山里摘来的鱼香草，啧啧，比酒更能醉人。当然，除了鱼，还可以在浅水处看见密密麻麻的蝌蚪。耳畔似乎听见夏来之时的一片蛙语。

如果让我给西阳沟取个别名，那一定“美溪”莫属。美溪不但水美，鱼美，连石头也非同寻常。由于常年冲刷，大石头温润光洁而自成山水，犹如名家泼墨。我把它们叫做“山水石”，又或者这石头本身就是一首“山水诗”呢？我确信自己与那几块石头缘深分浅。我是如此的喜爱它们，却又只有让它们定格在记忆中。就像生命中某些东西，只有静静地想往而永远无法得到。

美溪的瀑布很特别。它跳跃着奔下巨石，重重地把自己摔在深潭里，像顽皮活泼的小男孩不知疲惫地练习跳水。不过那动静大得惊人，绝非一个小男孩能造作出来，像是地下起了声音，叫人紧张得以为即将再来个余震。绕转巨石，声音突然小下去，像有人在背后关上一扇房门。

附和着潺潺流水的是婉转的鸟啼。满山的鸟儿你呼我应，也是一派热闹景象。叫得最欢的数布谷，像是和谁比赛，那声音一波赛过一波。似乎保护区的鸟儿自会保护嗓音，听起来格外清脆甜蜜。而且那声音流放自如，丝毫没有被惊吓的迹象。和城市里鸟市上或笼中的同类比起来，这里才是它们的天堂。

自然保护区的一草一木都是受保护的。但由于历史遗留加上地震等原因，西阳沟里散落着几群牛羊。大灾来临后主人都逃到山外去了，它们成为一群没有主人的自由者。每日行走在主人先前搭建的围栏之间，它们草足水饱、悠然自得，肥肥壮壮。我见过不少牛羊，但没有哪一处的牛羊比得上西阳沟的牛羊那样干净而肥美。这是因为这里的牛羊风餐露宿，随时接受着大自然的洗礼，不但干干净净，而且体质好、抵抗力极强，因此它们是快乐而健硕的。

29 日一早，小分队踏上了回乔庄的路程，队员们又不断有了新的发现。首先是一幅巨人头像，在西阳沟距沟口大约 5 公里的地段，在一离谷底大约 200 米的绝壁之上，大自然鬼斧神工，雕琢出一个巨型脸谱。脸谱大约有 10 米高，6 米宽，五官俱全，比例协调，却似乎泪眼婆娑，它也是在为这场前所未有的灾难而饮泣么？脸谱的右下方，有一张面积约为这张脸谱一半大小的圣诞老人头像，眼睛、鼻头、长胡子都活灵活现。行不多远，左边山崖上突显骷髅图形。比先前看到的巨型脸谱更逼真：头盖骨、眼洞、鼻洞、下颌，彭涛和若飞举起他们的专业相机一阵狂拍。

活动接近尾声，队员们仍意犹未尽。此次考察活动没能亲眼见到大熊猫是最大的遗憾，但和我们一个分队的四川新闻网两位记者以及摄影家彭涛等人在另一山头发现了熊猫新建的窝、刚啃过的竹和新鲜的粪便，熊猫不知去向。由于地震的巨大破坏，在那样一个 2200 多米的海拔高度，熊猫们已很难找到水源。它们的生存状况着实令人担忧。

东阳沟，这块纯净的处女地里处处是“西洋镜”，正等待着有心人去观察和发现。

月照乔庄河

◎熊芙蓉

月光下的乔庄河依然美丽、娴静。河岸两旁的帐篷似乎还为灾后的第一个中秋月夜增添了一分朦胧和整齐，那一弯河水依然清粼粼地泛着波光。

这个中秋，本没有准备到青川，传统习惯且不说，主要是因为在失去母亲的那一年中秋，仰望一轮清冷的明月，万缕思念袭来时，眼泪扑簌簌掉了一晚上，那种“半照孤坟半照人”的痛苦深深铭刻于心。而最终经不住业界朋友的劝说，一定要我去为他们送给灾区的特殊礼物作个见证，我只有与家人一同前往。这些失去亲人的家庭并不像我想象的那样悲凄，各方面的关爱已经冲淡了他们的悲伤和思念。温家宝总理刚刚从这片土地上离去，他们的脸上和心里依然荡漾着幸福，特别是与总理近距离讲话和握过手的老百姓，依然声称自己吃不下饭，睡不着觉，受到鼓舞的心灵整天只有亢奋和幸福。这种情形给了我莫大的安慰。

灾区之夜宁静而祥和　段雪朝　摄

在乔庄河对岸吃饭赏月时，礼炮声响，夜空绽开五彩斑斓的烟花。在山珍市场的一间板房前，我们看到几个硕大的礼炮盒，这一家四代同堂的36口挤在一间板房，他们嘴里南腔北调地唱着祝福的歌，每个人脸上洋溢着喜悦幸福之情。见我们到来，殷勤相邀，主人何明成告诉我们，山珍市场在“5·12”地震中全部垮塌，所幸他们一家无人员伤亡。哥哥冯子才家住南充，带着儿辈、孙辈、重孙辈千里迢迢赶来与他们一起过中秋，在这样的特殊环境和特殊时刻，他们都难以表达自己内心的激动和安慰，他们都为自己还活着，都为还能和亲人在一起过中秋而激动万分，所以他们要庆祝，要放礼炮，要唱赞歌。面对我们的摄像机镜头，他们每个人似乎都要飞起来：“雄起！雄起！”这每一句话，每一个动作，没有计划，没有彩排，但却那么生动，那么入镜。

告别时，他们要我们拿上月饼，拿上水果。这是意外的耽搁，也是意外的收获。当我们按原计划赶到小坝，温州特警的中秋晚会已接近尾声，但篝火仍在，丝竹悠悠，当地百姓的感恩心声仍在夜空悠悠回荡，两地人民的感情于红红的火焰中尽情闪烁。

中集上，这里还是一片帐篷区。青川劳动保障局的帐篷区中间被腾出一条斜斜的巷子，那轮圆圆的明月正好镶在巷子的天空，陈旧的木板搭起一溜长长的桌子，上面摆放着月饼、葡萄、瓜子，皮的、塑料的、木质的各式各样凳子虽不规则却很整齐。

“欢迎欢迎热烈欢迎，欢迎成都、广元的客人与我们同赏一轮明月”，我们被青川劳动保障局在家过节的干部及家属热烈地夹道迎往这个简单而朴素的赏月现场。在那一刻，我感觉自己的心脏和肺腑再一次被一缕温馨掀动。地震刚刚过去四个月，要搭起这样一个赏月晚会现场，该是多么的不易！

为了这份深情和感动，我竭尽所能地将这个赏月晚会的中心和重点转移到每一位在座的主人。凌晨已过，酒兴正酣，在座的不论是老人、小伙、奶奶、姑娘都不愿意离去，他们都希望自己快乐的心情一如今晚的月亮一样永恒、美丽和圆满。

悲情木鱼

——写给在地震中逝去的孩子

◎李　汀

一个阳光明媚的清晨。如果不是那场毁灭性的地震灾害，麦黄风吹着，布谷鸟叫着，是多么好的一个清晨。从车窗里望出去，明媚的阳光撒在田野上是那么干净，可我的心是那么凄凉，怎么也清澈不起来。

这座名叫木鱼的小镇，除了撒在地上的阳光外，一切都是灰蒙蒙的，那些铺在灰尘上的阳光，似乎预示一切都是一场梦。但，在这个清晨，我看到的是倒塌的房屋，扭成麻花状的公路，我还能隐隐约约听到那已经远去的哭泣。

木鱼，一个具有宗教色彩的名字。“刻木为鱼形，空其中，敲之有声……今释氏之赞梵吹皆用之。”我不知道一个古老的打击乐器怎么成了小镇的地名，难道是因为这里的地形酷似一个硕大的木鱼而得名。这么多年，没有谁敲击它发出声音，却在 2008 年 5 月 12 日这天让所有在这里的人无不对天哭泣。是谁，是谁，这么大力量的敲击？

从小镇街上到中学的那条路没有变，依然盘旋而上，在山上的那个平坝里，我一眼就看见我曾经就读过的中学。我默默注视着这里的一切。死一样的平静让我的心在加剧疼痛。我站的右侧的那排五层高的房子已经成为一片废墟。二十多年前，我曾经在这栋楼的二楼住了两个学期。这个三线建设时期的房子是一家国有企业的，叫做新光电子管厂职工医院，80 年代中期新光厂搬走，紧挨的医院和技校移交地方，一并改成了一所中学。住病人的房子改成了我们学生的寝室，大房间住学生，小房间住单身教师。记得那时我们的果技专业高老师单身，他很乐意，让我和同学韩，再加上他的一个侄儿，搭两个上下铺，四个人挤在他的小房间里。我曾经像一只鸽子一样，在逼仄的房子里出出进进。那间房子刚好是一间过下水道的房子，生锈的铁管子有时候哗啦一声渗些污水下来，我们就用纸壳子挡起，滴答滴答的声响半夜响起。可在这个清晨，一切都在时光中沉陷，没有任何声响。

从我身后悄然带来的四只搜救犬，也没有发出任何声响。它们在地震后第五天，不远千里而来，我真希望它们能狂吠几声，给这个安静的清晨一点声响。它们在残砖断垣上跳上跳下，不一会儿，它们一起搜救到了废墟的最高点上，它们并排站在一块预制板上，失望地望着自己的主人。主人一个手势，它们跳下废墟，回到了主人身边。它们和主人都失望地走了。

我没有走，我还站在这个土操场坝里。这里曾经有我撒下的青春汗水，有我跑动的身影。身后那座青山，有我和萍曾经一起仰望过星空的绿林。前面那条小河，有我和同学偷偷洗澡的水滩。还有那片苹果园，我和同学修剪过它的枝条。还有山下那条小街，我和同学一起在街上等过回家的客车。这一切，我相信，在这里读书的孩子像我当年一样，放飞着无限的幻想。可如今，他们中的286个如花孩子都去了天堂。

“孩子们，太惨了，压在废墟下，面目全非。”一个中年男子走过来，沧桑的脸上全是泪痕，说完，不停地摇头。我看着他，相信他一定是被孩子们还没有来得及飞翔的翅膀划伤，他的心流血不止。

一阵微风把废墟上的一本作业本吹过来，停在了我的脚下。张小君，初二一班。略显笨拙的笔迹在作业本抄写着柳宗元的《小石潭记》：“从小丘西行百二十步，隔篁竹，闻水声，如鸣佩环，心乐之。伐竹取道，下见小潭，水尤清冽。全石以为砥，近岸，卷石底以出，为坻，为屿，为山甚，为岩。青树翠蔓，蒙络摇缀，参差披拂。潭中鱼可百许头，皆若空游无所依。日光下澈，影布石上，怡然不动，倏尔远逝，往来翕忽，似与游者相乐。潭西南而望，斗折蛇行，明灭可见。其岸势犬牙差互，不可知其源。坐潭上，四面竹树环合，寂寥无人，凄神寒骨，悄怆幽邃。以其境过清，不可久居，乃记之而去。同游者：吴武陵，龚古，余弟宗玄。隶而从者，崔氏二小生：曰恕己，曰奉壹。”柳宗元那种清寂苦闷、抑郁忧伤之情跃然纸上。老天祈怜，张小君是否还活着。远古的柳宗元那种远离官场的苦闷，哪里比得上此时青山的寂静，哪里比得上河水的无声哭泣。

下山过河，就是一个玻璃厂，同学张的哥哥是玻璃厂工人。有时，我们下了晚自习，偷偷跑出去在他哥哥寝室做吃的。一个冬天的晚自习后，胡、蔡、张，我们四个同学，商量到玻璃厂。黑灯瞎火的路上，张说，整只鸡炖来吃。于是又折回到街上，寻找可以下手的地方。我们蹑手蹑脚来到一个背街小巷里，胡说，就在这里下手。隐隐约约看见窗户外挂了一排腊肉，找来一个长竹竿，蔡自告奋勇站出来，我们在暗处放哨。蔡很麻利，用竹竿使劲插住三下两下就夺了下来，就在往回收的时候，插在竹竿上的肉“嗵”的一声落在了屋檐下。“哪个?”屋里发出了一个女人的声音。蔡大声回应说：“狗日的猫啊，吓我一跳。”屋里没有了声音，过了一会儿，蔡轻手轻脚把落在屋檐下的腊肉捡起来就跑，我们随后跟上。他们几个在路上还唱起了《大刀进行曲》，“大刀向鬼子们的头上砍去，全国武装的弟兄们，抗战的一天来到了，冲啊，杀!”铿锵有力的歌声在夜空响起，震得地都在动一样。我没有唱，总担心后面有人会追来，不停往身后看。到玻璃厂张的哥哥寝室里，点燃煤油炉子就开始炖。我们还在外面地里扯了几条红皮萝卜炖在里面。边炖边玩扑克，一个小时后，香喷喷的腊肉炖好了。那晚的腊肉，尽管没有淘洗，那也是我吃得最香的一次，几次回味起来，有一种温暖弥漫在我心头。我不知道，在这里读书的孩子是不是也像我们当年一样调皮，是不是也像我们一样偷过那挂在窗户外的腊肉？可，如今他们中的286个孩子已经走了，走得那么突然和匆忙，他们甚至没有来得及喊一声：“妈妈!”

学校的后山上，掩埋着他们幼小的身躯。286个小土堆，286个活蹦乱跳的身影啊。那座青山，是我们曾经的乐土。快毕业的时候，斌就在后山密林与女生唐坐了一晚上，谈毕业的去处，谈毕业要考的学校。灿烂星空下，他肯定拉了女生唐的手，可他死都不承认。他肯定还和唐拥抱了，可他坚决说没有。但他从山上带回了一颗光溜溜像纽扣一样的小石子，放在枕头下，时不时拿出来欣赏。他说：“唐送的。”我接过石子，椭圆形的石子上泛着一层光滑的痕迹。那是手的体温给予的光亮，有女生唐的手温，更有斌的打磨。毕业时，斌把小石子连同毕业照放在了木箱里，那是美好的回忆，那颗石子像一枚岁月的别针，别住了那晚的灿烂星光，别住了甜美梦境。

学校后山上，我曾经和萍在一个小山坡上坐过。那晚月光皎洁，撒在小山坡的月光像闪光的银子，柔和、光洁，我和萍坐在小树丛下，蛐蛐高一声低一声地叫。我看着萍淡淡地笑，她也笑笑。其实，那晚我很紧张，月光下一个男生和一个女生单独在一起，话说得颤颤抖抖的。记得她说：“月光真好!”我说：“是，月光真好!”……一晚上都在和她说话，可说的什么，没有一句能记起了。小山坡依旧，周围的树木依旧。从时光的隧道穿过，我们变得不再年轻，小山坡变成了幽深的密林，变成了潮湿的下着雨一样的感伤场面。这里的泪水像下雨一样密集，这里的雨潮湿而盐分十足。

在与萍约会的第二天，我一走进教室，就看见黄二娃在黑板上写“李汀与××昨晚约会”。我红着脸，跑上去把黑板上的字给擦了。黄二娃说：“这是事实。”我懒得理他。我不知道与萍在月光下的那次闲聊，算不算恋爱，算不算学校禁止的早恋。但我可以坦率地说，我心里确实有一种东西在涌动，青春的眼睛里闪烁着明亮、锐利的火光。要是那光与一丝温柔的光相遇的话，肯定会燃烧。那光没有燃烧，是因为我的忧伤，那种看落花就掉泪的忧伤。

我也相信，这里的孩子们，肯定像我一样暗恋过，肯定像我一样张开过青春的翅膀，想要飞翔。可，如今他们折断翅膀，再也不能飞翔。

在我写这篇文章的时候，我陆续收到了军、萍、强、蔡的信息，他们说，经历了同一种灾难，怀着同一种祈祷：祝福活着真好！活着真好，这是多么温暖的一句话，让我激动得热泪盈眶。这些分布在各地的其他同学，比如国、芳、华、智、富、明、伟都还好吗？我最担心的北川，那里唯一的同学琼还好吗？

我知道，这些孩子们，他们去天堂的路太挤太挤，他们一定会相互携手并肩。我知道，这些孩子们，他们这次的沉睡一定不是忘了上课的铃声，他们一直是好孩子。我还知道，这些孩子们，他们这次是去完成一次长途旅行。日月星辰会告诉他们：一定要记住回家，家里永远有牵挂的妈妈，家里永远摆放着等他们回家吃饭的碗筷，家里永远摆放着等他们入睡的帐房。

7月16日

◆中共中央统战部副部长、全国工商联党组书记、第一副主席全哲洙一行到青川视察灾情和恢复生产情况。全国工商联副主席、泛海集团董事长兼总裁卢志强，全国工商联副主席、省工商联副主席、宏达集团董事局主席刘沧龙，省政协副主席、省工商联主席陈次昌，省委统战部副部长、省工商联党组书记、常务副主席杨安民等一同参加调研。市委副书记、市长马华等陪同。

◆省国家保密局副局长冯宝运一行深入青川重灾区，检查指导保密工作，看望慰问保密系统干部职工。

◆省民政厅副厅长三郎木滚到青川督查指导受灾群众安置、活动板房、永久性住房建设等工作。县委书记李浩生，副书记李中书，县委常委、副县长李昱隆等陪同并汇报工作。

7月17日

◆省委副书记李崇禧一行深入青川查看灾情。

◆中国农业发展银行总行党委副书记、副行长孟献斌到青川调研指导抗震救灾和灾后重建工作。

7月18日

◆青川“5·12”地震灾后首家招商引资建筑建材厂青川博亚建筑材料有限公司在板桥乡奠基。

关庄影像

◎李　汀

关庄在我心里是一幅浓淡相宜的水墨画。四面环山，一衣带水，坐落在大坝里的关庄坝，一个青山绿水的地方。我在这里生活了四年，四年青春有一种飘然朦胧的感觉，飞越高山，汇入河水。我打开的身体像一只乱窜的蜜蜂，总也找不到我要停歇的花蕊。离开它，是我最后的选择。

这副水墨画一直镶嵌在我心里，即使离开关庄小镇10多年了，它依然令人痴迷。可我想不到的是，我居然是在这么一个特殊的时期再次进入它的心脏。地震后第三天的中午，我冒雨走回关庄。车窗外到处是断垣残壁、废池乔木的破坏景象，我的心湿漉漉的。逆河水而上，开阔的河面，往日倒映青山绿树影子的河水，一片浑浊，泛着土腥味。地震把昔日清秀的小镇摧毁，早已找不到我要找的素雅和飘然。

临河原先的一段土路铺成了水泥路，可在这次地震中一样被扭成了麻花路。一道道开裂的口子，就像冬天母亲手上裂开的皲口，叫人一阵阵心痛。那时我在关庄的时候，每到下午，我们镇上工作的几个年轻人，就三五成群的在河边的土路上转悠，夕阳照在我们幼稚的脸上，河水伴着我们叽叽喳喳的叫声，我们说笑着走过土路。处在青春期的青年，总是有一种放荡的冲动，看见小镇的姑娘，总要用吹口哨去挑逗她们。一声口哨，姑娘很羞涩，轻声骂一句：流氓，就赶快走远。我们更加放荡地笑，其实，我并没有笑，我在他们中间是最忧郁的一个，我的笑让他们霸占了。他们像疯长在土路上的狗尾巴草，把我像一苗车前草一样踩在脚下，不视我的存在。

每天临河而居的一个中年人，坐在他的门前，抽着纸烟望着我们。一天，他叫住我，让我进他屋里。进屋，就闻见一股墨汁香，那种有着兰花芳香的墨汁。小屋的四壁挂着写好的毛笔字。一副长联深深吸引了我：藏金藏银不如藏书教子开天开地莫若开心做人。从书法的落款，我知道他叫王文华。他说他六十多岁了，退休在家练写字。我吃了一惊，他一点也看不出是六十多岁的老人。一头黑发向后梳，梳得油光油光的。他说：“我知道你们说我老不正经，一天坐在那里看小姑娘。”我笑了，望着墙上的那些字画，我的心像放在畅快的草坪上，有阳光，有微风。他告诉我，他在公社当干部的时候，喜欢上一个女人，深夜打起火把，翻两座山都要去约会。约会完了后，又赶上第二天上班。他又说，哪像你们现在的年轻人，没有一点儿恒心。讲完自己，他才很神秘地对我说：其实，我在观察你们这一伙年轻人。我看你很独立，与别的男青年不一样。

停了停，他又说：这街上有一个小姑娘不错，你喜欢不，我介绍给你。

我摇了一下头，又点了一下头。他急了，“到底是喜欢，还是不喜欢?”我的脸一下子红了，那时我觉得恋爱对我来说，还好遥远。我说：我根本不认识那个女孩。

他一手撑在墙上，一手夹着纸烟说：“认识多容易的事，找个时间我带你去。”他说的很坚决。

我不知道是怎样逃出他家门的，我知道出门时，被他门前的一株竹子划了一下脸，回到小镇木楼上就开始火辣辣地痛。

踏进小镇，我就想起了王文华老人，他在这次地震中受伤了吗？他的平房居然没有垮，只是震裂了一些缝。小院里多了一处假山，小桥流水，竹影掩映。进屋，陈设依旧，那副熟悉的长联依旧挂在那里。王文华老人走出来，头发依旧后梳。你是？你是？你是原来乡上的小李？我点头。灾难中的一种重逢，叫人的眼泪不得不流出来。他激动地说：“哎呀，那个时候给你介绍我们街上的姑娘，想留住你，也没有留住呀!”我们拉着手，紧紧握着，感受到了老人那种质朴和真诚，我甚至有一点辜负老人的感觉。那时，在接下来的小镇生活，我总是有意躲着他。他似乎也明白了我的心思，不再提起那件事。那是怎样的一个姑娘啊，一定和老人有着一样宽敞的心灵，一定有着与老人一样淳朴的素质。我虽然现在都还不认识她，但我在心里一遍又一遍祝福她。老人好像知道我的心思：“不错，人家也过得不错，地震家里人都没有受伤。”我含着泪，点头，感恩。灾难是一面镜子，照亮了老人的豁达、质朴、真实。

老人说：乡政府的木楼垮了。我一惊，那是我曾经住过的木楼，一住就是四年。记得我报到住进木楼的那天晚上，隔壁小两口很不习惯。竹席隔的房间，糊上报纸，隔得了眼光，却隔不了声音。小两口再小的声音，总能从隔壁传到我耳朵里来。

“哎呀，隔壁有人?”

“睡着了，都有扑鼾声了。”

听见小两口的说话，我就开始假装扯起扑鼾声来。男的说：“听嘛，好大的扑鼾声。”楼道里的灯光很安静，我两只眼睛望着楼道里透进来的灯光。渐渐就开始听见了他们的呼吸声，越来越急、越来越粗的呼吸声。

我用被子捂住脑袋，一声长一声短地扯着扑鼾。我连大气都不敢出，生怕我的呼吸影响了他们的好事。突然，啥子东西“砰”的一声掉了下来。隔壁吓得没有了声音。隔了一会儿，又听见男的说：“是老鼠子撞翻了东西。”第二天，我朦朦胧胧起床，在楼道上遇见隔壁女的，她问我：“睡得好吗?”我点点头，好像窥探到别人秘密一样，心虚地逃跑了，不敢出声。女的在我后面爽朗地笑。隔了没几天，小两口搬走了。

木楼全住进了我们单身汉。吱呀响的木门，随便我们开关。只要谁有好吃的，就别想一个人独吞。我们经常在一起喝醉酒，搞一些恶作剧。刘莽子喝不醉，每次他都要灌醉一个。一次，他把诗人鱼儿整醉了，把鱼儿抬进寝室。正是大热天，他就用墨汁给鱼儿脸上画了一个眼镜。鱼儿清醒过来的时候，爬起来就去街上买东西。街上的人都用异样的眼光盯着他，他还骂了一句“神经病”。在一家副食店，老板问他：“你的眼睛咋了？遭打了?”他才从一块玻璃上看见自己的那一副黑框眼镜。东西也不买了，遮着脸就跑回了木楼。在木楼的男人中间，我很佩服鱼儿，经常看见他的诗发表在一些报刊上。记得他写的《麦秸草帽》：乡村岁月里的补丁/布谷鸟第一声清唱后/粗粝的手从南墙上把你取下//轻轻拍掉去岁的灰尘/你在父亲的头上/开始旋转，旋转……我深深记住了这首诗，也记住了鱼儿。后来鱼儿调离了乡政府，可如今他在哪里？他那鱼儿一样的鼓眼睛又停歇在哪里的?

时光如流水。流水尽头，是我们远走的背影。我们曾经欢歌笑语的木楼倒在了地震中，成为一片废墟，我们的青春被埋，鱼儿的诗歌被埋。我们如果哪一天回到这里，再也找不到那一处木楼，再也回想不起木楼里的尖叫和奔跑。

酒厂是我们经常去的地方，商业技校毕业的东子分在酒厂。在街头头上，酒香就像一列呼啸的火车一样穿过小镇巷子，不由分说地传过来。酒厂垮了吗？我问。垮了哦，酒厂一样垮了。老人对我说。

小镇看似平淡的日子，这时在我记忆深处被一一唤醒，内心深处的琴弦被轻轻触动。现在，这里再也找不到东子的影子，酒厂的二楼楼房已经夷成一片废墟。轻风过处，曲终人散。我脑海里突然涌现出这样的画面：在酒厂二楼东子的住房，满屋子的酒糟香，东子和琼神情专注地望着对方，眼里的光芒就像一碗酿造的白酒流淌。木桌上插着一束新买的塑料花，鲜艳夺目。这是东子恋爱时候的场景。东子抿着酒，望着琼做饭洗衣，幸福的一对儿。

后来，听说他们离婚了，东子去了海南，琼去了广东，天各一方，再也没有小镇酒厂的浪漫。听说琼每年还回酒厂的房子住上几天，望着对面的天色、山影，闻着满屋酒香，回味从前那些温暖的日子。余晖流溢间，是一种凄凉与寂寥。酒香永远消失在了烟尘里，琼再也回不到从前的温暖中了。

供销社也摇摇欲坠。那时，戴眼镜的展娃子最爱到供销社去，挤在售货员小张的柜台前，给人家一遍又一遍地弹吉他，反复唱《故乡的云》：归来吧，归来哟，不再四处漂泊。小张静静地听着，心里一定是春水涟涟、碧波荡漾。如果不是街上华瞎子插足，他们一定是幸福的一对儿。一天晚上，展娃子吹着口哨去供销社找小张，华瞎子躲在街上巷巷里等他，见他上来了，就抓着他的衣领，说："小子，等你呢。你晓得为啥事吗？"展娃子摇摇头。

"劝你以后少到供销社去，知道不？"

"啥事，为啥？可以平等竞争嘛。"展娃子还嘴硬。哪晓得话音刚落，华瞎子照他眼上就是一拳。当时，肯定展娃子是眼冒金星。华瞎子丢下一句：小子识相点，不然，有你好受的。

展娃子回到木楼，沮丧极了。我们笑他，他却在自顾自咕噜：我爱她，有错？有本事，竞争嘛！展娃子最终没有竞争赢华瞎子的拳头。在展娃子心里那肯定是一种坠落，一种加速度飞翔后的坠落。在摇摇欲坠的供销社旁，我仿佛听见了展娃子嘹亮的歌声，看见了小张那清秀的脸庞。我相信，在这种灾难面前，他们肯定会彼此牵挂，哪怕曾经的相爱没能走到一起。

关庄上游的石板沟住着黄乡长，他是我参加工作的第一个领导。他像泥土一样淳朴、种子一样淳朴。他的淳朴，是渗进骨头缝里的一种淳朴。有一年冬天，我跟他去下乡，路途遥远，不能回到乡上，要在农家住下。吃了晚饭，他就跟村民说田里的事，我坐在旁边一言不发，有时候，他问问我，我也只是应付性地点点头。到了睡觉的时候，他和我睡在一起，他把我的脚用被盖压了又压，说："别冻着了。"像小时候父母在午夜给我掩上被盖。最后，他干脆把我的脚搂在了他的怀里暖着。他的脚就伸在我肩旁，我懒得理他。很多时候我的莽撞，早已被他用淳朴原谅了。我不得不承认，我对他的不屑一顾，已经叫他的淳朴磁化，随之而来是对他的无限崇拜。

谁知道，如今他的家和家人被两座山掩埋。当时，他在干什么，是在屋里看电视，还是在山坡上劳作？他肯定会很平静，不会有激动和害怕。他像往常一样点了一支烟吗？他走到田野吗？在绿草的间隙里，他找一块高高的土坡坐下来，一边看轰然而下的山体，一边望着自己的房屋。其实，什么也看不见，他只是尽量把自己内心放平，即使在灾难面前，他依然要保持一种超然和尊严。

我站在大坝上，长时间默默地站在那里，凝望着横七竖八的树木，凝望着形成的一大片堰塞湖。大自然给这里的村民垒了这么大的一座坟茔啊。想着他们忍受着千辛万苦，抛洒了无数汗水和眼泪建设的美好家园，就在一瞬间化为了乌有，我的心久久不能平静。

真的，这次回到关庄，让我又一次经受现实与宿命的撞击，那幅镶嵌在我心里的水墨画，被击得粉碎。在这种粉碎中我看清一些人宽大的背影，看见他们在飞翔，在呼喊。

关庄，我想跪下来大声呐喊。

7月20日

◆国家住房和城乡建设部副部长仇保兴一行到红光乡东河口、县城狮子梁变形体等地察看灾情。

◆上海兴华教育扶贫基金会理事张开冰一行到青川考察学校援建项目工作。

◆国土资源部地质环境司副司长陈小宁一行到青川察看灾情。

◆浙江省杭州市党政代表团一行43人抵达青川，察看灾情，看望慰问支援我县的杭州市公安、卫生系统人员。

7月21日

◆中共杭州市委副书记、市长蔡奇，市委副书记王金财，市委常委、常务副市长杨戍标一行调研考察了东河口堰塞湖灾情。杭州市向青川县捐赠资金1000万元，意向性捐赠价值1250万元的物资。

7月22日

◆欢送济南军区猛虎师撤离青川。

7月23日

◆浙江省水利厅厅长陈川一行调研灾后重建水利工程项目。

7月24日

◆15：54、13：30、15：09姚渡镇连续发生5.6级、4.9级、6.0级余震。

7月25日

◆市委书记罗强在姚渡镇查看灾情，看望受灾群众。

7月26日

◆国务院抗震救灾前方指挥部群众安置情况调查组到我县调研受灾群众安置工作。

7月27日

◆浙江省卫生厅援建的青川县国内首个医疗网络服务平台正式开通，标志着浙江省对口支援青川县灾后恢复重建工作正式拉开序幕。

青川震后第一炊

◎流海川

地震摧枯拉朽，熄灭人间烟火。

俗话说“巧妇难为无米之炊”，地震发生后，全县水、电、气、通讯、交通全部瘫痪，商铺全部停业，没有粮食、没有蔬菜、没有炊具、没有锅碗瓢盆、没有桌椅、没有人员……面对前所未有的困难，县接待主任张志敏带领刘雪梅、何邱、唐琴等，到远离城区的山上去取井水，从县委食堂的废墟中掏出粮食和锅碗瓢盆，利用倒塌房屋的砖块垒起四面透风的灶台，在满目疮痍的废墟上缭然升起青川第一缕炊烟。

青川的灾情得到党中央、国务院的高度重视，救援的部队、医护人员、记者、志愿者源源不断地赶赴灾区，如何做好此时的后勤保障工作，是摆正青川接待人面前的最大难题。人手不够，没有燃料，没有蔬菜，他们就从废墟上拣拾垮塌损坏的木料，四处寻找失散的经销商买回锅碗瓢盆、油盐酱醋等原材料，顶着烈日酷暑，迎着狂风暴雨，冒着余震危险在临时搭建的操作间，利用少许的材料节约安排每一顿的饮食，面条、米饭、馒头……变着花样尽量让同志们能够吃饱。为了让大家吃得干净、卫生，工作人员每天早、晚两次对厨房周围进行灭蝇和消毒，从源头上把好卫生关，保证大家的身体健康。

“5·12”汶川大地震，青川接待办的同志们损失惨重，房屋垮了，家没有了，唯一的家当便是地震时穿在身上的衣服，全办人员家庭直接经济损失达120余万元。可是他们却没有顾及家中受伤的老人和年幼的孩子，没有放下手中的工作去抢夺仅有的家产。连日来，他们全身心投入灾后的接待工作，从凌晨到深夜，没有谁叫一声苦，没有谁喊一声累。他们忍受了许多的不理解和抱怨，总是默默地努力把工作做到最好，充分展示了青川接待人舍小家顾大家、甘于奉献、不怕苦不怕累、不计个人得失的接待精神，以实际行动证明了青川接待人抗灾自救、重建美好家园的信心和决心。自5月13日以来，平均每天接待1000余人，最高峰接待过2200余人。成功接待了来县指挥、视察、慰问抗震救灾工作的各级领导40余批次1000余人次，包括国务院总理温家宝，全国政协主席贾庆林，国务院副总理回良玉，国务委员、国防部部长梁光烈，全国政协副主席、统战部部长杜青林，国务委员、国务院秘书长马凯，国务委员、公安部部长孟建柱，中央军委委员、总参谋长陈炳德，成都军区、济南军区、沈阳军区、兰州军区、辽宁消防、湖南消防等国家和军队领导人；省委书记刘奇葆、省政协主席陶武先和省级部门领导120余批次3200余人次；接待日本救援队、韩国救援队、英国志愿者等外国友人5批次56人次；应急部队、医护人员、记者、志愿者等16000余人。

7月28日

◆省政法委书记王怀臣任团长，省政协副主席晏永和、武警四川省总队政委王信、省军区参谋长张培敏任副团长的省委、省政府"八一"建军节慰问团莅临青川。

7月29日

◆浙江省对口支援青川灾后恢复重建指挥部正副指挥长与青川县四大班子主要领导在县指挥部举行座谈会。

7月30日

◆召开县委常委会议，会议强调，完成8月8日全部受灾群众搬进活动板房。

7月31日

◆浙江省海宁市人民政府副市长邵小文一行到青川。

8月1日

◆浙江省宁波市政府代表团陈炳水一行27人到红光乡考察东河口堰塞湖灾情。

8月2日

◆浙江省国土厅副厅长潘圣明一行7人到青川考察调研灾后恢复重建情况。

◆全省首家堰塞湖无线网络视频监控系统在我县正式投入使用。

8月3日

◆召开台湾文化大学支持青川灾后重建工作经验交流会。

8月4日

◆省政协副主席晏永和到马公乡调研过渡安置房建设工作。

8月5日

◆姚渡镇发生6.1级强余震。

散文两章

◎清　澈

第一章　面对废墟不流泪

“5·12” 撕山裂地的狂震，黄烟弥漫，渐次消散，我已在极重灾区四川省青川县，经历了一个多月的磨难。

一个多月来，多少悲伤、多少惊恐、多少心痛、多少眼泪，随着12560多次的余震，在麻木的灵魂深处存盘。渐渐地，习惯了无家可归的无奈；习惯了帐篷听雨；习惯了痛苦中的坚韧；习惯了麻木地穿行在废墟里；习惯了面对废墟不流泪——

锥心焦虑

大地震前夕，我正在蓉城落实两部长篇小说的出版事宜。14：28，窗外地声轰鸣，门窗哐啷，高楼摇晃，我突然意识到——地震，马上闪身如厕，直到14：35，我才轻抖双膝走出大楼，想到远在龙门山断裂带上青川县城的娇妻，立即发出短信：嗨！我在成都平原遇上了大地震。奇怪啵？你那里可有动静？

半小时、1小时、3小时、5小时，妻子音讯杳然，手机、小灵通、座机，全无信息，本就恐慌的心更加胆怯，心慌意乱，担心妻子，担心家人。

夜幕随着凄漓的雨滴，伴着揪心的焦虑降临，我身裹棉被，坐在楼下翻板椅上，遥遥北望，不知娇妻、家人可都好？

省外读书的女儿，夜半突然打来电话，泣不成声，焦急地哭着说：“爸爸，妈妈联系上没有？一点音讯没有！网上说，汶川、北川，地震好凶，死了好多人呵！我好担心妈妈……”女儿在那边，已经泣不成声。

“别担心。相信，好人会平安！”实际上，我心慌意乱得紧，心底一酸，泪水哗哗地涌流下来……

看见直升机的那一瞬

5月13号中午，妻子耐不住铁皮车库内的高温，正枯坐在车库外的树下，望着眼前各色彩条布搭在球场上那一个个密集的“家”，手机不通，联系中断，心中空落伤感。

“5·12”猛烈强震后，她陪伴照顾着岳父母，就跟几家朋友21个人，男男女女，老老少少，脚抵脚、肩并肩，挤在一个铁皮车库里，煎熬着，回味着那被地震瞬间夺去的鲜活生命，寻思着那震成危房再也不能入住的家，心中酸楚，不知这份瞬间没了希望的日子应当如何往下过？不知这一无所有的生活该如何延续？

突然，一架军用直升机在低空盘旋。

顿时，心中涌起无数的感动，就像同母亲走散的孩子，忽然看见了母亲迎面走来的身影，多少委屈、多少心酸、多少失落、多少无助，一齐涌上心头，交通、通讯、电力全部中断，20多个小时，青川与外界失去了联系，举目环顾，都是一无所有的灾民，看一眼坐在前面不远处的那几个女人，她们也不约而同地对望。实在忍不住，泪水悄然滑落。

终于有飞机来看我们了，终于有亲人来帮助我们了，我们不再孤独。

然而，泪珠还是一个劲儿不停地往下滑落。

也不知，在成都的老公可安好？心，一直悬在半空。

总理的眼泪

5月15日上午，共和国总理温家宝同志亲临我们青川查看灾情、慰问灾民、指挥抗震救灾。

听跟随到现场的朋友告诉我：当温总理看到我们青川惨重的灾情，看到挖掘机挖出的几个遇难孩子的尸体，温总理忍不住，悲痛地流下了眼泪，他沉痛地说：“青川是四川北部的重灾区，灾情很重。”

总理流泪了，来青川抢险救援的人民解放军、武警官兵、公安民警和救援人员、志愿者们都流泪了。

灾难后，交通、通讯、电力全面中断，我们青川成了一座与外界隔绝的“孤岛”。总理不顾余震，冒着飞石，深入极重灾区的青川，来看望他置身灾难中的子民。总理让我们在痛苦中看到了充满希望的前景；让我们忍不住，流出了感激的泪水……

总理流泪了，我们流泪了。至今，我们快要流干的泪水还在流淌……

子夜深情

5月16日黄昏，我举步旧城改造工地，正想着旧城改造，无意间救了至少6000人的性命！

5月14日，在铁路、公路全部停运的情况下，我搭朋友的便车，赶回青川，和妻子聚首，多少生离死别的滋滋味味，一齐涌上心头。我不断地穿行在废墟中，想从废墟里打捞一点往日县城的美丽，收尽眼底的却全是一片破败的废城。

忽然，迎面遇见住到北井坝加油站后面的县交通局退休老干部李老先生。

简单寒暄几句，他就对我说：嗨呀，昨晚黑都11点过了，我出帐篷解手，遇上10多个救灾刚回县城的子弟兵，一个个累得脸色蜡黄，没有一点精神，听说他们白天，一根黄瓜3个人分着吃，我这老汉心痛啊！我马上给他们煮了4锅面条，他们吃了硬要给我钱，我气愤地吼他们——这才是怪事，你们冒着生命危险，用生命来救援我们，这么大的地震，我老汉有命在就是最大的幸福，更何况有你们子弟兵来帮助。

一个当官的对我说：我们吃了你老人家的面，不给钱就违背了纪律。我吼他：现在我们是一家人，自家人吃自家人，算哪门子纪律！

听着老人家的讲述，想到深夜那种情境，禁不住激情翻卷，涌出酸酸的泪水，我马上仰望灰扑扑的天空，忍着，不让泪水滑落。

警笛拉响时

5月19日14∶28，警笛在一片废墟上拉响，整个青川沉浸在无比哀伤的悲痛里。

我坐在县委球场那棵挺拔的楠木树下，闻声肃立，默默地、默默地垂下头，积压多日的泪水，再也不听话地往下流，为死难的4000多个鲜活的生命，为无家可归的兄弟姐妹，为自己从未经历过的痛苦。

国务院决定5月19日－21日为全国哀悼日，下半旗志哀，而且，19日14∶28，全国各地同时拉响防空警报、拉响警笛，默哀3分钟。

凌晨4：57，天安门广场升上顶部的国旗，开始慢慢地、慢慢地往下降落，共和国的旗帜，第一次为平民降下了半旗！

“5·12”大地震，死难的同胞们，生的虽然平凡，死的却很壮烈！

安息吧，“5·12”青川死难的4600多个生灵！

当一次不在编的总编辑

6月9日上午，我正陪妻子从快要倾倒的危房——县委宿舍5楼，顶着余震，冒着危险，抢下被子和衣服，就被县委宣传部临近退休的曹映健兄遇上，他两眼放光，激动地对我说：快点，老弟，请你来帮忙办报！

我看一眼已经瘦弱得风一吹就会飞起来的娇妻，看一眼充满渴望的曹兄，左右为难。

我本是回来陪伴妻子，共同战胜灾难，同时，按照草拟的提纲，开始创作一部与地震有关的长篇小说。

再看看县委球场正在紧急搭建的一排排活动板房，想到连日来子弟兵、全国各地涌来的志愿者，以及国际救援队，都在无私忘我地帮助青川，我背过娇妻，暗地里答应去办报。

虽然，20年前办过一张小报，毕竟退休在野5年。突然领受这一重任，仍然令人悬心吊胆，焦虑不安。从办报方针、发刊词、版式设计、文章组织，以及排版细节，全在脑海中翻腾，搅得人在床上翻滚，每晚只能迷糊一两个小时。不仅没能照顾好妻子，反而搅得妻子也跟着我失眠。

直到6月13号，《今日青川》第一期印出来，我心里才松了一口气。妻子看看手上的报纸，微笑着叮一句：“莫忘了，你该做啥子?”

是啊，我不会忘记，我这个不在编的总编辑，应该通过新、短、活，反映民生大爱，为25万受灾群众送上一份精神食粮。不愧对共产党员的称号，不愧对作家的使命，不愧对养育了我几十年的青川山水和青川人民！

第二章　学会坚强

“5·12”特大地震袭来，地声轰然，山崩地裂，黄烟弥漫，楼垮屋塌，家毁人亡，生离死别，呼天抢地，哭嚎遍野，25万人顿时无家可归，巨大的悲伤，潮水般涌来。

上午才商定，下午一起去照结婚照；中午才相约，下午去河边农家乐喝茶聊天斗地主；刚才才约定，晚上鱼王火锅去小聚；午饭后，孩子背上书包，跑去学校，刚才坐进了教室里；午睡起来，叫妻子起床，一起去上班，她却还要睡一会儿……

一场灾变瞬间发生，一切幸福立即中断，一场苦难突然降临。

我们掩埋了亲人，伤心悲愤；我们看一眼破落的家园废墟，潸然落泪；山外的朋友一个电话问询，引发泪腺决堤；子弟兵英勇的救援，启动哀伤引擎；自愿者无私的奉献，爆开感激热泪；温总理的眼泪，激发痛苦中的坚韧；浙江的援建，催生哀伤中的希冀。

虽然，我们还浸泡在无限的痛苦中，我们还在不断的余震里揪心抹泪，我们还不知道新的家园在哪里，我们还没有减轻一丝丝深深的痛苦。

但是，我们应当在大灾大难中，学会坚强！

我们不能阻止地震灾害的发生，我们可以不让痛苦延续；我们不能重整破碎的山河，我们可以重拾信心；我们不能挽回无辜的生命，我们可以抹泪咬牙坚韧地前行。

我们把痛苦遗忘，我们把回忆切断，我们把哀伤粉碎，我们把一切的幸与不幸，痛与悲怆，用旷达坚韧的布打包，存放到帐篷一角，丢进灵魂的谷底。

我们现在需要学会坚强。只要学会坚强，我们就有希望！

过去美好的青川，是我们几代人勤劳建设的成就；过去幸福的家园，是我们一生不懈追求的硕果。只要我们坚强，另一个温馨的家园、崭新的青川，就会在不久的将来，崛起在青山绿水的天地间！

我们都在痛苦中，我们都在灾难里，让我们相互一握，互道一声：坚强！

"5·12" 青川地震赋

◎李先钺

戊子四月八，灾难突降临。山崩地裂，哭声揪心。天昏地暗，尘烟滚滚。房屋倾塌，痛失亲人。县城山珍市场、中医院、东桥宾馆；乡镇木鱼中学、红光乡、马公、房石、关庄镇……多少比翼齐断梦，一楼同飞数百魂。左听爱妻唤夫切，右闻孩儿呼母声。遍地断壁残垣，家园一片惨景。瞬间千年难遇浩劫，降临25万人民。135万间房屋刹那间夷为废墟，近5千同胞眨眼间永别亲人。交通水电通讯全线瘫痪，3269平方公里成为孤岛；天悲悲兮，地戚戚兮，大地哽咽，山河哭泣。青川啊，悲壮盖着悲壮；故土啊，人心紧连人心。

大地无爱，人间有情。灾情切切，惊动京城。总书记三次电话问县城，狮子梁地质灾害牵北京；温总理风尘仆仆来青川，在现场热泪滚滚动真情。拳拳之心，饱含深情。

四面援助铺天来，八方大爱盖地倾。

数万大军，闪电雷鸣；天地同发，水陆并进；逢山开道，遇水架桥；赶赴青川，火急救命。冒生死拯父老于重重瓦砾，洒热血救乡亲于茫茫废墟。消防武警，白衣天使，救援队，志愿者，纷纷挺进重灾区，浩浩携手战死神！军民团结，鱼水深情；万众一心，众志成城；创奇迹抢救垂危之生命，感人事令众人为之涕零。国民感天地，血泪铸忠魂。千年浩劫瞬间来，无数英雄遍地生。救灾物品源源不断抵青川，血浓于水深深情意暖人心。浙江省对口援建，各省市戴月披星；处处凝聚民族之威力，时时演绎中华之强盛！

华夏后裔，百折不挠；青山依旧，江河长流；青川不死，涅槃再生。重建美好家园，再绣明日美景。煌煌苍天降下万吨大任，朗朗乾坤升起五彩祥云。

震 情

◎陶武先

破阵子·震难援情

地颤浊浪破岸，山崩黄沙飞烟。霾压古寺留断壁，风啸小城落残垣。血雨溅苍天。

童叟相依饥寒，鳏寡互慰孤单。疾度生死乱石路，痛拔安危废墟间。大爱共宇寰。

临江仙·震难医情

攲缝[1]针注期盼，托架手扶蹒跚。影叠杏林鸟惊天。掌灯扫迷雾，护花别残垣。

泪催利刀除患，汗慰柔线[2]复原。白衣沁红相思沾。但愿人长健，何妨我无眠。

巫山一段云·震难居情

雨冷草滴悴，月晕帐垂悲。残烛苦照瘦影陪。故园几时回?

挺梁撑力臂，推窗握余晷。稚童戏逐燕语飞。锁梦子美[3]归。

注释：①攲缝：攲，本意倾斜。震后房屋塌陷，幸存者一时难以救出，医护人员斜靠残垣裂缝，进行应急救护处理。②柔线：缝合伤口之线，倾注了医护人员的关爱柔情。③子美：杜甫字子美，曾有“安得广厦千万间，大庇天下寒士俱欢颜”的愿望和理想。

青川不哭（组诗）

◎李世许

之一：孩子挺住

比5·12更沉重的是爱啊孩子
你要挺住
黑暗里零乱无助
课堂和书包被时间卡住
但是你要知道
那么多心跳在为你加速
那么多目光热切如煮
你一定要答应叔叔
为青川四川和中国
挺住

你曾经那么勇敢
那么不肯认输
帮邻居奶奶抓老鼠
输掉球赛也不哭
雨夜里独自回家
走过那么遥远的山路

现在孩子啊
灾难成为我们考试的题目
课堂上信心不能输
爸爸妈妈是白衣天使
正在抢救别人孩子的啼哭
老师用身体护住你的花蕾
已凝成大写的钢铁雕塑
我们都在你身边努力
为正确的答案奋笔疾书

孩子啊挺住
再困也不要睡去
你可以唱歌数数
把红领巾展在心灵里挥舞
你可以调皮地回忆
校长可笑的语气和同桌破烂的玩具
你还可以畅想
在奥运的舞台高翔
在希望的草地长驱

揭开最后一块夜幕
爱的海洋汹涌起伏
孩子啊
我们必须锯断你的双腿你要挺住
你是班长你不能哭
爸爸妈妈已离你而去你要挺住
我们都是你的父母你不会孤独
青川四川都是祖国的孩子
永远陪你一起感恩一起奋进
一起快乐和幸福

之二：青川在线

当时间中断

来不及呼喊
青川——
3269 平方公里的心跳
和 25 万种信任的色彩斑斓
都不曾掉线

北京四川广元
以母亲和家的方式与我们相牵
祖国各地的声音
打开爱的宽带
与我们血脉相连
青川——
徒步集结
正义上线

紧急抢救党员靠前
血写大爱如天
毅然排险争为中坚
誓言的方队成千上万
青川——
身体和心灵
与生命连线

总理来了
感动的脸庞泪湿双眼
直升机来了
希望的双腿跪得庄严
救援队医疗队志愿者纷纷来了
坚韧的泥土淬火而炼
青川——
感恩和奋进
永远在线

如今
逝去的生命在祈祷里安眠
截肢的笑脸在阳光的怀里依然灿烂
不屈的群山奋勇的峰峦
揽风为骨挥雨如汗
青川——
在西北大地集合报数
向祖国母亲和兄弟姐妹宣言
抬头挺胸
一往无前

之三：瓶装信念

从死亡里爬起来
老人拖着孙子
拖着破旧的书包
那时天在摇晃
时间崩塌
到处是变形的尖叫
老人拍着额头拍着孙子
拍着破旧的书包
她说孩子别怕
都过去了

儿子死了
儿子是外科医生
38 岁生日铺就爱的浮桥
媳妇去了
媳妇是小学老师
永远凝成呵护太阳的冰雕
老人拖着孙子对书包说
这是爸爸的白大褂
这是妈妈的电子表
孩子别哭

抓住书包

矿泉水不要
方便面不要
老人拖着孙子
拖着希望的书包
在高温和饥渴的坝子里
捡空瓶捡一种精神和思考
瓶里的剩水汇起来
可以洗脸洗脚
卖了瓶子
可以买种子买镰刀
日子还长
要准备好

老人拿出黄瓜给孙子
带土的清香在阳光里萦绕
他们走了
拖着黄瓜拖着书包
背影一低一高
脚步一大一小
空瓶擦出的音乐激昂如敲
习惯的对话如火种燃烧
那一刻
感动很苍白
那一刻
信念被铸造

三川连体
一脉同源
天大的苦难我们分担
掩埋父母　不要悲伤
青川为你把泪擦干
寻找孩子　不要心碎
青川把群山改成校园
有药吗
青川为你们生长药典
有劲吗
青川帮你们用力握拳

北方南方　亲人哪
有一种感念叫青川
高原冒险来了
我们挺拔信念
丘陵徒步来了
带给我们爱的甘泉
草地结队来了
为我们点亮翠绿的灯盏
平原主动来了
把我们的子女送进校园
还有森林湖泊和江海
让我们的感动无边曼延
许多年以后　在大西北深处
快乐幸福迎风招展
那是青川感恩的方式
世代相传

之四：父老乡亲

汶川北川　亲人哪
有一种牵挂叫青川
捂住自己的伤口　我们祈福映秀
失去自己的家园　我们担心聚源

兄弟姐妹　亲人哪
有一种精神叫青川
逝去的生命化云天
在我们身后庇佑和催喊

房屋垮塌还有方砖
站起来堂堂好汉
双手折断还有脚板
星月之夜好行船
集合群山立铁肩
唤醒河谷挥为汗
躬身即犁
踏鞋有岸

家园在手　誓死相牵
梦想展翅　天高云淡
有一种不屈叫青川
有一种力量叫青川
有一场挥洒
有一腔肝胆
有一群父老乡亲
叫——青——川

诗二首

◎刘光川

戊子孟夏一瞬间，
八级地震出汶川。
天府灾袭世罕见，
民伤生灵国殇员。
撕心裂肺身痉挛，
悲泪成溪哀满颜。
众志成城壮山河，
挺起脊梁建家园。

山崩地裂天恍惚，
浓浓尘烟呛人目。
幢幢建筑倒积木，
塌塌废墟埋白骨。
男女老少命呜呼，
高低贵贱转头无。
功名利禄尘与土，
零度人生从头悟。
收泪大写英雄谱，
挥毫精绘家园图。
待我先种农作物，
再造华堂幸福屋。

美

——赠别杭州女作家李素红

◎柳桂华

一泓静静的西子湖
依偎着你如烟如雨的臂膀
一片痴情的江南绿
萦绕在你如云如雾的身旁

你轻轻撩起美丽的旗袍
可以把春天的羞涩隐藏
你微笑出甜甜的笑
可以把憧憬的琴弦拨响

不是画家的彩笔
描绘出你光鲜亮丽的模样
是你南国甜园的风韵
陶醉了摄影者美好的向往

你是美丽的精灵，爱的使者
你将这爱心呼唤的构思
你将这美丽期盼的想象
和着五月的丰收曲
写进青川抗震救灾和灾后重建的诗行

五一二，国之殇

◎向明月

五一二，
国之殇，
黑云压城城已摧，
山崩地裂阻大江。
老父失爱子，
娇妻丈夫亡，
学子尽号啕，
师说谱新章。
生灵去七万，
残者遍八方。
都说天府之国在四川，
怎知今日尽创伤。
都说华西坝子出才俊，
难道天要灭我读书郎？
中华大送殡，
半旗慢飘扬。

川之痛，
国之殇，
民之怨，
夜夜长。
十万子弟兵，
水陆空，
驰援忙。
分分秒秒是生命，
父老乡亲刻心上。
十八九岁小战士，
生死线上搏一场。
汗任流，
血任淌，
救得生灵几千万，
使我蜀人永不亡。

五一二，
国之殇，
川之痛，
国之怅。
天要灭我枉为天，
地要灭我费思量！
三十省区大救援，
环球华人哭故乡。
百亿捐款朝夕来，
血浓于水渊源长。
天不灭我我自在，
地不灭我我自强！
开天辟地出四川，
灾后重建现曙光。
中华在，
蜀人在；
蜀人在，
国运昌！

青川魂（外三首）

◎尚继冯

天蓝山青水莹莹，　龙门山区伏阴平。
战国之时已居人，　刀戈木牍是证明。
大山孕育青川人，　出门便见朵朵云；
一年四季很分明，　盛产茶叶与山珍；
吊脚楼与满打襟，　原本多是羌族人。

自古阴平蛮荒地，　邓艾伐蜀方知名。
西魏废帝第二年，　青川置县名秦兴；
唐时进贡七佛茶，　武皇平生最爱饮；
明建文帝朱允文，　朱棣发难躲阴平；
清八大王剿四川，　移来一批湖广人；
从此屙尿叫解手，　莫事双手背后拎。
各族人民和谐处，　慢慢就成一家人。
民国年间多士绅，　大石出个贾应坤；
欺百姓杀解放军，　不仁不义终丧命！

青川人民得解放，　从此翻身做主人。
共产党的政策好，　改革开放渐富民；
开掘大好有追劲，　欢欢喜喜迎奥运。
未料零八大地震，　五月十二太无情！
埋我同胞毁我屋，　风餐露宿去无门！

家宝总理爱人民，　闻讯赶来看灾情。
部队火速赴阴平，　出生入死救灾民；
不愧人民子弟兵，　处处体现鱼水情！
四面八方志愿者，　抗震救灾不留名；

白衣卫士忙不停，　救死扶伤控疫情。
全国人民心连心，　捐款捐物捐感情；
世界各国伸援手，　患难之时见真情！
股股暖流汇阴平，　青川上下得稳定。

青川同胞有血性，　遇恩更怀感恩心；
抗灾自救应发奋，　莫等莫靠自更生！
浙江四川兄弟情，　援建青川有决心。
老老少少齐上阵，　美好家园定建成！

震不垮的青川人，　凤凰涅槃抖精神！
挺起脊梁再做人，　建好家园慰亡灵！
雄起！雄起！青川人！

余震摇摇

◎流海川

又是余震摇摇
又是砖瓦飘飘
大地撕开阎王门上的封条
让娃娃不敢夜里大声哭闹
沉甸甸的脚步颤动着
在废墟痛处逍遥
妈妈已入睡？是否
我还得为她上哨
出了门
我该迈哪只脚

又唯恐把大地惊扰

伤痛是啥

◎娅　娜

1

伤痛是啥？
伤痛是妈妈泪珠泛起的霜花
伤痛是啥？
伤痛是妈妈的心口结起的厚厚茧疤
伤痛是啥？
伤痛是妈妈的儿子再也回不了家
伤痛是啥？
伤痛是妈妈献给儿子废墟上最吝啬的一束小白花
伤痛是啥？
伤痛是儿子嫩嫩的白骨拌进了泥沙

伤痛是啥？
伤痛是妈妈最不舍送去天堂的娃

2

伤痛是啥？
伤痛是儿子的存钱罐被摇出纸钱香蜡
伤痛是啥？
伤痛是儿子顶不起头上一夜长成的白发
伤痛是啥？
伤痛是儿子在妈妈的尸骨前那脆骨声响的跪下
伤痛是啥？
伤痛是儿子为妈妈还献不起一朵小白花
伤痛是啥？
伤痛是儿了还没来得及叫一声“妈”

伤痛是啥？
伤痛是儿了不舍妈妈去天堂把自个儿扔下

战地指挥所　淌着血与火

◎流海川

小小油灯下，埋藏着一堆丛林般的头颅，刷刷的笔头描述着血红血红的灾难；机关枪式的号令似乎在大声朗诵着史诗般的青川精神……

站着的人，谁也说不清他们中间哪月哪天最先倒下的是哪一伍。他们这群人意志是绝对击不垮的，但血肉之躯，你说是铁打的，那绝对是假的。书记县长是指挥员，那至少是出色的战斗员。从废墟里掏出同样也是缺胳膊少腿的烟盒残片，传出的是“鸡毛信”，亮出的是“尚方剑”。

就像是在战场，将军拼完最后一粒子弹还狠命的回过头，狼嚎般的吼叫着要他身后的兄弟：“快！递上刺刀来！”自己快要倒下了还咬牙叫他血泊中的士兵：“站直了，别趴下！”虽然每一道命令都是“凶狠”的，但那家伙也绝对的铁骨柔情。情知兄弟已拼尽全力，但没有留住全部的性命，他永远也不会满意。地震夺去了那么多无辜的生命，似乎他们还在和阎王小鬼子较劲：

拼个“刺刀见红”，看谁是真心英雄！

为让死去的同胞含笑九泉，让活着的兄弟生命更亮更鲜，他们却全然不觉自己的生命已枯残半边：持续 40 多天没有回过一趟家，持续 40 多天没有洗过一次澡，持续 20 多小时没有合过眼，持续 100 多天来没有休息一天；平均每天 2 万字材料，平均每天 300 多条信息……这一连串的数据就是无限叠加却怎么也翻越不过“5・12”这黑色的记忆，可每串枯燥的数字都是带着血色斑斓的印迹。书记县长大人们鼓鼓的公文包里血红色文件微微散发方便面的味道。那不是简单的干粮，是关键时刻救命的药丸；是战斗到极限时爆发出战斗力的烈性炸弹。

衣服脏了，翻过来穿；扣子开了，用细钢丝串。走路赛小跑，嚼着干粮狼吞虎咽，嘴里却还在嗷嗷的报告灾情。瘦瘦的眉骨紧锁着良知和责任，眼睛绝对不能颤动，否则会又有一个百姓叫痛。只要你眼睛稍稍一眨，一只血淋淋的头颅会砸在你的脚下。力气是从牙缝间挤出的，时间也是从牙缝间挤出的。平日什么温文尔雅，什么“领导光辉形象”全丢一边，在这里统统“编”入战斗力。

其实，不全是这么玄乎，也不完全是这么残酷。他们也有绝对的“奢华”：在车上打个盹，是奢华；在碗里加点荤，是奢华；和家人说说笑，是奢华；在池里泡个澡，是奢华；能像往日那样叼根烟，袖着手聊会天，是奢华；像往日在家里那样能完整地看会儿电视武打片，“那是相当的奢华”。能住进活动板房睡上板儿床，“那是绝对的豪华”——但是，“那是绝对不可能的”。

倒下血色的征衣，举一根烟头沉如搬动十公斤重的砖头。

……没头没尾，洋洋洒洒，你说的是哪？

但我要真实地告诉你，我用性命担保我说的一点不假。这是在中国的——四川的——青川的——帐篷指挥所里，书记县长大哥领一群不断输送文字炮弹的“机器人”小兵——在“5·12”大地震受灾面积最大、受灾人口最多、地质条件最差、生存环境最恶劣的青川“苦难大哥”的首长机关方队血与火的战斗岗位。他们虽然还坚强的站着，顽强的活着，但我真的不知道，像这样苦累哪月哪天他们中间先倒下的是谁？

我说，战友你们歇会儿行不行。他们告诉我，余震又要来临，灾难那魔鬼火光般燎原的眼神把25万青川苦难同胞的性命盯得紧。

看！嘴里干涩的方便面嚼出硝烟；

听！传出每一道命令又是一伍伍炸弹。

后话：记完这段文字，我又从被窝里坐起，光着膀子去指挥部“瞄”了一转。悄声告诉你，我说的是真的：小小的油灯下，埋藏着一堆丛林般的头颅。刷刷的笔头不知疲倦的描述着那场血红血红的灾难；机关枪式的命令照样史诗般朗诵着“青川精神！”那荆棘般的笔头，是战士竖起的刀枪，不知在为谁放哨站岗？

青川精神　天地可鉴

◎流海川

天。2006年投下疯狂的雨弹，重重地击碎青川大地。本来就贫瘠如洗的青川素面朝天……

地。2008年翻动困倦的身板，把本来就响亮的青川摇得全世界轰然炸响："建筑破如倒积木，脆脆声响掩白骨。"本来就多灾多难的青川25万人顷刻间，骨肉分离，无家可归，肝肠寸断，悲天怆地……

苍天泪涌堰塞湖，江河泣血报冤讣。

总书记雷霆问讯：青川怎么样？青川人，憾了天？恸了地？

天地无语，人间涌爱。

共和国总理亲临青川：天地间—青川人—昂起头—站成"1"！

"1"字擎天——青川人永远就是站起的"1"；"一"切重来——青川从现在就要从"一"做起。

灭顶之灾摧我直，青川不坠青云志。

深山老人，不倦风尘——

就在6.4级强烈余震发生后，一位边远山村的老太太扯着八岁大的孙子整整走了四天才走到县城，见到一块平地，婆孙俩倒地就睡。雨水刷刷地打在身上，却全然不知。醒来后，同是灾难中的好心人给她俩一瓶矿泉水，婆婆像品蜜糖样只浅浅的舔了几口，就顺手交给了身后的小孙子，连声道谢。然后又悄然消失在当时混乱的灾民逃难大军中。婆婆她知道：在走投无路的时候就只有往县城方向走，只有走到县城，离党就近了；离党近了，生的希望就有了。在离党近的地方才终于可以慢下与死神赛跑的脚步调整一下呼吸。县委书记李浩生听到这件事后，当时一阵揪心的痛。他发誓要让青川受灾老百姓尽快在第一时间"居有房，食有粮，行有路，活有望"。

地裂山崩，浩然生风——

"地震，震不垮青川精神；地震，震不倒青川人！"在帐篷指挥所，李书记掌着油灯召集全县相关部门负责人进行灾后重建紧急动员。他把一叠灾后重建的设计图纸摇得呼呼作响，手里拿着几根木棒、铅笔头，借着灯光像拼积木样地比划着：几根“1”字形的柱，一排“人”字形的梁，像一个站起来的人张开双手。这就是造物主创造了“房”的原始概念。这样的房，绝对震不垮；能在地质断裂带这种恶劣环境下建起这样的房的人，绝对震不倒！这就是青川人，这就是青川人的青川精神：“万众一心，顽强拼搏，自强自立，不胜不休。”

正是在这种精神鼓舞下，灾后短短月余，青川3216平方公里的废墟上奇迹般岿然立起6万余套“孤帆点点”般的农民自建房。这不是神话；这绝对是个奇迹。星星火火，炊烟缕缕，那是青川人“挺脊梁，建家园，久违的炊烟又燎原”！

难舍青川，无悔青春——

唐山兄妹、安徽父子兵、陕西老大爷等来自全国的志愿者们，在听说青川人的很多故事后，自备盘缠，赶赴青川，抗震救灾，疲而忘返。多少个不眠夜晚，他们倒下的疲惫身躯，露宿河滩，啃着干饼，梦向故乡……

一位年轻的诗人，一脚踏上青川伤痛的土地就摇起一纸诗稿：“向祖国报告，做我大写的青川人！”

正是青川精神感天动地，解放军迈以雷霆脚步呼喊：“我们都是青川人，青川精神泣鬼神。全国人民手牵手，万众一心跟党走！”

在春色满园的祖国大家园，同胞兄弟，心手相连。对青川有十几年救援之恩的浙江，星夜敲醒沉沉的夜色，风雨兼程，神速挺进，全力援建青川，重建家园的战役已然打响。青川——同是祖国的心肝，快把眼泪擦干，让我们共同相拥那晴朗的明天。明日的青川，定会响彻铿锵的诗篇。

青川，感动了世界；世界，关注着青川。面对四面八方援助我们的朋友，青山处处温暖，青川处处感动。你们有情，我们有知；你们有爱，我们有德。远方的朋友，请你们尝一尝：青川的水还是一样的甜；请你们看一看：青川的人还是一样的纯；青川的山还是一样的美。青山常在，青川不败。多难兴邦，否极泰来。

生命阳光　在唐家河款款流淌

◎流海川

震后百日之际的一个节日，收起往日阴霾的心情，太阳为我开放一个清新的早晨。碧空如洗，晴空万里无云，带着阳光般明媚的心情，如坐春风，走进秋日的唐家河。

这里，是生命最宁静的港湾；这里，是生命最原生态的家园；这里，草木按照自己最准确的高度自由地生长；这里，河水按照自己最准确的流向款款地流淌；这里，唐家河像一个美丽的仙姑依然在震后的晨曦中婀娜般亮出；这里，英勇的唐家河人骄傲地倚上高高的摩天岭，摧开云雾，铿锵成长。

“我们赞美生命，赞赏保护区在生命面前急剧灾难性的生态变化时，成为她们的避难所，许多生命过程和生命维持系统的功能依赖于生物多样性，我们赞赏自然和文化的多样性产生的奇迹，她拥有保护和可持续利用的财富、智慧和知识。”

聆听着如诗如歌的《生命宣言》，金丝猴在飘金飞黄的银杏林间倒挂金钩，上下翻飞。扭角羚乘着兽性，在绵绵的金色草甸上笨拙地撒着欢。只有大熊猫还是懒懒地要起“大牌”，抱住斑竹枝张望着“团团圆圆”。

太阳，还是准时当空。一个人影大大方方站在毛香坝广场，口中念念有词，唱起地道的“鸟语”，四周的林间枝头，上千只不同生物种，操着各自不同的“方言”齐声应和着合围过来。只有五音不全但仗着鸟群中语言最丰富的乌鸦嗓门最高，可却总是“哇哇”跑调。猴子仗着和人类的“哥们儿”关系第一个大着胆子腆着肚子，列起猴群方队，从林间来到广场，翻跟斗，打挺儿，做着各种滑稽的表演。力大但胆小的其余动物种就着近处，躲在林子里不住地喝着倒彩。

他们是以这样的方式坦然面对生活，他们是以这样的方式从容善待生命。在这里，似乎刚刚发生的大地震已经远去百年。在这里，你丝毫看不到他们地震过后劫后余生的迹象；在这里，你能清楚地看到震后的“生命景观”；显然，这是一种积极的生命态度。

听唐家河掌门人彭仕扬介绍说，大地震使处同一地质构造断裂带上的唐家河国家级自然保护区遭受了史上最大的一次灾难，自然资源和基础设施严重损毁，摩天岭保护站道路、通讯、供电全面中断。面对突如其来的巨大灾难，摩天岭保护站全体工作人员，冒着余震，徒步穿行高山峡谷，采用拉网式排查，跑遍了辖区的每一个山岭沟谷，收集了大量翔实可靠的第一手资料。同时，在大型机械无法施工作业的情况下，他们拿起铁锹锄头，带上干粮，每天往返数十公里抢修疏通道路，通往摩天岭的道路在震后的七天时间就全线贯通。在他们的努力工作下，震后第一个金秋时节，巍峨的摩天岭在蒙蒙秋雨中挺起不屈的身姿，迎来一道美丽的风景，凤凰卫视“中华小姐”组委会与李连杰“壹基金”特地来唐家河开展“中华小姐环球关爱行动”活动。来自全国各地的娇艳花魁，站在高高的摩天岭，感叹邓艾先贤率队裹毡飞身而下的悲壮，在林间兴致盎然地追寻野生动物的踪迹，在泉边怡然掬水而歌，唐家河美丽依然，风采依旧！

回清溪经过一半山绝壁，又是一阵余震袭来。余震中我看到邓艾的磨刀石在粼粼波光中慢慢晃动。太阳懒懒地闭上眼睛，透过那迷人的眼神，我惊讶地发现，震后的青川，最后一抹夕红在清溪。

8月6日

◆谈月明到青溪镇和唐家河自然保护区调研旅游业发展工作。

8月7日

◆浙江省“百名规划师支援青川行动”第一批规划工作队员55人抵达青川。

8月8日

◆举行浙江省“百名规划师支援青川行动启动仪式”在县人武部。

8月10日

◆市委书记罗强到苏河乡山体滑坡带查看受灾群众安置情况。

8月11日

◆全国浙商参与青川灾后重建座谈会暨捐赠仪式在青川宾馆会议厅举行。

8月12日

◆第四军医大学的全体官兵撤离青川。

◆青川县酒家垭隧道工程复工。这是我省公路灾后正式复工的第一个项目，也是浙江援建青川的第一批工程项目之一。

东河口说……

◎流海川

是谁的魔掌撕开大地血的胸膛，让悲情决堤，从东河口肆虐地流淌；是谁的魔鞭抽打得地球皮开肉绽，太阳吓得躲天外边打闪儿。

说也说不清的东河口——“5·12”灾难之伤口。无情地吞噬了我们的骨肉同胞，又无声无检讨着万恶的罪过……东河口留给人们永远的伤痛，和永远的不解之谜（青川东河口远离地震震中汶川映秀镇，又处在龙门山地震断裂带的末端，为什么受灾如此之重？这是留给专家和我们每个人的一个谜）。地震中的幸存者们朴素的描述不仅只是在说给我们……

徐小会：我正在厨房弄鸡食，突然感觉到地摇晃得厉害，我就往院坝里跑，自家的房子很快就垮了，只听见“轰、轰、轰”的三声巨响，我还以为是有人在放炮，到处浑天黑地。等稍微看得清时，发现东河口已经成了现在的样子。

何祥光：我正从桥旁边的新房子往学校边走，突然感觉地面在摇晃，站都站不稳。几秒钟后，就听见王家山“轰、轰、轰”的三声巨响，看见几吨重的石头飞起有几十米高，像老鸦一样向杨国政家的方向飞去。接着就是浓烟滚滚，乌天地黑，我们几个只有通过吆喝联系，等到看得清楚时，东河口已经成了现在的样子，到处是人的吆喝声和呻吟声。

黄光兵：我当时正准备上坡去打菜子，走到阶沿上时就摇地震了。房子上往下落瓦，我就往姐姐家跑。刚跑到姐姐家时，我家的房子和姐姐家的房子都倒了。觉得地面在下沉，听见周洪兵家的方向传来巨大的响声，就像过火车样的，公路上边十多米高的地方，烟子冲起来，把我也卷到黑烟子里面，啥都看不到，感觉活不出来了。我躺在地上，用汗衫把眼睛捂上，醒来后发现自己躺在河坝里的土包上，身边是柏树林，幸好没被冲到岩边上，岩上正在往下滚石头，如果在岩下肯定没命了。

周明彦：我当时和爸爸正在河边背砂，可刚下河几分钟就摇地震了，看见对面山上像放炮一样，乱石飞滚。我们急忙往公路上跑，没跑多远就看见公路上周洪兵的房子后面垮下来了，浓烟滚滚。爸爸说，糟了，火山爆发了，就紧紧地抱着我。我当时感觉头很昏，泥石流下来把爸爸卷走了，我也不知道。泥石流把我卷到河的上游几十米处，醒来后浑身是血，耳朵里也在流血，腿也断了，父母都遇难了。

东河口欲说还休……东河口喋喋不休，将“5·12”这场万恶的地震诅咒千年。

首座地震遗址公园——青川东河口地震遗址公园

东河口地震遗址公园开园仪式致词

◎罗　强

尊敬的各位领导，各位来宾，各位新闻界的朋友，乡亲们：

在汶川特大地震发生半年之日，我们以举行地震遗址公园开园的独特方式，祭奠遇难的同胞，礼赞生命的坚强，高唱奋进的壮歌。半年前的今天，一场惨烈的灾难突然来袭。大地战栗、山崩地裂，天地色变、草木悲吟，一座座建筑轰然倒塌、一股股浓烟遮云蔽日，数万生命瞬间逝去……我们美好的家园顷刻间废墟片片、满目疮痍，特大灾难令国人齐哀、世界震惊……

然而，仅仅半年后的今天，在地震灾害最为惨烈的地方，十万农户的新房正拔地而起，通县通乡公路实现通达，近三万家工业商贸企业恢复生产，农业生产喜获丰收，灾区人心安定、社会稳定……这一切，蓝天白云、青山绿水可以作证，仅仅半年，我们以“有手有脚有条命、天大的困难能战胜”的豪迈气概，以“出自己的力、流自己的汗，自己的事情自己干”的自强精神，夺取了抗震救灾的阶段性重大胜利。这是党中央国务院和省委省政府坚强领导的结果，是全国、全省人民和浙江、黑龙江等对口援建省市全力支持的结果，是市委市政府团结带领全市人民艰苦努力的结果。这充分彰显了我们党以人为本的执政理念，显示了祖国和人民的强大力量，弘扬了伟大的民族精神，体现了我国政治制度的优越性。同时，事实也证明，广元人民是震不垮的英雄人民！

东河口，一个让我们刻骨铭心的名字，一个必将载入广元史册乃至中国地震史册的名字。我们之所以选择东河口修建地震遗址纪念地，是因为这里是特大地震中地质破坏形态最丰富、体量最大、堰塞湖数量最多最集中的遗址群，也是人员伤亡最为惨烈的地方，具有重要的科考和人文价值。今天，我们举行首个地震遗址保护纪念地——东河口地震遗址公园开园仪式，以此纪念逝去的亡灵、表达我们的哀思，激励生者坚强不屈、奋斗不息，更以此向世人宣告：地震可以使山河改变，灾难可以使我们痛失家园，但是，震不垮我们的精神，摧不垮我们的意志，压不垮我们的脊梁，广元的明天必将更加美好！

历经大灾磨砺，我们意志弥坚；百日攻坚洗礼，我们斗志更强。当前，我们正在深入贯彻落实科学发展观，按照省委确定的总体取向，加快实施资源转化战略，奋力推进灾后恢复重建和经济社会发展。此时此刻，千言万语也无法抒发和表达那始终深藏在我们心中的感谢、感激和感恩之情，感谢每一位正在或者曾经关注、支持和帮助过灾区的人们，感谢伟大的党，感谢伟大的祖国。现在，这绵绵不绝的感谢、感激和感恩已经化为重建家园的坚定、坚强和坚韧，不断激励着我们努力自强、攻坚克难。我要再次向所有关心帮助支持我们的各位领导、各界朋友说一声：谢谢你们！同时，也向海内外各界人士发出真诚邀请：到东河口看山崩地裂、见证灾难、激励人生！在这里，游览独特风景、感受人间大爱、珍惜美好生活、感谢伟大时代！安全开放发展的广元欢迎你！

最后，祝大家工作顺利，家庭幸福，身体健康，万事如意！

8月13日

◆省政协副主席、省抗震救灾指挥部驻广元工作组副组长晏永和到沙州、营盘等乡镇检查调研过渡安置房建设工作。

8月14日

◆浙江省平湖市委常委、常务副市长朱瑞俊率民政、建设、卫生、发改等部门负责人到乐安寺乡调研灾情和灾后恢复重建工作。

8月15日

◆中共红十字总会党委书记、副会长江亦曼一行到青川察看灾情。

8月18日

◆省抗震救灾资金物资监督检查领导小组派驻青川工作组24人分别进驻全县29个乡镇开展为期两天的救灾资金物资监管工作。

8月19日

◆国家发改委社会司司长胡祖才调研学校援建项目等工作。

四川话余震

◎流海川

余震，在接电话的时候又震了一下，吓得从纽约给我打来电话的那个洋妞儿咯老子，在电话里面直接用四川话大声喊“妈!”

余震，在吃饭的时候又震了一下，弄得我震后十多天来塞进嘴里的第一颗米粒从牙缝间抖落地下。那困饿极了的一群野狗在拼抢这颗与生命有点关系的米粒时，我看见一个瘦子的脑袋怒放成一朵“血花”。

余震，在我正准备坐下的时候又震了一下，屁股下刚支起的石凳早吓得不知跑到了哪里呀?

余震，在我震后准备回一趟家的时候又震了一下，让我狼狈得只能以“小偷”的身份回了一趟原本我自己的家。

余震，在我站在离家最安全的位置又震了一下，让我的家在废墟中吟唱那最最难听的歌谣“吱吱嘎嘎……吱吱嘎嘎……”舞也跳得“稀里哗啦……松松垮垮……”

——这个时候无论你再摇老子也懒得牵挂。反正，你把我剥脱得一丝儿不挂，让我们成了废墟上的一群“光屁股娃娃”。

余震，你把我的腿杆摇烂，可没要把我眼睛摇花。跑的时候我知道除了要带上自己的小命，我不知道还该带上些啥?

其实，什么也不要怕！该经历的我们都已从容面对；不该经历的我们都坚强挺过。既然经历了那么多的惊吓，所有该来的你就早点来吧！不要按照几点几级，干脆加在一起痛痛快快摇他个“噼里啪啦”！大不了重治一套你再也摇不垮的新家。

我不像有些人说的：“地震来啦，该吃的吃，该花的花。”

喂！天才的傻瓜：给你一根金条，赌你把它吞下，然后直接嚼成碎片渣渣。

没要说他，他没得婆娘娃娃，只管个家不管国家。自从大地震过后说话就“天上地下天上地下。”

余震，你这我拜不起的神，每次来的时候我们都以为是鬼敲门；可我们越是防得紧，你狗日的却越是来得勤。我的心已被摇成碎片渣渣，“老子啥子都不得怕”。这些日子，我们已在废墟上扎下我你摇不垮的家。

你就慢慢摇哈——哈哈哈哈！

余震，在我梦向故乡的时候又震了一下，恍惚的睡梦中，我正在和我原先的那个美丽的姑娘说着俏皮的情话……

“啊呀！余震，你可他妈真不像话！”

“相信美国地震专家，不如相信四川本地青蛙。”

余震，我给你说实话哈，我们已经领教了你的那两下。说真的，每晚睡觉之前还等着你摇那两下，我们已习惯了在四级五级左右余震的摇晃中带着倦意，抱着“无所谓无所畏”的态度，恬然地以从容的姿势倒下。

余震，快说你最后还剩几级几下？只要你不把天摇塌，只要你不吓着我们的娃，该来就来你的吧！

但最好是三到五级的，而且烈度不能太大——因为再大了你他妈也被你自己摇垮。

8月20日

◆省抗震救灾资金物资监督检查驻广元工作组组长毛云辉检查指导重灾乡镇资金物资监管工作。

8月21日

◆浙江省省长吕祖善、副省长郑继伟来青川调研对口支援工作。

青川百日震情

震级(M)	发震时间	北纬	东经	震级(M)	发震时间	北纬	东经
4.5	05—12—16：50	32°36′	105°12′	4.3	05—21—23：29	32°24′	105°04′
4.1	05—12—17：30	32°24′	104°54′	4.0	05—22—19：22	32°40′	105°25′
4.5	05—12—19：33	32°36′	105°24′	4.1	05—24—01：53	32°32′	105°12′
4.6	05—12—19：41	32°24′	105°6′	6.4	05—25—16：21	32°32′	105°23′
4.0	05—12—19：45	32°24′	105°0′	5.4	05—27—16：03	32°41′	105°34′
4.7	05—12—19：52	32°36′	105°24′	5.7	05—27—16：37	32°48′	105°36′
4.2	05—12—20：04	32°36′	105°12′	4.7	05—27—21：59	32°32′	105°10′
4.0	05—12—21：36	32°54′	105°30′	4.7	05—28—01：35	32°40′	105°24′
4.0	05—12—22：06	32°30′	105°6′	4.6	05—29—12：48	32°42′	105°26′
5.1	05—12—22：46	32°42′	105°30′	4.0	05—31—14：22	32°24′	105°00′
4.2	05—12—22：55	32°24′	105°0′	4.0	05—31—15：34	32°36′	105°24′
4.2	05—13—0：34	32°30′	105°0′	5.0	06—05—12：41	32°21′	104°59′
4.4	05—13—02：46	32°24′	105°0′	4.0	06—05—01：26	32°18′	105°06′
4.7	05—13—04：51	32°24′	105°12′	4.3	06—05—14：02	32°44′	105°28′
4.6	05—13—05：51	32°30′	105°18′	4.3	06—07—14：28	32°33′	105°22′
4.3	05—13—08：54	32°36′	105°12′	4.7	06—08—06：14	32°30′	105°07′
4.8	05—13—15：19	32°18′	105°0′	4.4	06—19—18：25	32°47′	105°31′
4.2	05—13—13：25	32°36′	105°12′	4.1	06—23—05：38	32°24′	105°03′
4.4	05—13—13：36	32°24′	105°12′	4.1	07—18—09：26	32°25′	105°9′
4.4	05—13—15：51	32°30′	105°18′	5.6	07—24—03：54	32°48′	105°30′
4.8	05—13—15：53	32°18′	105°0′	4.9	07—24—13：30	32°50′	105°31′
4.1	05—13—16：11	32°30′	105°12′	6.0	07—24—15：09	32°49′	105°28′
4.6	05—13—20：51	32°18′	105°0′	4.2	07—25—21：39	32°49′	105°30′
4.4	05—13—21：13	32°30′	105°30′	4.9	08—02—02：12	32°30′	105°12′
4.5	05—13—21：31	32°24′	105°6′	4.2	08—02—21：25	32°44′	105°37′
4.1	05—13—23：10	32°36′	105°30′	4.1	08—02—21：35	32°35′	105°23′
4.8	05—14—18：18	32°24′	105°6′	6.1	08—05—17：49	32°47′	105°29′
4.9	05—14—18：30	32°24′	105°12′	4.5	08—06—07：55	32°48′	105°29′
4.0	05—16—11：10	32°30′	105°6′	4.4	08—06—11：42	32°44′	105°26′
4.3	05—16—14：34	32°24′	105°12′	4.3	08—06—12：47	32°42′	105°24′
4.0	05—16—18：20	32°31′	105°7′	4.3	08—09—20：10	32°48′	105°29′
4.1	05—17—4：00	32°36′	105°24′	4.0	08—10—00：12	32°24′	105°6′
6.0	05—18—01：08	32°18′	104°59′	4.2	08—10—00：31	32°30′	105°12′
5.4	05—19—14：06	32°33′	105°15′	4.0	08—10—12：38	32°24′	105°6′
4.0	05—20—11：42	32°37′	105°23′	4.0	08—17—16：45	32°30′	105°24′
4.5	05—21—17：33	32°27′	105°06′				

截止 2008 **年** 8 **月** 22 **日** 24：00，**共发生** 25555 **次，其中青川** 5921 **次**（4—4.9 **级** 61 **次**，5—5.9 **级** 6 **次**，6—6.9 **级** 4 **次**）

百日攻坚 我们从废墟中站起

——灾后百日感怀

◎刘奇葆

2008年5月12日14时28分，汶川特大地震，山河破碎，损失惨烈，无数房屋瞬间坍塌，数万生命顷刻陨灭，无情地造成了一场人间灾难。灾后百日，妥善安置上千万群众，没有发生饥荒，没有出现流民，没有爆发疫情，没有引起社会动荡，有人说这是抗灾救灾史上的奇迹。

100个日日夜夜，我们面临了少有的遭遇和处境，经历了少有的困难和考验，承担了少有的压力和责任，受到了少有的关注和关切，赢得了少有的坚强和奋起。100个日日夜夜，我们守望感动、铭记感谢、收获感悟。

这一百日，是情动天地、气壮山河的百日。无情灾难突如其来，中南海彻夜无眠，全国关切、世界关注。十万火急的铁军大驰援，出生入死的生命大接力，史无前例的伤员大转移，一切关爱生命、抢救生命、为了生命，从废墟中救出83988名生还者，累计救治伤病员379万人次。我们亲历了地动山摇和山崩地裂，更经历了战天斗地和感天动地；我们目睹了生命脆弱和个人渺小，更见证了生命坚强和人民伟大。汶川、北川、青川作证，中国速度令人震撼、中国力量令人惊叹、中国精神令人感动。

这一百日，是顽强攻坚、艰苦卓绝的百日。抢险救人、抢通保通、卫生防疫、住房安置、吃饭喝水、防次生灾害，件件刻不容缓；民之安居、民之安定、民之安全、民之安稳、民之安心，事事重若泰山。悬湖、余震、疫情，一个又一个历险，群众转危为安；救治、交通、住房，一次又一次攻坚，灾区生机重现，总共治理了104个大小堰塞湖，1996座受损水库，搭建和修复了400多万套居民住房，抢通了3300多公里公路。正是因为举全国之力，有兄弟心手相牵，才攻克了大灾之后无大疫的难关，才实现了奥运之前让灾区无房百姓居有其所的诺言，交上一份群众画圈的答卷。

这一百日，是面对灾难、坚强奋起的百日。空前的灾难面前，灾区人民群众不屈不挠、友爱互助，经受了生与死的考验；持续的战斗之中，灾区党员干部艰难奋起，经历了血与火的洗礼。英雄的四川人民自强自立自救，坚定坚强坚韧，从废墟中挺立，从危难中崛起，从困境中奋进。这种不屈不挠、奋发图强的精神，蕴借着中华民族向死而生的期待，书写着浴火重生的希望，更诠释着多难兴邦的启示。要凭着抗震救灾的伟大精神，去学习“生”之坚韧，汲取“兴”之智慧，把悲痛化作力量，把倒下变为站起。

这一百日，是党心可鉴、民心可追的百日。关键时刻，党员干部挺身而出、冲锋在前；危难之际，始终坚持生命至上、人民为先。集中力量办大事，一方有难、八方支援，展示了社会主义制度的优越。军民鱼水情、民族一家亲，从老人到孩子，从工人到农民，从机关到商界，从摊点老板到出租司机，患难与共、倾情倾力，体现了祖国大家庭的无限温暖。抗震救灾的胜利，催生了民族的空前团结、民心的空前凝聚、党群干群关系的更加密切。抗震救灾的胜利，是党中央坚强领导的胜利，是优越的社会主义制度的胜利，是党政军民紧密团结的胜利。

百日攻坚之后，又是千日奋战；百米冲刺之后，又是万米长跑。大灾之后的恢复重建，既是一个原地起立的过程，更是一个发展起跳的过程。难忘艰苦卓绝，铭记惊心动魄，此刻的心愿——脚踏实地、爬坡破难，加快建设灾后美好新家园。

我感谢所有关心支持灾区的人们，正是有了你们，才有我们今天、明天的站起、恢复、重建和振兴。

8月13日，四川省卫生厅向社会发布报告：震后3个月，全省没有发生一起与地震相关的传染病暴发疫情和突发公共卫生事件。

在四川汶川特大地震中，大量房屋倒塌，数万人被埋废墟。在党中央、国务院的坚强领导下，四川举全国卫生防疫之力，狠抓重点疾病、重点人群、重点环节、重点区域的防控工作，经过近百日奋战，大灾之后无大疫的“四川奇迹”正在延续。

汶川特大地震发生后，在党中央的坚强领导下，在全国人民全力支援下，四川全省万众一心，众志成城，谱写了一首气壮山河的抗震救灾英雄史诗。全省260多万共产党员、14万基层党员干部和9000多名县级以上领导干部日夜奋战在第一线，用生命书写忠诚，以无畏践行誓言，在这场艰苦卓绝的斗争中经受了考验，得到了锻炼。

8月15日，举世关注的四川（成）都汶（川）路彻底关大桥桥面顶升预演。这是令人心动的时刻，因为，这意味着最短距离通往汶川特大地震震中的道路抢通指日可待！

三个多月来，这座桥连同这条路，见证了交通战线职工的大爱与无私、英勇与顽强。

汶川百日 中国百日

◎杨耕身

“5·12”之后，那片疮痍之地，血泪之城，迎来了她的百日之期——8月20日，是中国汶川大地震100天。据媒体报道，为尊重中国民俗，给民众祭奠亲人提供方便，四川地震重灾区北川县短暂开禁。8月17日，四川北川城里不时传来鞭炮声，许多北川人都回去祭奠永远不复再见的亲人。

人类之所以文明，人性之所以伟大，正是因为我们一直固执地选择向逝者致哀，向生者致敬。“5·12”未远，疼痛仍在，那近七万逝者依然在天有灵。当汶川百日，所有中国人的心中，是否仍与那些大袋大袋提着香烛纸钱回到破碎家园的幸存者有着一样的悲戚？那不肯压抑、失声而哭的悲怆，是否可让中国仍旧拥有对灾难的记忆，对存在的反思？那在废墟之上随处飘起的祭奠的黑色灰烬，如蝴蝶般翻飞，是否可让中国在骄傲之中略显沉郁，在欢呼与辉煌之时却又拥有怅然若失般迷离？

8月20日，让一个民族的灵魂，都能重回到那片灾难的现场。当北川县城于灾后首度开禁，那于废墟之中泪水长流、互告珍重的，决不应当仅仅是那些痛失亲人与家园的灾民，还必须有一个民族和国家的良心。当灾难发生之时，中国曾经停止一切公共娱乐，专情于守望；在灾后救援以及灾后重建之时，中国曾经举国驰援，休戚与共；在三天国哀之日里，中国也曾经旗帜半举，众生低首。所有这些，都是良心的凭据，也是在灾后百日，仍旧不可舍弃或遗忘的。但中国人是否真的不曾忘却？而如果是祭奠，又拿什么来祭奠？

当人们能够向逝者致哀，也将能够拥有致敬的方向，拥有获得力量的方式。人类需要从一切光荣与梦想之中，获得骄傲与自信，也同样需要从一切灾难与毁灭之中，获得坚强与品格。更重要的是，别让那些浮泛的繁华、公共的假象，虚构国民真实的灵魂，消解依然现实存在的苦难。因此，以生命的名义，即使是百年之后，这依然是不能被遗忘的现场。哪怕是静默着关注那在废墟之上升起的祭奠的烟火，中国也仍与灾区的人们同在；哪怕是一分小小的哀悼，也都比全世界的分量都重，也都让中国感悟生命至上；哪怕是一个钢筋头一样微不足道的教训，也都足以使灾难不仅仅成为灾难，也都足以让中国有勇气对抗更大的灾难。民族的灵魂，必然因此得到激励、洗礼与启迪。

多少逝者的付出，在湮灭中失去应有的价值；多少生者的坚持，在茫然中失去应有的方向。逝者“百期”之祭，固为民俗，但是民俗者，恰恰正是现代文明的基石或源泉。更重要的是，中国人的灵魂，莫不根植于民间。中国的民间，不仅是那些人间烟火与人情世故，还更在于那些敬畏逝者并且慎终追远的庄重仪式之中。所以，我们总要在一些时间的节点上，暂时放下我们为之狂欢的假象，来面对曾经真实的灾难以及灾难中的真实。不是遗忘使人坚强，而是承担使人有力。当灾难尚未被反思并且铭记，则灾难仍未能承担，灾难的后果比灾难本身变得更加严重。中国当以此为汶川百日祭。

曾任美国总统的约翰·肯尼迪说过：“评断一个国家的品格，不仅要看它培养了什么样的人民，还要看它选择对什么样的人致敬，对什么样的人追怀。”汶川百日，中国百日。8月20日，在一个民族灵魂回归的地方，废墟之上必将生长起一个民族沉着向上的力量。2008，注定要成为中国性格成熟的年份。然而于北京奥运的大喜以及汶川七万生民罹难的大悲之中，中国人是否真正能收获普世的情怀与价值？

温总理考察青川　肯定百姓创造出的经验

◎侯　静　柳桂华　谢家平　李京枝

“我今天看你们盖房子，有好几种类型，有木质结构，有砖混结构加钢筋和柱子等等，都有很好的抗震功能，这些都是老百姓通过实践创造出的经验，值得推广。”8月31日，中共中央政治局常委、国务院总理、国务院抗震救灾总指挥部总指挥温家宝在我市青川县黄坪乡枣树村考察农村永久性住房建设工作后欣慰地说。

通过实践创造出的经验值得推广

温总理为何肯定“广元青川经验”？首先，是青川县前阶段抗震救灾工作取得了阶段性成效，主要体现在“打赢七个硬仗”：一是打赢了抢险救人的硬仗，最大限度地搜救了人员，最大限度地抢救了生命，最大限度地转移受灾群众；二是打赢了过渡安置的硬仗，完成农村5.9万间过渡自建房和城镇2.7万间活动板房建设，迅速启动了农村受灾群众永久性住房建设；三是打赢了卫生防疫的硬仗，在最短时间内实现了卫生防疫全面覆盖，未发生与地震相关的传染病暴发流行和突发公共卫生事件；四是打赢了抢通保通的硬仗，争分夺秒，排危抢险，在最短时间内基本恢复了道路、通信、供水、供电等基础设施；五是打赢了防次生灾害的硬仗，积极主动地化解了堰塞湖险情，对县城后山狮子梁等地质灾害险情及时组织了避险转移；六是打赢了基本恢复灾区正常的生产生活秩序的硬仗，学生按时开学，群众就医有保障。市场确保了群众基本生活物资的供给，工业、农业在恢复中发展，青川秩序井然；七是打赢了维护稳定的硬仗，保持了灾区人心安定、社会稳定。总理看到我们干部群众的精神面貌很好，超出了总理的想象，给总理留下了深刻的印象。“5·12”特大地震，使广元市青川县遭受了毁灭性灾难，惨不忍睹。地震发生后的第3天，温总理在木鱼镇看到青川惨重的灾情时沉痛地说“青川是四川北部的重灾区，灾情很重……”“学校倒了，许多孩子遇难，我的心情和大家一样沉重……。”分别108天后，温总理第二次来到我市青川县。看到干部群众精神面貌很好，温总理的脸上露出了满意的微笑。特别是在黄坪乡枣树村村民李玉明、尚元进加固的房子上看到：“出自己的力，流自己的汗，自己的事情自己干”，“有手有脚有条命，天大的困难能战胜”这两幅手写标语时，温家宝总理十分称赞。他说“这就是自力更生、艰苦奋斗的精神，我们抗震救灾得靠这种精神；重建家园，生产自救，也得靠这种精神；将来我们发展还得靠这种精神！”

“‘出自己的力，流自己的汗，自己的事情自己干’，‘有手有脚有条命，天大的困难能战胜’这是我们灾区人民发扬革命老区精神，不等不靠，自力更生，艰苦奋斗，重建家园的真实写照。我们不仅是这样写的，而且也是这样做的。我们干部群众的行动和所做的工作让总理感到满意。”李浩生接着说。8月31日，温总理在仔细看了黄坪乡枣树村村民建的永久性住房后说：“你们这种木架房比较安全。材料都是在本地方买的，价格便宜，蛮好的！县上统一规划，提供统一的图纸，这种做法很好！中央的政策就是让你们尽快地把永久性住房建起来，我们的目标就是明年底所有的受灾群众都把新房建起来，你们可能还要快一点……”

青川县县委副书记、县长陈正永告诉记者，“温总理看到的黄坪乡枣树村，全村198户，需重建181户，其中已经开工136户。像枣树村如火如荼的重建家园场面，只不过是青川县恢复重建的一个缩影。“5·12”地震灾害造成了青川大量房屋倒塌。在市委、市政府的坚强领导和统一指挥下，我们在恢复重建政策还没有出台的情况下，不等不靠，自力更生，一手抓抗震救灾、抢险救援，一手抓恢复重建。在7月初就开始了农村永久性住房建设。”据统计，截止到目前，仅受灾农户永久性住房建设就累计开工9600户，完工了1365户。完成备料23244户，正在备材料39746户。

以民为本尊重民愿集中民智

我市青川县农村永久性住房建设工作如何开展的，有哪些经验？

“‘灾后恢复重建，最需要恢复和重建的是民生。离开了民生这个基点，建什么、怎么建，都失去了救灾本来的意义。把民生摆在第一位，就抓住了重建的根本，就是真正对人民负责、对子孙后代负责。搞任何形式主义、形象工程，都是对人民的犯罪，对良知的践踏，必须坚决杜绝。’省委书记刘奇葆同志是这样要求的，我们也是这样做的。”分管农村永久性住房建设工作的青川县委副书记李中书如是说。县委常委、副县长李开明告诉记者，青川农村永久性住房建设工作，始终以民生需要为出发点和落脚点，一切从青川实际出发，因地制宜，因人而异，尊重民愿、集中民智，最大限度地调动群众重建家园的积极性。

如何重建永久性住房？青川县规划和建设部门提供全木架、砖混木质、全框架全现浇等模式和户型设计图、施工图，农民根据自己的经济实力和意愿，自由选择模式和户型，因人而异。

9月11日，记者来到黄坪乡枣树村张显春的家，只见他家的全木架永久住房快完工了。他向记者介绍，全木架房子安全，能够就地就近取材，很适合山区，住起来冬暖夏凉。整个房子算下来，大约在3万元左右，加上政府的补助，自己就花不了多少钱。

9月15日，瓦砾乡庙子村苏家坪组的搬迁农户建设永久住房如火如荼。苏丕春和工人们正在用水泥与钢筋浇筑自家房子的圈梁。苏丕春兴奋不已地说："我们是从山上搬下来的，用自己的土地与别人的土地兑换了地基，补了差价。我家建设一楼一底的3间房子，搞全框架全现浇，政府给了5000元的启动资金，在信用社贷了1.9万元的款。上面住人，底楼养猪及堆放农具杂物……"

据了解，"5·12"地震后，青川不少农户一贫如洗。为援助农民灾后重建家园，中央和四川省拨给每户2万元的补助金，浙江省也给了一笔专项援助金。作为3年援建的三大任务之首，浙江已分别安排约6亿元和2亿元资金，用于农民住房补助和城镇安居房建设。

针对此情况，青川县委、县政府适时出台了一系列政策，实行农户自建、政府补助、对口支援、社会帮扶相结合的方式助农建房。采取"政府补一点，自己筹一点，社会帮一点，银行贷一点"的措施帮助农户解决了建房资金的问题。建立灾后农房重建"绿色通道"，充分满足农村信用社支农再贷款需求，贷款额度每户为3至5万元，确保服务到位，信贷政策落实到位。在资金管理方面，按照"逐级审核、公开公示、分期拨付"的原则，兑现补助资金。补助资金的发放程序为："个户申请，村组审核，乡镇审定，公示7天，组织发放"。农户拆除危房动工新建时，预付50%的补助资金，主体工程完工时全部兑现。

为确保农民灾后建得起房，该县采取有效措施确保建材物资特供到农户：根据农民建房需求，抓好特供计划的编报，青川县特供办负责做好砖、瓦、砂石、木材等建材物资的统筹安排，并负责砖瓦、砂石等生产企业的引进、服务、协调，确定特供生产企业，督促企业保证特供计划的完成。全县9家页岩砖生产企业已全面恢复投产，产能达到20万匹/日以上。坚持“大中小一起上，土洋结合”的办法，大力支持以村组或农户合伙的方式自建自产自供。现已在全县规则23家砖生产企业、78个采砂点、30家木材来料加工厂，3家商品混凝土搅拌站。据测算，该县年提供能力为：砖6亿匹以上。瓦2亿匹以上，商品混凝土100万方以上，砂石200万方以上，基本能够满足全县农户建设的需要。

加强市场监管，严格控制价格。青川县物价、工商、质监等部门加强对重建建材价格和质量的监管，确保价格稳定、质量过关。对特供产品实行直购直供，按出厂价加运费执行，减少中间环节费用。目前，青川县境内钢材平均价格为5650元/吨左右；水泥为550元/吨（强度）、500元/吨（普通）；砂石：35—50元/方；砖0.37元/匹；小青瓦0.5元/匹。

组织好运力。特供建材物资由各乡镇建材特供站负责运输，特殊情况由青川县交通局协调解决。特供建材运输过桥、过路费用由县交通局负责协调减免。

落实特供资金。特供建材物资采购，依照市场经济法则，供应实行现款现货。市外采购储备物资所需资金由各乡镇人民政府根据农户需求状况提前组织收取农户购买建材物资的预付款，实行多退少补结算公示。

为了降低农民建房成本，青川县委县政府采取了一系列措施：在灾后农房重建中，所有涉及建设、国土、林业等的各项费用一律免收；因灾造成的住房毁损，经确认需要改建、重建、迁建的住房，享受国家补助政策的，阳光操作，确保各项政策全面落实。

正是因为有这一系列优惠政策，青川农民建房热情高涨。马鹿乡方石村张家坝社村民王正书家中5口人，原来一楼一底的楼房垮塌了，震后不到一个月，他就积极筹资备料，筹备重建砖混结构楼房，现已投资4万余元，建好了第一层，预计元旦前可竣工。在方石村，像王正书这样积极建房的农户还有许多。马鹿乡党委副书记宋元柏告诉记者：“‘5·12’地震后，方石村有217户属重建或维修加固。针对此情况，我们在张家坝和土门坝建了两个‘永久性住房安置小区’，依照县上统一的建房政策，乡上实行统一规划，统一户型，统一风貌，现该村85%的农户都已动工修建。全乡永久性住房建设如火如荼，年前至少有160户可入。”

在凉水镇友谊村三元坝社，农户申柏友新建的楼房已具雏形。该房系砖混结构，一楼一底，面积达两百多平方米，累计投资10余万元。国家补助了

2万元。申柏友属地质灾害搬迁避让户。他高兴地说："现在党的惠民政策好呀，县上的房屋补助资金和建材特供实施到位，让我很快就可以住上新房了。"在场的凉水镇党委书记王晓云："凉水镇有农户1642户，现已有810余户动工修建永久性住房。仅学房村就已有40户搬进了新房。"

乔庄镇回龙村村民田仕民正在对新建的三间木架房进行室内装修，国庆节就可以住新房了。田仕民说："虽然我们受了灾，但党和国家的帮扶政策好。浙江支援也很到位，中央、省、市、县领导对我们受灾群众这么关爱，我们尽快建好永久性住房，才对得起党的好政策，对得起各级好领导。"

敬畏自然尊重科学保障质量

灾后恢复重建，必须尊重自然，敬畏自然，从"敬"中发现规律，得到宝贵智慧；从"畏"中汲取教训，避免重蹈覆辙。要科学决策，科学规划，充分汲取各方意见，组织专家对重大事项深入论证，坚决克服侥幸心理、怕麻烦的思想和一味求快的心态。

如何科学选址和规划？青川县防震减灾局、国土局、水利农机局等部门组成8个工作组共260人的技术指导组，分赴各乡镇指导农村永久性住房建设工作。避开地震断裂带、地质灾害点，洪水威胁区，帮助农户科学选址。按照"全框架，全木质，前木质后框架"的户型结构和青瓦白墙的风貌，县规划和建设局给每户农户提供《灾后农房重建规划街技术要点》，突出川北民居特色和岁月。全面开展数据核查和调查摸底，做到"一户一表一卡一证"（即建设审批表，建房登记卡和集体土地使用证），"一乡一册"（恢复重建花名册）、"全县一台账"（永久性农户重建台账）。青川县规划和建设局局长杜玖泉告诉记者：青川县在选址和规划工作中，以人为本，坚持"经济、适用、安全、节地、特色"原则，因地制宜，充分尊重农民意愿，做好灾后永久性农户建设。

青川县防震减灾局针对目前正是农村进行灾后重建的关键时期，做好农房重建工作的指导和服务工作：健全组织，加强重建指导，成立了以局长为组长，震害防御股具体负责的农房重建指导工作组；配合部门，服务农房重建，一方面向建设和规划局等部门提供各乡镇抗震设防烈度，为做好前期房屋设计和规划积极服务，另一方面与广播局联系，制作专题片，全面讲解灾后重建应注意的问题；深入乡镇，宣传农房设防，农房重建指导工作组人员冒着酷暑多次深入乡镇，现场讲解农房重建知识，有力推进了全县农房重建工作的开展。

根据受灾群众生产资料和产业支撑，结合统筹城乡发展、新农村建设和高山移民，宜聚则聚，宜散则散。鼓励原居住地安全的农户在原址加快永久性住房建设，不贪大求洋，不搞形象工程。

灾后恢复重建，建设质量是‘生命线’，更是‘经济线’、‘发展线’。要高度重视建筑质量，提高抗震设防标准，尤其是学校、医院等重要公共设施要充分考虑避险避难的需要。绝不能因为怕花钱就降低标准，绝不能因为赶进度就忽视质量，做到灾后恢复重建不留隐患、不留遗憾、不留包袱，这也是对人民负责。

如何保障农村永久性住房建设质量，陈正永对记者说：“对工程进度、建房质量、政策落实和建房资金分配使用等情况全程督查督办，建立定期通报制度，发现问题限期整改。对在农房重建工作中因责任不到位而造成损失的，将追究相关责任人的渎职责任。”

与产业发展相结合　避免低水平重复建设

9月2日，记者在青川瓦砾乡庙子村安置小区看到，农民苏培军、苏培荣正在各自的宅基上垒石砌基。

“我们将灾后重建当成发展机遇，农房重建与经济恢复同时抓。已引进一家大型猪业养殖公司，可带动上千农户，增加农民收入。把恢复重建当成一次发展机遇，与产业发展相结合，是提升式的恢复重建，每一步都严格按照新农村建设的要求进行改造，坚持抗震设防质量标准，做好庭院绿化、美化和“三改”等各项配套设施建设，突出青川农村民居特色，致力于建设和谐发展的社会主义新农村。目前，全乡重建任务895户，正在动工的250户，平整地基和备料的有两百多户，争取今年到达60%的农户入住新居。”瓦砾乡书记任万兴告诉记者，“该安置小区规划占地15亩，可安置34户140余人，利用地理环境优势，结合庙子生态小康新村建设，定位‘农家乐生态旅游’发展方向，户均投资10万元，公路两边绿化以银杏树为主，户与户之间有水泥硬化连户路，房前屋后有花园或果园绿化带。”

生猪养殖是瓦砾乡七成百姓收入的重要来源，地震造成圈舍倒塌、生猪死亡，895户农村房屋倒塌和严重损毁，直接经济损失上亿元，生猪产业发展受到了严峻挑战。震后一个多月，乡党委、政府即把灾后产业恢复与发展列入重要议事日程，结合该乡养猪优势，派人外出引进规模养殖企业，调整生产方向，实行订单生产，6 月 26 日，由德阳市农友猪业养殖公司投资 670 万元组建的青川县强达猪业养殖公司，与瓦砾乡签订合同，目前，占地 100 亩的养殖场内，6 栋养殖房已基本完工，项目建成后，年可培育二杂母猪 3500 头、出栏商品猪 8500 头以上，带动农户 1000 余户，人均增收 500 元。庙子村杨云浩、张华、张德阳 3 人合伙，在强达猪业养殖公司的带动下，投入 30 多万元，永久建房与养殖场同时新建，今年预计出栏生猪 300 多头，明年将出栏生猪 1000 头，养殖母猪 10 头、产仔猪 260 多头，3 年左右可收回投资，还上贷款。

怎样将“青川经验”进一步推广，以全面促进青川的灾后恢复重建工作？青川县委书记李浩生告诉记者：“我们将进一步创新机制，加快建设进度。一是政策保障机制。在灾后农房重建中，建立灾后农房重建支持‘绿色通道’，所有涉及建设、国土、林业等的各项费用一律免收。二是资金管理机制。按照‘逐级审核、公开公示、分期拨付’的原则，兑现补助资金。农户拆除危房动工新建时，预付 1 万元补助资金，主体工程完工时全部兑现。三是示范带动机制。每个乡镇确定永久性建房集中安置点，作为试点示范，统一规划，统一标准，统一施工，整合新农村、以工代赈、浙江援建等各类项目，全力推动全县农村永久性住房建设。四是工作运行机制。明确广大受灾农户是农房灾后重建的实施主体，所在乡镇人民政府是重建工作的责任主体，采取‘农户自建、政府补助、领导挂联、部门帮扶、乡镇落实’的办法，整合资源，周密组织，加快进度。”李浩生接着说：“青川县委县政府将带领全县 25 万人民继续发扬‘万众一心，顽强拼搏，自强自立，不胜不休’的青川精神，全力以赴推进灾后重建工作，用勤劳的双手共建美好新家园。”

英雄青川　遍地诗篇

——青川县抗震救灾纪实

2008年5月12日14时28分，一场新中国成立以来破坏性最强、波及范围最广、救灾难度最大的毁灭性灾难突袭青川。灾情发生后，青川的抗震救灾工作得到党中央、国务院和省市各级领导的亲切关怀。胡锦涛总书记两次电话询问青川6.4级余震、狮子梁地质灾害情况。温家宝总理两次亲临青川查看灾情、慰问受灾群众，指挥抗震救灾工作。贾庆林、李克强、回良玉、杜青林、马凯、孟建柱、梁光烈、陈炳德、李继耐等党和国家领导人及军队领导人先后来青川视察灾情。刘奇葆书记、蒋巨峰省长、陶武先主席等省领导多次深入灾区查看灾情，指导抗震救灾工作。罗强书记、马华市长等市领导长期战斗在青川，踏遍了青川的山山水水。全国人民特别是浙江人民心系灾区，千里驰援，赵洪祝书记、吕祖善省长等浙江省领导亲赴青川，慰问受灾群众，全力支援青川的抗震救灾及灾后恢复重建工作。县委沉着应对、紧急动员、科学决策、靠前指挥，团结带领全县干部群众，万众一心、众志成城，有力有序有效地开展了一场艰苦卓绝、气壮山河的抗震救灾斗争，最大限度地挽救了受灾群众生命，最大限度地妥善安置了受灾群众，最大限度地降低了灾害损失，最大限度地加快恢复重建和经济社会发展，打赢了一个又一个的硬仗。青川没有发生饥荒，没有出现流民，没有暴发疫情，没有引起社会动荡，夺取了抗震救灾的重大胜利，向党和人民交出了一份满意的答卷。中共青川县委被党中央、国务院、中央军委授予“全国抗震救灾英雄集体”光荣称号。

打赢了抢险救人的硬仗　最大限度抢救了生命

灾情发生后，我们坚持把抢救生命作为第一位的任务，只要有一线希望，就付出百倍努力，绝不放弃，组织开展了青川有史以来救灾规模最大、救灾难度最大的生命大营救。调动一切可以调动的力量，克服没有机械设备、没有技术力量的困难，救援人员分路出击、跋山涉水、徒步挺进，用肩膀扛、用双手挖，从废墟和困境中共搜救生还者3269人，转移群众24.3万人。地震发生174小时后在石坝乡仍然营救出被困人员，创造了生命的伟大奇迹。紧急启动医疗救治应急预案，加强专业医护人员的协调组织和药品、医疗器械的调运投放，最大限度地降低了死亡率和致残率，累计救治伤病员1.7万人次，巡诊伤病员8.2万人次。

打赢了安置攻坚的硬仗
最大限度帮助群众早安居、早安定

在全力以赴抢险救人的同时，坚持把安民作为最紧迫、最基础、最核心的任务来抓，突出阶段性工作重点，安置群众、稳定人心、恢复秩序。在应急安置阶段，调动各方力量，整合各方资源，紧急转移安置24.3万受灾群众，妥善解决群众基本生活，千方百计确保了受灾群众有饭吃、有衣穿、有干净水喝、有基本医疗、有临时住所。在过渡安置阶段，外迁3000名失去安置条件的受灾群众到剑阁县和元坝区永久性安置。坚持就近、就地、分散安置的原则和政府主导、群众主体、社会协同“三位一体”的安置路子，妥善安置了1041处地质灾害点71520名失去安置条件的受灾群众。在确保安全、群众自愿和条件具备的基础上，按照“政府与群众两方联动、过渡与永久两步合一”的思路，探索“五个一”建设机制，7月下旬启动了农村永久性住房建设。组织专业队伍加快震损房屋维修加固。通过多种办法和方式，在北京奥运会开幕前妥善解决了受灾群众过渡安置问题，提前完成了省委省政府下达的目标任务。

打赢了抢通保通的硬仗
最大限度保障了救援重建顺利推进

面对特大地震的强烈破坏、频繁集中的余震和随时可能发生的次生地质灾害的威胁，我们把排危抢险、抢修基础设施放在突出位置，由县领导牵头，抽调精兵强将，组织专业队伍，明确目标任务，限定突破时间，夜以继日地抢修损毁基础设施。震后22小时抢通了金子山至乔庄的唯一出境通道。震后30小时恢复了与外界的通讯联络。震后3天，解决了居民安置点的临时供水。震后15天，各居民安置点供电面达100%，85%的村通照明电。震后30

天，全县固定电话基本畅通，移动通讯覆盖全部乡镇，85%的村通广播电视。震后50天，抢通所有通乡公路，95%的村通临时便道。7月7日，通往全县最后一个“地震孤岛”——马公乡公路全面打通，实现了全县所有乡镇通达目标。7个多月来，我们不惜一切代价，确保了金子山至乔庄等多条交通主干线以及红光至马公等偏远乡镇道路的畅通，为最大限度抢救人民群众生命财产、夺取抗震救灾重大胜利赢得了宝贵时间、提供了基础保障。

打赢了卫生防疫的硬仗
最大限度保证了灾区卫生防疫安全

始终把灾区卫生防疫安全作为保证群众生命安全的工作底线，坚持专群结合、进村入户、不留死角、彻底防疫，严防灾后疫情发生。第一时间组织36支3000人的防疫消杀和保洁队伍，在最短时间内实现了卫生防疫工作全覆盖。地震发生后18小时，首支医疗救援队伍——泸州医学院医护人员挺进青川。强化卫生防疫队伍，广泛发动群众，及时把灾区部分医疗卫生和救援人员调整充实到防疫队伍中。强化卫生防疫重点，认真做好遇难者遗体、死亡畜禽无害化处理。强化疫情监测，加强灾区水源监测消毒和食品、饮用水卫生监督。全县共设医疗点230个，累计出动消杀人员44万人次，确保了大灾之后无大疫。

打赢了防治次生灾害的硬仗
最大限度减少了新的伤亡

主动消除整治次生灾害隐患，加强对1041处地质灾害隐患点的监测和预防，积极整治地质灾害和病险工程安全隐患。采取疏浚排险、自然溢出等办法，代价最小地处置了全省第二大高危堰塞湖——石板沟堰塞湖及东河口、红石河等36处大型堰塞湖，确保了下游15万群众的安全。及时组织机械排除危险建筑，保障了群众生命安全。全县未因次生灾害死亡一人。

打赢了救灾款物监管的硬仗
最大限度实现了廉洁救灾　阳光救灾

高度重视抗震救灾资金物资监管工作，始终把“公告天下、取信于民”

作为根本原则，把“三个一定要”（一定要有明白账，一定要及时分配，一定要全程跟踪）作为基本要求，及时下发实施《关于严格执行抗震救灾“四不准”纪律的通知》，规范工作流程，公开发放程序，加强全程监督，严明工作纪律，严格责任追究，确保向党和政府交一本放心账，向社会各界和受灾群众交一本明白账。全县累计收到各类抗震救灾资金 25 亿元，安排和预调 12.5 亿元，接收帐篷 9 万余顶、大米 6000 吨、彩条布 30 万平方米，物资折资 8.5 亿元。中央、省、市抗震救灾资金物资监督检查组多次对我县抗震救灾资金物资监管工作给予充分肯定，工作经验被省指挥部通报表扬。

打赢了恢复生产的硬仗
最大限度减轻了灾害损失

面对特大灾害，我们一手抓抗震救灾，一手抓恢复生产和经济社会发展，两手抓，两不误。及时对恢复生产做出安排部署，积极协调组织力量，帮助受灾群众抢收抢种；加强承接产业转移和招商引资工作，及时复工一批建设项目，为灾后恢复重建和经济社会发展打下了基础、赢得了先机。通过百日攻坚，最大限度地减少了农业生产损失，收成小春粮食 17953 吨、大春粮食 6311 吨。全县规模以上工业企业恢复生产达 72%，商贸企业恢复经营达 85%。旅游产业在困境中复苏，在短短的两个月时间里建成了全国首个地震遗址公园，唐家河风景区恢复接待能力。

打赢了维护稳定的硬仗
最大限度保持了良好的社会秩序

始终坚持综合施法，主动维稳。加强信息公开和舆情掌握，及时通报灾情和工作进展，减少和消除群众恐慌情绪。积极采取有力措施，突出源头防范，主动排查化解矛盾，妥善处置涉灾、涉校等维稳问题，青川社会大局保持总体稳定。建立帐篷、板房警务室，强化治安巡逻，创建平安板房区，有效维护了社会治安。切实加强领导，做细工作，实现了奥运安保“四个坚决防止”目标。努力创新新时期信访工作，在互联网上开通县委书记、县长信箱，建立群众建言献策栏目。开展大接访、大下访 380 余次，悉心听取群众诉求。自 10 月份开通手机短信平台以来，共收到并回复短信 1500 余条，广泛掌握社情民意，牢牢把握群众工作主动权，为抗震救灾创造了持续稳定的社会环境。

打赢了安全过冬的硬仗
最大限度保证了受灾群众安全温暖过冬

实行县级领导挂联、浙江各分指挥部和县级部门帮扶、各乡镇党政“一把手”负责的工作机制，全民总动员，在全县范围内组织开展了“受灾群众安全过冬攻坚月”活动。全县共调运45万平方米油毛毡，31万张竹胶板，11月22日前完成了农村自建过渡房保暖改造。完成活动板房配套改造，建立了长效管理机制。发放棉被24万床、冬衣57万件、电热毯1.7万床，农村达到每人1床棉被1套冬装。采取集中储备、村社及农户分散储备、销售供应商储备等方式建立仓储体系，全县各乡镇粮油、御寒衣被、药品、日常生活用品储备充足，确保每一户群众都能安全温暖过冬。受灾群众安全温暖过冬工作经受住了12月22日强降温恶劣天气的检验，全县无一人因强降温造成伤亡。

打赢了宣传思想工作的硬仗
最大限度激发了斗志、形成了合力

坚持把弘扬“万众一心、顽强拼搏、自强自立、不胜不休”的青川精神贯穿抗震救灾始终。地震发生后，我们及时组织强大的宣传力量，全景式记录万众一心、众志成城抗震救灾的伟大壮举，全方位报道不等不靠、顽强拼搏重建家园的恢弘画卷，生动展现共克时艰、友爱互助的感人事迹，深情讴歌英勇顽强、敢于抗争的时代精神。在抗震救灾最关键的时刻，我们及时建立战地新闻中心，限时恢复全县光纤网络、广播电视，创刊发行《今日青川》，印发抗震救灾大型画册《震不垮的青川精神》，举办抗震救灾文艺演出100余场次，极大地鼓舞了青川人民的斗志。我们在恢复重建的伟大实践中体现出的“有手有脚有条命、天大的困难能战胜”和“出自己的力、流自己的汗、自己的事情自己干”的艰苦奋斗、自力更生精神，得到温家宝总理的盛赞，是胡锦涛总书记“任何困难都难不倒英雄的中国人民”豪迈气概的直接体现，成为整个地震灾区人民精神的代表。

大灾难是一场大考验。在这场感天动地的伟大斗争中，我们筑起了坚不可摧的战斗堡垒，经受住了前所未有的严峻考验，谱写了气壮山河的英雄凯歌。面对灾难，县委坚强领导、靠前指挥，视灾情为命令，视时间如生命，全力抗震救灾，彰显了生命高于一切、人民利益高于一切的理念，充分发挥了统揽全局的主心骨作用。地震发生后，县四大班子快速反应，沉着应对，果断决策，指挥若定。地震发生仅5分钟，在不断的强余震中，县委、县政府紧急启动了应急预案，迅速召集原定参加全县效能建设大会的所有副县级领导和乡镇党委书记、乡镇长、部门负责人，就地成立抗震救灾指挥部，成立了8个片区分指挥部和12个工作组，参会人员克服一切困难，第一时间返回工作岗位，到人民最困难、最需要的地方去，把救人放在第一位，指挥抗震救灾工作。鉴于红光、石坝、马公、房石等十余个乡镇道路和通讯中断，县委科学研判、果断决策，连续派出十多批干部率领应急抢险队伍，冒着余震不断的危险，翻山越岭，星夜驰援。地震发生后，县指挥部白天现场抢险救人，晚上经常开会到深夜，研究决策重大事项。地震后，县委先后召开60余次抗震救灾指挥部会议、13次常委会议、2次常委扩大会议和十届六次全委会，研究部署抗震救灾工作。县委始终坚持人民利益高于一切，视灾情如命令，视责任如泰山，按照市委提出的“一个支部就是一个堡垒，一名党员就是一面旗帜，一名干部就是一个标杆”的要求，全党动员，周密部署，奋力救灾，赢得了全县人民的充分信赖和社会各界的广泛赞誉，得到了党中央、国务院和省委省政府、市委市政府的充分肯定。面对灾难，各级党组织紧急动员、迅速行动，充分发挥了坚强战斗堡垒作用。在山崩地裂的危急关头，36个乡镇党委、100多个县级部门党组织坚决贯彻县委的部署，团结带领广大群众在废墟上勇敢地站起来，展开了一场抗击特大灾难的攻坚战。两百多个基层党组织和260多个临时党支部（党小组）迅速行动，工会、妇联、共青团、民兵应急分队等组织第一时间奔赴一线，担当起抗震救灾重任，组织党员群众搜救被困人员、救治伤员、开展卫生防疫、防范次生灾害，带领群众自力更生恢复生产、重建家园，展示了震不垮的战斗堡垒的光辉形象。面对灾难，广大党员干部忘我奉献、冲锋在前，始终与人民群众在一起，充分发挥了先锋模范带头作用。各级党员干部面对灾难挺身而出、身先士卒，不畏艰难，敢于亮剑，始终战斗在抗震救灾最前线，抢救被困人员，安置受灾群众，带领群众恢复生产、重建家园。广大党员干部舍生忘死、勇往直前，关键时刻、危难关头豁得出来、冲得上去，在千钧一发的生死关头发挥了先锋模范作用，展现了新时期共产党员的光辉形象。面对灾难，英雄的人民解放军、武警官兵、民兵预备役人员和公安干警冲锋在前、勇挑重担，充分发挥了主力军和突击队作用。成都军区高炮团、济南军区猛虎师等英雄的人民子弟兵和民兵预备役人员发扬听党指挥、服务人民、英勇善战的优良传统，敢于跨越生死界线，克服千难万险，承担起抗震救灾最紧急、最艰难、最危险的任务，千方百计为困境中的人民带去“生”的希望和生活的勇气，他们快速挺进，成为抗震救灾的重要突击力量。广大公安干警恪尽职守，全力救助群众、全力维护稳定，为金色盾牌增添了新的光彩。面对灾难，广大人民群众团结友爱、奋起自救，守望相助、共克时艰，充分发挥了人民群众创造历史、改变历史的主体作用。在抗震救灾的日日夜夜里，广大人民群众心连心、手挽手，同生死、共患难，以最朴实的行动绘就了“友爱互助，患难与共”的感人画卷。广大医疗卫生工作者不分昼夜抢救生命、严防疫情、坚守底线。广大新闻工作者冒着生命危险深入灾区报道灾情，传递真情。广大科技工作者、工程建设者忘我奉献智慧和力量，用科学的态度、务实的精神、高效的作风，投入救灾和重建。广大文艺工作者以特有的方式热情讴歌伟大的抗震救灾精神，歌颂伟大的时代，激励英雄的人民。广大志愿者舍小家、为大家，汇聚力量，无私奉献。广大援建人员特别是浙江援建干部响应党的号召，视灾区为故乡，视灾区群众为亲人，夜以继日，全力奋战。全国人民弘扬“一方有难、八方支援”的优良传统，心系灾区、慷慨解囊、千里驰援，共同汇聚成风雨同舟、生死与共、共克时艰的强大合力。

青川人民不会忘记，历史不会忘记：温家宝总理“要把青川建设得更加美好”的殷殷嘱托；省政协陶武先主席、晏永和副主席不顾余震威胁，震后28小时火速奔赴青川，第一时间带来省委、省政府的亲切关怀；市委科学研判、快速反应、果断决策，罗强书记第一时间派出马华市长、王振会部长、张锐政委、何顺洪副市长、王太平司令员等领导分四路星夜兼程挺进青川。青川人民不忘记，历史不会忘记：第一批赶赴青川抢险救援的是由广元军分区组织的550名民兵预备役官兵、第一支消防部队武警沈阳消防支队100名官兵、第一支野战部队云南40师高炮团800余名官兵，以及济南军区54军政委高建国率领的猛虎师1.5万余名官兵，第五责任区指挥长成都军区副政委段禄定、参谋长刘永新先后坐镇青川指挥。济南军区猛虎师、成都军区40师高炮团、南充军分区、巴中军分区、沈阳军区201医院等21支部队共2.2万余名官兵参加了青川规模最大、史无前例的伟大抗震救灾斗争。青川人民不忘记，历史不会忘记：第一支到达青川的架桥突击队浙江公路管理局32名工程技术人员，昼夜施工，保证了交通主干线的畅通。第一支到达青川展开医疗救护的泸州医学院医护人员，唐山王爱玲兄妹爱心车队长达3个月的无私奉献。青川人民不忘记，历史不会忘记：浙江5000万人民和浙江援建指挥部全体同志对青川的真情帮助和倾力援建。在这里，青川人民及青川县委的全体领导干部，向战斗在一线的广大干部群众，向浙江援建青川的全体同志，向曾经给予青川巨大帮助的部队官兵、公安干警、民兵预备役、医务人员、新闻工作者、科技工作者、工程建设者和志愿者，以及所有参加抗震救灾的同志们，表示最真诚的感谢！并致以最崇高的敬意！

抗震救灾的重大胜利，充分展现了中国共产党的伟大力量，充分展现了祖国和人民的伟大力量，充分展现了社会主义制度和改革开放的伟大力量，也充分展现了勤劳智慧、团结奋进的青川人民的伟大力量！“万众一心、顽强拼搏、自强自立、不胜不休”的青川精神，集中体现和进一步发展了爱国主义、集体主义、社会主义精神，集中体现和进一步发展了我们党和人民军队的光荣传统和优良作风，集中体现和进一步发展了老区精神和当代中国人民的时代精神，成为我们战胜前进道路上的各种困难、不断夺取新的更大胜利的宝贵精神财富和无穷力量。这段艰苦的历程、这场顽强的战斗、这种伟大的精神，必将永载史册。

抗震救灾英模精彩语录

成都军区某陆航团政委　张晓峰

◆为灾区人民架起空中生命通道。

◆一定要发挥最大潜能，尽可能多飞快运，让灾区群众少一分死的威胁，多一分生的希望。

◆在人民群众遇到危难的时刻，我们就要像在战场上冲锋陷阵那样，豁出命来也要飞行。

◆把“死亡航线”变成了“生命通道”。

◆我们决心以英勇无畏的战友为榜样，不负党和人民重托，不负灾区人民厚望，为夺取抗震救灾全面胜利，继续用生命飞翔！

成都市彭州市公安局民警　蒋　敏

◆妈妈，您不会走，您不会让女儿捧着一颗热乎乎的孝心，却已经找不到尽孝的亲人！

◆当警察要坚强些，走了的人就走了，活着的人要好好活。

◆突如其来的灾难让我失去了许多亲人，又让我拥有了更多的亲人！面对灾难，我是不幸的，而我又是幸运的。

◆有爱，就有希望；有爱，我们就会更加坚强。

四川省北川中学校长　刘亚春

◆只要我们还有一口气，就要刨出更多一息尚存的生命。

◆在生死关头，我们的老师，用勇敢无私的行动，诠释和升华了人民教师的不朽师魂；同样，我们的学生，用青春的热血，和老师们共同筑起了一座爱的丰碑。

◆北川中学不会摧垮，北川中学必将重生。我们将昂起倔强的头颅，挺起不屈的脊梁，向着光明的未来前进！

武警某师参谋长　王　毅

◆关键时刻、危难关头，要豁得出来、冲得上去。就是爬，也要爬到汶川；就是倒下，头也要朝着汶川的方向！

◆望着善良淳朴的群众，沉甸甸的责任涌上心头：我们是人民的子弟兵，是人民养育了我们，人民有难，就是赴汤蹈火、粉身碎骨，我们也要勇往直前！

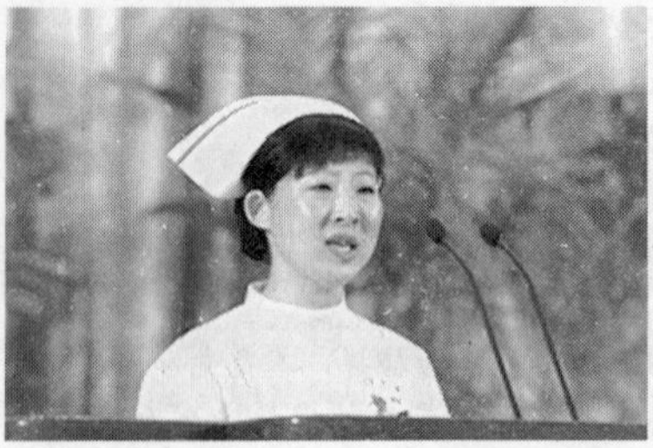

广东省抗震救灾医疗队　刁冬梅

◆这一刻，我们已经不仅仅是医生和伤员的关系，而是患难与共的骨肉同胞！

◆我的决定也许对不起你和我们的女儿，但是如果我不去，就更对不起我的良心……

◆看着那么多伤病员，谁会想着把药留给自己呀？

◆在老百姓眼里，我们就是生命的希望；在抗震救灾的战场上，我们的名字叫“白衣战士”。

成都公安消防支队支队长　孙国利

◆不放过每一个角落，不放弃每一个生命。

◆在都江堰，在汶川，在北川，在绵竹、什邡、安县、青川，在千难万险的抗震救灾最前沿，在最复杂、最艰难、最危险的现场，官兵与抗震大军一道，用忠诚和智慧，用汗水和鲜血，抱定“救人第一”的执著信念，不放过每一个角落，不放弃每一个生命，从重重掩埋的废墟下，从摇摇欲坠的危楼中，托起了一个又一个生命的希望！

中央电视台记者　张泉灵

◆外面的人不抛弃，里面的人不放弃！救人的是英雄，被救的同样是英雄！这，就是我们一线记者要传递的精神。

◆灾区不需要眼泪，灾区需要我们的坚强去支撑，需要我们的关爱去抚慰，需要我们去尽记者的天职。

◆一份帮助，乘以 13 亿就能帮灾区渡过难关！一份关爱，乘以 13 亿就会变成爱的海洋！一份信心，乘以 13 亿就是中国人的脊梁！而在灾区奋战的记者，就是要用手中的笔、手中的话筒、手中的镜头去做好这个乘法！

◆大灾难中，我们用最人性的方式，让全世界都看到了，一个国家的坚韧与大爱！这就是最真实的中国，我的祖国！

阿坝州民政局党组书记　泽郎格西

◆救灾资金、救灾物资来之不易，接收和发放一定要有清单。要公开、公平、公正，哪怕是一分钱、一根针都必须用在受灾群众身上。谁贪污，谁挪用，天理不容！

◆我是一名共产党员，也是一名民政局局长。我向你保证，党和政府一定会给你修一个更好的房子。

◆我一个藏族儿子、烈士遗孤，我的一切都是党给的，就是死在救灾路上，也死而无憾！想到这里，我坚定地对驾驶员说："冲过去！"

北川羌族自治县民政局局长　王洪发

◆面对群众受灾的情景，那种心痛，那种悲伤，真的说不出来。而最痛苦、最折磨人的就是，知道亲人遇难的消息，却没有悲伤的时间，还得忍住悲痛，尽力去安慰他们，帮助他们。

◆只有忍住悲伤，拼命做事，才能告慰死去的同胞，报答所有关爱我们的人，让经历了灾难的父老乡亲尽快走出阴影，重建家园，走向新的生活！

第三军医大学政委　高福锁

◆我们早到一分钟，就能多抢救一名群众的生命。

◆道路不通行，车辆开不进，走路也要去，就是爬也要爬到映秀！

◆在医疗救治的黄金时段，最大限度地履行了人民军医的神圣职责！

◆人民生命大于天，为了救群众的生命，豁出我们的命，也在所不惜！

北川羌族自治县县委副书记　经大忠

◆大人留下，学生先走！

◆政府一定会来救大家，决不会放弃任何一个人。

◆灾难，尽管造成了大量人员伤亡；灾难，尽管摧毁了美丽家园！但摧不垮我们坚强不屈的钢铁意志，斩不断我们同人民心心相系的骨肉深情！

◆我们有决心、有信心，带领全县人民，艰苦奋斗，重整河山，建设更加美好的新北川！

灾区干部的痛与梦

——编后

地震惹下天祸，谁人之错，谁人之过，谁能说说，谁能逃脱？其实，你也无罪，我也无过，这自不必说。面对天灾人祸，莫怨命浅福薄，莫争你强我弱。这就是生活，时而残酷，也时有欢乐，日子还得按照自己的方式去过。自然灾害这魔，专欺我青川生态脆弱。3269 平方公里土地，这几年结出的多是苦果……印度板块和欧亚板块碰撞交界处地势“雄”起的地方就是青川，全县处于龙门山地质断裂带，地表陡起陡落，褶皱密集，切割强烈，地质灾害频发。2005 年百年一遇的 64 小时强降雨引发地质灾害群发，2006 年更强的洪水袭击致使 5 万青川人“素面朝天”；2008 年千年不遇的特大地震将青川坛坛罐罐，彻底掀翻。当天灾地难接踵而来，当地震要对我青川直接“灭口”，英雄青川，豁然亮出顶天立地一地标杆，面对灾难大声说“不!”。

于是……每次走进青川，我像是一位小学生走进了课堂，这里站着的每一位人都是我的老师，他们教会我什么是“面对”，什么是“坚强”；每次走进青川，我像是一位战士从容地走上了战场，我在这里突然也变得勇敢坚强。可这一次走进青川，我像是一位迷失方向的懵懂少年走进了一部“灾难百科全书”，在这部灾难的魔鬼辞典里，我读到的是英雄的青川，那断肠的诗篇……

当我一次又一次学会并历练了这些，我便产生了要编著一部《青川百日》书典的想法，我想用文字记录下灾难中的青川人，特别是一次又一次经受灾难打击，却始终顽强坚守在第一线的这些灾区干部的这份勇敢与坚强，让更多的人学习了解他们。想了很久，可很长时间我又犹豫了，我的一个好朋友一番好意帮我反复琢磨，认为这个题材是不是太……会不会……想了很多，当初我也动摇过，可经过很长一段时间对他们以“英雄”的标准进行“挑剔”性的审视，他们的行动彻底击碎了我心中的疑团。相反，他们留给我太多的感动。相形见绌，我为我当初过多想法产生的顾虑感到无比惭愧，对这些灾难中的青川人的牺牲奉献精神，超乎常人想象的坚韧与顽强，平添十分敬意。甚至有时对他们的巨大付出和辛酸，心生一种莫名的“同情”。这里面有他们太多的艰辛苦涩和难言的苦衷，一般人很难想见，也难以看到。当他们清瘦的身影出现在血色漠漠的夜色中的时候，当他们生动的形象现于我的笔头的时候，我只慨叹“纸短笔枯”。

但我敢大声放言：这些灾难中的青川人，个个都是响当当的，当之无愧的“真心英雄”！

地震100余天来，他们就像是一只上足了发条的时钟，一刻也没有停息过，不知疲倦地工作着，哪里有灾情，哪里最危险，他们定会准时出现在那里；他们更像是一台开足马力的机器，总是不畏艰险地准时出现在灾难第一线。他们像是玩着命在跟死神较劲，又像是在和自己较着劲，没有“归宿感”地舍生忘死，冲锋向前。

时势造英雄，也许有人就会这么说，这是地震无情的现实逼着他们“上”，各方面的压力催生出他们的这股力量。但无论怎样，“英雄毕竟是英雄”！试问有几人经历过这样血与火、生与死的场面？又有几人像他们在这样困难和压力下顽强地工作着、战斗着？他们的确是豁出自己的命在干。几乎每天都是不到六点钟就起床，晚上回到“宿营地”多半时间是九点多钟，有时甚至是凌晨一二点。一头钻进帐篷，顺手从地铺旁边的砖台上的药瓶里取出一把降压药，猛地塞进嘴里，“骨碌”几口矿泉水吞下，然后手里握着剩下的半瓶矿泉水又去了第二个抢险现场。连续几十个小时没合过眼，连续100天没下过火线，超负荷、超强度体能透支。就在这样生死存亡的关键时刻，国务院总理温家宝带着党中央、国务院的殷切关怀，几经辗转来到青川木鱼镇。同样是连续几天几夜没有合过眼的书记、县长眼里布满血丝，泪水喷涌而出。随行总理身边的一位细心的工作人员看到他俩极度悲凉的眼神，满脸的泪痕，疲惫的面容，便悄悄递给他俩一叠纸巾，轻轻安慰说：“总理知道灾区一线的干部这个时候最不容易，你们辛苦了，要坚强点。但千万也要保重身体，相信人民群众会记住你们的。”的确，遭受这样大的自然灾害，灾区干部经受了太多的苦难，常人是难以想象的。在这个时候，普通老百姓可以号啕大哭，捶胸顿足，甚至可以怨天尤人，不负责任地“骂娘”。而身为“父母官”的领导干部却要一边承受个人、家庭，以及社会各方面的压力，同时还要忍辱负重，保持从容镇定，有序组织开展工作，丝毫不能懈怠。他们有苦不能说，有泪不能流。而他们同样也是普普通通的人，他们的家人亲人同样也遭受了地震灾害，他们同样也是地震中的“灾民”，他们也有家有口，有情有爱，却只能把苦往肚里咽，把泪往心里流。地震发生之后的这么多天，多少干部风餐露宿，披星戴月，没日没夜战斗在一线，饿了嚼饼干，困了睡路边。脚上那双“饱餐”泥沙的鞋同样臭不可闻。没有吃过一顿逍遥饭，没有睡过一个囫囵觉。一个多月未换洗的衣裤结满血迹汗斑和泥土，薄薄的衣纱已披成厚厚的“铠甲”。地震发生几天后，身为县委书记的李浩生，家里人同样也不知道他的音讯，妻子在广元当志愿者，九岁大的儿子也当起了小小志愿者，做些力所能及的活儿。一次在滨河广场为叔叔阿姨们送开水，细嫩的腰肢撑起大半桶水，跌跌撞撞，不小心一屁股跌坐地上。还没来得及喊疼，便无意中从旁边电视里发现“那是我爸！”虽然，他的惊呼并没有引起路人的注意，但他却异常兴奋地告诉了妈妈一个大好消息：“我爸还活着！”这就是一位灾难中的县委书记。同样在地震后连续几天战斗在木鱼的县长陈正永，第一次见到广元副市长何顺洪带领救援队伍抵达木鱼时，两人紧紧拥抱一起，悲泪纵横。百日之际，两人有机会再一次在广元见面后，何副市长意味深长地说：“等抗震救灾结束后，咱兄弟俩一人出一瓶酒，啥菜也不要，啥话也不说，默默地慢慢地喝他个无话可说！”我想，那酒里一定是辛酸苦涩的泪，还有那不可言状的生命之味！的确，地震发生后，我们在电视里看到一个个生命奇迹般生还，一排排板房一夜间拔地而起，一缕缕炊烟燎然升腾，却很少有人知道我们灾区干部这些鲜为人知的背后。

当惊闻一位灾区干部因不堪重负而自杀的悲壮消息，我的眼泪毫无准备地喷涌而出；而当我擦干眼泪，蓦然又见，血色漠漠的废墟上，一条又一条顶天立地的汉子挺起山峦般的脊梁，迈以雷霆脚步，向着灾难深处，昂首挺进。恍然，我看见整个天空在后退，那压满天际的血腥乌云正以最快的速度溃散……

海川于青川

2008年8月20日夜